人間の自由と物語の哲学

私たちは何者か

山口尚

TRANSVIEW

人間の自由と物語の哲学

人間の自由と物語の哲学　目次

はじめに …… 13

第一部　哲学から小説へ——自由と主体をめぐる原理的探究

第1章　選択と報《むく》い——自由と主体の哲学へのイントロダクション

1　人間理解を深めるために自由と主体を論じること …… 26
2　自由と主体の哲学への導入——フラナリー・オコナーの小説 …… 28
3　短編「善人はなかなかいない」のプロット …… 31
4　「おばあちゃん」の悪徳 …… 33
5　選択と物語の分岐 …… 36
6　選択と報いの関わり …… 40

第2章　**正義と責任**——自由と責任にかかわる概念の森
1　正義と責任の問題へ……45
2　グリコ・森永事件の始まり……46
3　未解決事件、および正義のバランス……50
4　真犯人が現れない……52
5　タッチの差の自責と後悔……56
6　責任とは何か……58
7　行為には結果が伴う……60
8　人間生活の世界観……66

第3章　**罪など本当に存在するのか**
1　〈責任〉や〈正義〉の概念は捨て去られるべきだという主張……69
2　暴力犯罪と脳腫瘍……71
3　自由による選択などはありえない……74
4　「治療」という犯罪者処遇……79
5　脳への治療的介入の可能性……80

6 犯罪のない世界 82
7 暴力行動の治療のダークサイド 86
8 〈罪 - 報い〉という理解のフレームワーク 90

第4章 コントロールの幻想、あるいは人間の物体性について

1 なぜ脳が行動の原因であれば、自由がなくなると言えるのか? 96
2 戦争の物語としての『重力の虹』 99
3 物質の次元と〈報い〉や〈正義〉の概念 101
4 「V」は報復のV 105
5 物質の次元と〈主体〉や〈行為〉の概念 107
6 神経科学の視点が〈自由〉の否定につながる理由 110

第5章 それでも自由は存在するのであるが……

1 《自由の存在は完全には否定されない》という命題へ向けて 112
2 出来事と行為の区別 114
3 自由の根本問題 119

4 客観的視点と日常的視点 121
5 出来事を組み合わせて行為を構成できるか？ 124
6 それでも私たちが自由な行為の主体であること 128
7 宿命論の物語 130
8 選択は避けられない 134

第6章 自由や主体を「物理的に」説明できるか？

1 本書の全体的な立場の提示に向けて 142
2 「哲学の中心問題」とは 145
3 物質の運動を組み合わせて機能は説明できるか？ 149
4 自分の行為に責任を負う主体の生成 152
5 〈物体〉に関わる概念を組み合わせるだけでは生み出されえないもの 155
6 世界を一枚の絵で描き切ることはできない 158

第7章 物語の哲学へ

1 自由が立ち上げる物語 163

2 「自己形成的行為」という自由の発露の場 166
3 人生の物語の作者になること 170
4 物体のレベルの物語 173
5 自由と主体の哲学にとっての小説の意義 178

第二部 小説から哲学へ——自由と主体をめぐる解釈的‐歴史的探究

第8章 主体の様式《モード》——坪内逍遥
1 明治の小説家たちが切り拓いた〈語りの空間〉 182
2 人情という内面心理を描き出す美術としての小説 186
3 小説の自立性 190
4 『当世書生気質』の意義 192
5 〈学生〉という主体の存在様式 195
6 書生の決断を描く 199
7 小説が拓いた「語りの空間」 203

第9章 **世界と自己の対立——二葉亭四迷・山田美妙・尾崎紅葉**

1 文体と世界 …… 205
2 言文一致体とリアリズム …… 208
3 『浮雲』における〈世界に翻弄される主体〉 …… 210
4 世界は文三の意図や願望にまったく無関心で…… …… 212
5 唐突に容赦がない「武蔵野」 …… 217
6 「ありのままの世界」のさまざまなバージョン …… 220
7 尾崎紅葉と『金色夜叉』の敗北 …… 224
8 世界との戦いに主体の勝利はない …… 227
9 貫一と紅葉の照応 …… 231

第10章 **挫折と生の輝き——森鷗外・幸田露伴・樋口一葉**

1 主体性が輝くとき …… 235
2 「近代的自我」の覚醒と挫折 …… 238
3 豊太郎の悲劇性 …… 241
4 妥協と自己喪失 …… 243

5 「魔」の重要性……246
6 「奇蹟」のようなものを呼び寄せる……248
7 十兵衛の決断の逆説……250
8 「正直律儀」の欺瞞性……254
9 覚悟の意義……257
10 主体性の輝き……261

第11章 いかにして覚悟は可能か？——川上眉山《びざん》・泉鏡花・広津柳浪《りゅうろう》

1 谷間の作家たち……264
2 「悲惨小説」あるいは「観念小説」とは何か……268
3 好青年の転落を描く眉山……271
4 〈夢追い人〉とコントロールを超えた悲劇……273
5 梅吉は十兵衛やお峯とどう違うのか……277
6 義務に殉じて死ぬ者を描く鏡花……278
7 狂信の問題……281
8 現実のグロテスクな側面を写実する柳浪……286

9 義父に虐待される嫁が…… 288
10 覚悟の欠如の問題 290

第12章 〈告白〉の威力とその限界——島崎藤村・田山花袋《かたい》・国木田独歩

1 〈告白〉という原理 296
2 自然主義とは何か 298
3 自然主義の作品としての『破戒』 302
4 《自分は何者か》が隠匿されること 304
5 〈告白〉という解決 306
6 性欲を語る花袋 310
7 告白によって「束縛」を転化する 312
8 「蒲団」の二重性 315
9 〈告白する主体〉と近代的自我の完成 318
10 自然主義をはみ出し「独りで歩く」国木田独歩 324
11 解決につながらない告白 327
12 告白の限界 331

13 〈告白〉に代わる原理は存在するか？ …… 335

第13章 世界と自己はどこまでも一致しない——夏目漱石『三四郎』と『それから』

1 漱石の「逆説的」見解へ向けて …… 338
2 漱石をどう論じるか？ …… 341
3 本書の漱石論の限界 …… 344
4 どうにもならない現実の世界に向き合う三四郎 …… 346
5 世界と自己の関係の根本的構造 …… 349
6 告白する代助とその限界 …… 354
7 『それから』の消極的主張 …… 358
8 〈告白〉の威力を相対化する漱石 …… 362
9 〈告白〉の不可能性 …… 368

第14章 漱石の「非原理の原理」——『門』

1 『門』の読解へ …… 371
2 告白しない宗助 …… 374

3 谷崎の『門』批判 …… 379
4 〈解決を与えない〉という積極的側面 …… 383
5 〈私たちの物語〉としての『門』 …… 386
6 アイロニカルな主体 …… 389
7 以上の指摘の傍証——論考「イズムの功過」におけるアイロニーの重視 …… 394
8 実験的であることと慎重であること …… 400
9 アイロニーという「非原理の原理」 …… 406
10 梅吉、八田、お都賀らの何が問題だったのか? …… 410
11 偶然性の波に乗ること …… 413

おわりに——「概念の森の移動生活者」として生きる …… 419
あとがき …… 439

はじめに

テレザと共にいるのと、ひとりぼっちでいるのと、どちらがよりよいのであろうか？
比べるべきものがないのであるから、どちらの判断がよいのかを証明するいかなる可能性も存在しない。人間というものはあらゆることをいきなり、しかも準備なしに生きるのである。*

これはミラン・クンデラの小説『存在の耐えられない軽さ』の一節ですが、ここでは主人公のひとりであるトマーシュが、突然押しかけてきた若い女性テレザとこれから共に生きていくのか、そうしないのかを悩んでいます。小説には〈選択〉の場面がしばしば登場し、それが物語に不安や希望などのさまざまなニュアンスを加えます。そしてエピグラフとして掲げた箇所《かしょ》はそうした〈選択〉の場面のひとつです。

＊　千野栄一訳『存在の耐えられない軽さ』、集英社文庫、一九九八年、一三頁

はたしてトマーシュはどちらを選ぶのでしょうか。テレザの決断に応えて、彼女と人生を分かち合いながら生きるのでしょうか。あるいは、ひとりぼっちで、いわば「軽い」ままで生きるのでしょうか。どちらの道がベターかは――クンデラの語るように――選択の時点では分かりませんし、事後的にも判断できません。なぜなら一度きりの人生において両方をやってみることはできないからです。ではどちらを選んでも変わりがないかといえば、そんなこともありません。じっさい、この選択には《自分の人生はどうなっていくか》が、さらに言えば《自分はどのような人間か》が懸かっています。だからトマーシュは、どちらがよいのか分からないにもかかわらず、延々と悩み続けるのです。

いきなり小説の話をしましたが、これは決して気まぐれな戯《たわむ》れではありません。なぜなら本書は〈小説と哲学が重なり合う領域〉を探求するからです。すなわち、さまざまな小説作品を素材とし、そこから立ち現れる問題を哲学的に考察します。哲学から小説へ、そして小説から哲学へ、往還しながら思索を深めていく――これが本書で行なわれることです。

なぜ小説なのか。その理由は本論で明らかにされるでしょう。さしあたり、この本は《いかにして私たちは自由に、主体的に生きることができるか》を問う、という点を押さえてください。そして、ここに人間の自由にかんする本書の語り方の独自性があります。

となると次の点が気になるかもしれません。「では、人間の自由はこれまでどのように論じられてきたのか、あるいはそもそもこれの何が問題なのか、そして自由を論じることに小説はどう関係するのか」。これらを必要な限りで説明すれば以下です。

例えば私が「手をあげてください」と言われたとしましょう。この場合――私に体験されることですが――私は、自分は〈手をあげること〉と〈手をあげないこと〉のどちらも選ぶことができる、と気づきます。あるいはみなさんも日々、自分の選択の自由を経験していることでしょう。このように、日常生活の内部においては、私たちは自分の自由を疑うことがありません。

とはいえ、ふだんの観点から離れて「科学の」視点で私たち自身を眺めるとき、事態は変わります。というのも、科学的な観点から言えば人間は物質からできており、物質の振る舞いは物理や化学の法則に従うものだからです。かくして、科学的な世界観に従うと、私たちの身体運動や（脳神経を基礎とする）選択や決断は、根本的には自然法則に従っていることになる――ここから《人間はじつのところ自由ではないのではないか》という疑念が生じます。

科学的な見方と自由の概念をどう折り合わせるか――人間の自由は長らくこの問いを出発点として論じられてきました。言い換えれば、人間の自由をめぐる哲学的問題は《はたして科学的な世界観は私たちの主体性や自律性を認めうるか》という問いとして論じられてきた、ということ。これはそれ自体でたいへん「豊饒《ほうじょう》な」問いであり、さまざまな面白い見解を生み出してきました。とはいえ私は、本書において別の論じ方を提示したいと考えています。そのさい鍵となるのが「小説」なのです。

じつに本書も前半（第一部）において《科学的な見方と自由の概念をどう折り合わせるか》という問いに触れるのですが、そこでは〈科学に定位して人間の自由を論じること〉の限界が指摘されることになるでしょう。そして、本書の後半（第二部）において、小説に定位した

〈人間の自由〉論という「別の仕方の」語り方が展開されます。この選択は決して恣意《しい》的ではありません。むしろ人間的自由を考察するさいに小説を参照することは必然性をもちます。なぜなら、本論で確かめられるように、小説は自由な主体としての人間を語る営みだからです。

例えば冒頭で見たトマーシュは〈選択〉の岐路に立っています。すなわち、その眼前には複数の可能性――テレザと共に生きる道とひとりで生きていく道――が開かれており、どちらへ進むかは彼次第です。こうした選択は〈責任〉の重みのために辛いものとなりうるのですが、いずれにせよトマーシュはどちらの道へも進むことができ、この意味で自由です。彼は選択主体であり、行為主体であるのです。

近代に興った「小説」なる言語実践は、個性をもった人格の生き方を叙述することによって、《人間とはどのような存在か》あるいは《私たちは何者なのか》の理解を更新してきました。こうなると〈自由と主体の哲学〉に取り組むさいに小説へ目を向けないわけにはいきません。そしてさらに言えば、たんに作家の文章を表面的になぞるだけでは、決して十分ではありません。むしろ、小説とがっぷり四つに組んで、まさに作品をして《自由とは何か、主体とは何か》を語らしめねばなりません。かくして本書で行なわれることは次のように表現することもできます。すなわち、小説が哲学する現場に立ち会う、と。こうした仕方で、長らく科学に定位してきた〈人間の自由〉論の語り方を変えていきたいのです。

ところで、いつから私は小説と哲学とのあいだの深い関係を意識し始めたのか――これはもう思い出せません。大学生のころ、父の本棚から谷崎潤一郎を、母の本棚からロマン・ロランやマルタン・デュ・ガールを読み、「文学」というフィールドの奥深さを体験しました。あるいは大学院で学んでいたころ、友人たちと戯れに〈小説で哲学する〉という試みを企画し、私は三島由紀夫の『仮面の告白』を取り上げました。さまざまな巡り合わせによって《小説はときに哲学する》という事実を知ることになったのです。

小説の語りは、科学の語りとどの点で異なるのか。いずれも変転する世界を描き出そうとする営みだと言えますが、明確な違いもある。それは、科学が物体の運動や現象の変化の原理として〈力〉や〈法則〉を認めるのにたいして、小説は物事の推移を〈行為〉や〈選択〉などのアイテムで叙述する、という点です。さらに小説においてはここへ〈運〉や〈宿命〉や〈奇蹟〉などの個人を超えたファクターも絡み、その表現の可能性は広範ですが、いずれにせよそれは典型的な科学とは異なるスタイルで世界を描き出します。小説の語りの独自性——これはどれだけ言っても強調し過ぎることはないでしょう。

小説の大切さについてもう一言だけ。

人生を振り返ると、自分がいまのような人間であるのは、かなりの程度において、ある特定の小説を読んだためだと言えます。例えば中島敦《あつし》の『李陵《りりょう》』を読むことで「祖国」なるものに対する私の姿勢は複雑化されました。一般に、何かを行なったり決断したりすることは自己のあり方を変えていきますが、〈小説を読むこと〉も自己を作ることでありうるのです。こうなると《何を読むか》は人生において無視できない重要性をもつと言えます。

あなたについてはどうでしょうか。どんな小説がいまのあなたを作り上げてきましたか。ドストエフスキー、バルザック、ウルフ、サガン、あるいはわが国の作家に眼を向ければ、永井荷風、林芙美子《ふみこ》、太宰治、埴谷雄高《はにやゆたか》、村上春樹……。誰と出会うか、誰のことを気に入るかは多かれ少なかれ偶然の産物です。とはいえ、たまたまの結果であれ、いったん誰かの作品が自分の一部になれば、それはもはやかけがえがない。小説の作品とは、ひとりの人間の生において、このような位置を占めるものなのです――。

「はじめに」の残りの箇所では《本書が小説へどのようなスタンスで向き合うのか》を説明したいと思います。なぜならそれは本論の読み方にかかわるからです。ここで何を措《お》いても押さえるべきは、本書は一貫して「哲学的な」スタンスを採る、という点です。

ここでの「哲学」はどのような意味でしょうか。私はそれを「批評」と対比したい。すなわち、批評が小説にたいする「ハイコンテクストな」アプローチであるのに対して、哲学は小説にたいして「分析的な」仕方で向き合う、と言いたいわけです。この点を大まかに説明すれば以下のようになります。

一方で、批評の文章は自己の内部に完結しないコンテクストと結びついており、ひとつのテクストを超えて複数のテクストを横断することで十全な理解に至るよう工夫されています。この意味で批評とは〈テクストたちの間で遊ぶ〉という営みです。例えば――本論で言及する批評家の名を挙げれば――江藤淳や柄谷行人《からたにこうじん》の批評にはそれだけ読んでも分からない箇所が少なからず含まれますが、それはそもそも批評というジャンルに〈間テクスト性〉が属しているからです。すなわち、分からない箇所が他のテクストの叙述と結びつくことによって意味をあきらかにし、こうした過程において実り豊かなコンテクストの展望が開かれる、ということ。だから批評の文章を読むさいには、未知なる文脈が開示されることを期待しながら文章を追うのがよいのです。そしてそこでは分からなさを例えば「非論理」や「衒学趣味《げんがく》」などと咎《とが》めることはしばしば的はずれになるのです。

他方で哲学の文章は「内的な完結性」を志向します。すなわち、他のテクストを読んだ経験を前提とすることなく、その文章の内部で十全な理解を実現するよう努めます。そのさいに武器となるのが「論理的分析」であり、自明な事柄から出発し、そこから複雑な連関を「組み立てる」仕方で説明します。これは例えば、あらゆるものを疑い、すべてを一から構築しようとしたデカルトのアプローチと類似したものだと言うこともできるでしょう。このフランスの哲学者は、探究におけるハイコンテクスト性の排除を自覚的に試みた点で、「批評」と対比される意味の「哲学」の第一人者であるとも言えます。

この本は（以上の意味における）批評ではなく哲学の書物です。それゆえ、これを読むさいには、例えば批評的な〈文脈の広がり〉ではなく、哲学的な〈論理の組み立て〉のほうに注目されたいと思います。こうなると――野暮になるのを恐れずに言えば――本書の味わいどころは、何を述べているかそれ自体ではなく、むしろそれを提示する理路にあると言えるでしょう。もちろん何かしら深みのある結論を提供するよう努めますが、それは途中のロジックから切り離して享受できるものではないのです。

念のため注意をひとつ。たったいま《哲学は内的な完結性を志向する》と指摘されましたが、これは《哲学の文章は他のテクストへ言及しない》などを意味しません。例えば本書においても夏目漱石の『三四郎』やテッド・チャンの「あなたの人生の物語」が参照されます。では

「内的な完結性」とはどのような意味かと言えば、それは〈扱う素材の全体をテクストの内部で明示する〉ということです。具体的には、本書においては、どの小説にかんしても必要なあらすじは提示され、文学用語についても「合理的な」定義を与えたうえで使用されます。そのために、たとえ『三四郎』や「あなたの人生の物語」を読んだことがなくても、本書の議論は細部までフォローすることが可能です。

「批評／哲学」の区別は本論（とりわけ第二部）を読むことで体感できるでしょうから、「はじめに」の内でこれ以上詳しくは説明しません。ただし本論の叙述を追うさいには、《この著作は批評書ではない》という点をつねに心に留めておいてください。さもなければ本書のやっていることを誤解することになりかねないからです。

この本は「内的に完結した」ロジックを通して小説へ向き合う、と先ほど言われました。じっさい本書において大半の術語は明示的な定義のうえ用いられます。とはいえ「近代」という概念だけは分析的な定義なしに使用されることになるでしょう。* 理由はこれが本質的に歴史的な概念だからです。じつに「近代」という語の意味を知るには具体的な歴史の中に身を置く必要があり、それは形式的な分析を容れるものではありません。かくして本書も「近代」という言葉にかんしては、当然の成り行きとして、「批評的な」スタンスで使用することになります。

* もちろんこれは誇張であり、それ以外にも定義されずに使用された言葉は多数存在する（そもそも未定

義的な術語なしに議論を開始するのは不可能である）。ここで「近代」という語をピック・アップするのはその重要性ゆえにである。

〈近代〉――じつはこれが本書の最奥の主題です。手短に説明すれば以下。

本書で行なわれること（すなわち近代の小説を読み解きながら論理的な議論を通じて《主体とは何か》の理解を深めていくこと）は、典型的に「近代的な」企《くわだ》てだと言えます。なぜなら、第一に〈主体〉や〈自由〉を語ることはまさしく近代人の関心であり、第二に物事を「デカルト的に」探求することも近代に登場した知的営みの一部だからです。したがって、「ポスト近代（ポストモダン）」という語がすでに存在する現在においては、本書のやっていることはある意味で「古い」と言えます。ひとによっては「何を今さら……」と感じるかもしれません。

とはいえ――私は以下を強調したいですが――《ポスト近代とはどのようなものか》を腹で分かるためにも、ひとはいったん自分の手で近代を反復する必要があるのです。じっさい《近代とは何か》を自ら見極めることなしに、ポストモダンの観点から先立つ時代を「過ぎ去ったもの」と見なすことは却《かえ》って浮薄に陥《おちい》る道でしょう。それゆえ私は本書において徹底的に「近代的」であろうと努めました。自分なりに近代を再確認する、ということです。はたしてその探求はどこにつながっていくのか。それは、あらかじめ述べると、近代を抜け出していくひとつの道にです。

かくして本書は、現代に生きる若者のために書かれた本だとも言えます。すなわち、「近代」というものにいまだ漠然としたイメージしか抱くことのできないひとがこの本の第一のターゲットだ、ということ。とはいえ「成熟した」読者にとっても本書は〈近代を再記述する〉という点で役立つものでしょう。加えて近代を抜け出て行く道への示唆を含むのも、この本の積極的な方向性です。

本書の構成をあらかじめ説明すれば以下。

この本は大きく二部に分かたれています。第一部は「哲学から小説へ」というタイトルをもちますが、ここでは原理的な考察を通じて《なぜ自由と主体の哲学に取り組むにあたって小説を読むことは本質的な意義をもつと言えるのか》などが説明されます。そして第二部は「小説から哲学へ」という題名をもち、そこでは私たちにとって重要な意味をもつ近代の小説群――すなわち明治文学史に登場する諸作品――を読み解きながら《私たちは何者か》を考察します。

このように本書は「行って帰ってくる」という往還の構成で書かれていると言えます。すなわち、前半（第1章から第7章）においては哲学的関心から出発し、小説の重要性の理解へ進み、そこでクルっとUターンして、後半（第8章から第14章）においては小説を読み解きながら《いかにして自由な主体たりうるのか》などの哲学的問いへ答えが与えられる、ということです。

具体的な流れをかいつまんで述べておきます。

第一部は、〈選択〉や〈正義〉や〈責任〉や〈罪〉や〈行為〉などの〈自由〉および〈主体〉と関連する概念をひとつずつ取り上げながら、私たちは（例えば他の動物などと違って）自由な主体なのだという「事実」を確認します。とはいえ、それは決して人間の自由意志を独断的に肯定するものではありません。そうではなしに、例えば脳神経科学にもとづく自由意志否定論などへ応じる仕方で、《それでも人間は自由な主体であらざるをえない》という点を確かめるものです。第一部では折にふれて、論点を具体化するのに役立つ小説を取り上げるでしょう。例えばバージェスの『時計じかけのオレンジ』やピンチョンの『重力の虹』などが読解されます。

第二部は、先にも触れたように明治小説史に登場する主要な作家たちの作品を読み解きながら、《私たちは何者なのか》の理解を深めることを目指します。具体的には、坪内逍遥《しょうよう》、二葉《ふたば》亭四迷《ていしめい》、山田美妙《びみょう》、尾崎紅葉《こうよう》、森鷗外、幸田露伴、樋口一葉《いちよう》、川上眉山《びざん》、泉鏡花《いずみきょうか》、広津柳浪《りゅうろう》、島崎藤村、田山花袋《かたい》、国木田独歩《どっぽ》らの代表的な作品を取り上げながら、最後に夏目漱石のいわゆる前期三部作『三四郎』・『それから』・『門』の解釈を通じて「近代を抜け出していく」ような主体のあり方が提示されます。《私たちは何者か》という問いへ「アイロニカルな主体」なるものを提示する――これがこの本全体のゴールです。

第一部

哲学から小説へ

自由と主体をめぐる原理的探究

第1章 選択と報《むく》い——自由と主体の哲学へのイントロダクション

1　人間理解を深めるために自由と主体を論じること

本書は自由と主体をテーマとします。なぜこれを主題に選ぶのかと言えば、自由と主体について考えることは《人間とは何か》の理解につながるからです。本書は、人間にかんする理解を深めることを目指して、〈自由〉や〈主体〉そしてこれに関連する概念をいろいろな角度から論じます。すなわち、自然法則に従って運動する物体と自由な主体との違いはどこにあるのかなどを考察しながら、《人間とは何か》を探求するということです。

人間理解を深めることを目指し、自由と主体を哲学的に論じること、これが本書で行なわれることです。とはいえ、そもそもなぜ人間の理解を深めることを目指すのか。本題へ進む前にこの点を手短に説明しておきましょう。じつに、人間を理解することは私たちにとって特別の重要性をもつ、と言えます。なぜなら人間とは私たち自身のことだから、言い換えれば——少しこみいった表現を用いれば——人間とは〈私たちがそれであるところの存在〉だからです。したがって人間理解を深めることは、私たちにとって、自分自身についての理解を深めることになります。

自分はいったい何者なのか、私たちはどのような存在なのか。

これは古くから存在する哲学的な問いです。もちろん《この問いが私たちにとって最も重要な問いだ》と断言するつもりはありませんが、数千年にわたって哲学者は（あるいはより一般的に人類は）この問いに向き合ってきました。本書もまた私たちの自己理解につながる問いに、すなわち《人間とは何か》という問いに、あるいは《私たちは何者なのか》という問いに取り組みます。

本書の議論を通じて――後に示されることを先取りして言えば――こうした〈自分自身を理解すること〉の具《そな》える独特さも明らかになるでしょう。じつに私たちは、いわゆる自然現象を捉えるのとは異なる仕方で、自己自身のあり方を理解しています。なぜなら、私たちは人間存在を本質的に「多様な」仕方で描き出しうるから。その結果、自然現象はもっぱら〈物体〉のレベルで記述されるのにたいして、人間にかんしては事情が違ってくるのです。《では具体的にどう違うのか》は、第一部の終盤（第6章および第7章）で説明されます。

本題へ進む前に説明しておかねばならないことがもうひとつあります。さきほど私は、自由や主体について考えることは《人間とは何か》の理解につながる、と言いました。だが、なぜそう言えるのか。この問いへの答えはじつのところ本書全体が与えるものですが、あらかじめ指摘できることは以下。

押さえるべきは、〈自由な主体性〉は人間とその他の存在を分ける要素のひとつだと言える、という点です。例えば犬や猫などの哺乳類は相当に「知的な」存在ですが、それでもこうした動物の生は「本能的な」ものに縛られています。それゆえ、犬が自分の生き方を自分で選ぶ、などとは言えません。逆に私たち人間は、自分の自由な意志を行使して、自分の生き方を自分で選びとることができます。要するに、動物（や植物や鉱物）には無くて人間にあるもののひとつが主体的な自由だ、ということ。こうした違い、すなわち〈自由な主体性〉の観点から見てとられる人間とその他の存在との違いは、例えば現代のように動物観が深められている時代においても認めざるをえません。自由や主体について考えることが人間理解につながる、と言える根拠のひとつはこのあたりにあります。

2　自由と主体の哲学への導入――フラナリー・オコナーの小説

前置きが抽象的だったので、急ぎ足で具体的な話に向かいましょう。私はできるだけ退屈せずに読める本を書きたいと考えており、〈楽しく頁《ページ》をめくっていけること〉を実現するためにいろいろと工夫を凝らすつもりです。

本書は――「はじめに」でも述べたように――さまざまな小説に即して自由と主体を論じます。それによって読者は、作家の作品を楽しみながら哲学に取り組むことができるでしょう。とはいえ、これが本書の内部で説明されることですが、自由と主体の哲学にとって〈小説を取り上げること〉は、退屈を避けるための便法に過ぎないわけではありません。じつに、小説においてこそ人間に独特の主体的自由は語られており、それゆえ本書の目標にとって〈小説を取り上げること〉は核心的な重要性を具《そな》えます。簡単に言えば、小説を取り上げることは自由と主体の哲学にとって実質的な意味をもつ、ということです。

たしかに《自由と主体を論じるさいに小説へ目を向けることは本当に有意義なのか否か》は、読者の方々にとっては、現時点で判断のつかない事柄でしょう。それは本書を読み通すことで自ら確認しうる事実だと言えます。私自身は、一方で自由と主体の哲学にとっての小説の重要性を信じる者ですが（ただし「狂信」はしていませんが）、他方でそれが読者のみなさんに伝わるように、以下ではていねいに議論するよう努めたいと思います。

かくして本書は、小説と哲学とが重なり合う空間で自由と主体を哲学することになります。本章――すなわちこの本全体のイントロダクションたる第1章――においても、さっそくひとつの作品を取り上げたいと思います。ちなみにどの小説を参照するかについては、第二部では「体系的な」やり方をとりますが、第一部（すなわち本章から第7章まで）においては、私が説明にちょうどよいと判断した作品を多かれ少なかれ「好みに従って」取り上げます。とはいえ、どの小説も自由と主体の哲学の奥部へ踏み込んで行くのに役立つものです。

では、本章では誰のどの作品を取り上げるのか。アメリカの作家フラナリー・オコナーの短編「善人はなかなかいない」を選びたいと思います。これは自由と主体の哲学への導入として最良の内容を含む作品だと言えるものです。加えて、この作家はアメリカ文学史上たいへん有名な人物であり（それゆえ知っておくと教養の面で有益でありうる）、いま言及した作品はこの作家の代表作だ、というのも選定の理由です。

小説の中身を見る前に、作家自身のことを紹介させてください。*

＊　以下の紹介は『フラナリー・オコナー全短篇【下】』（ちくま文庫、二〇〇九年）に収録された横山貞子による解説および年譜を参照して書かれた。

オコナーは一九二五年に生まれ、一九六四年に亡くなりました。三九年の短い人生です。彼女は、小説家としてデビューしたしばらく後に膠原病《こうげん》の一種を患《わずら》い、この病気と残りの生涯を通して闘うことになる――そうした苦難にもかかわらずこの作家はアメリカ南部の〈汚辱〉と〈救済〉を描き出すような名作を書き続けました。この点にかんしてオコナーの訳者である横山貞子（本書も彼女の訳を用いる）は次のように言います。

オコナーは自分が生きる環境である南部に創作の焦点を定め、そこから移動することはなかった。病気という条件に縛られていたことが、単なる事実としての補足にすぎなくなるほどに、自分に与えられた環境を作品の中に燃焼しつくした。（四三〇頁）

たしかに、病気のために動き回ることのできなかったオコナーは必然的に自分の住む南部を作品の舞台にすることになった、と言って間違いはありません。言い換えれば、南部を書くことになったのは彼女にどうしようもない事情のためだ、ということ。とはいえ彼女の作品のなかでアメリカ南部のひとびとのあり方の機微が見事に描きあげられている点に鑑《かんが》みると、《オコナーは自分の書くべき対象としてこの土地を選んだ》とも言えます。かくして彼女が南部を舞台に小説を書いたことは、言ってみれば、どうにもならない必然であったと同時に彼女自身の選択でした。言い換えれば、オコナーは自分に押し付けられた必然を自らの選択として引き受けた、ということ。

このような仕方で彼女は彼女自身になったわけですが、《ひとが自らの選択を通じて自己自身になる》という連関は本書の注目したい事柄です。というのも、ここに自由と主体をめぐる深い事実が潜んでいると考えられるから。この点については後の諸章で踏み込んで論じられることになるでしょう。

本章で何が行なわれるかをあらためて書き記しておきます。

以下では、自由と主体の哲学のイントロダクションとして、フラナリー・オコナーのひとつの作品を読解します。そこで目指されるのは、〈選択〉および〈報い〉という、主体的自由の哲学のふたつの根本概念の意味をつかむことです。すなわち本書においては〈責任〉や〈罪〉や〈行為〉などのさまざまな概念が取り上げられますが、以下では、こうしたいわばキーコンセプトの森に分け入るための第一歩を踏み出すということ。〈概念と概念が独特な仕方でつながり合う森の中に入り込み、その相互連関を身をもって知ること〉は、哲学的成長の重要な一部なのですが、この最初の一歩が本章で行なわれるわけです。

3　短編「善人はなかなかいない」のプロット

いまから読む短編「善人はなかなかいない」は一九五三年、オコナーが二八歳のころに公刊された作品です。じつに――これは彼女らしいところなのですが――人間の邪悪さがありありと描かれています。そのプロットを紹介すれば以下のようになるでしょう（以下とりわけ〈選択〉あるいは〈物語の分岐〉を意識しながら筋を追ってください）。

ある日、「はみ出しもの」を名のる脱獄犯がフロリダへ向かっているという記事が新聞に載った――その翌日、「おばあちゃん」は自分の家族（息子夫婦と孫三人）とともに車でフロリダ旅行に発つ。道中、おばあちゃんは自分が若い頃に訪ねたことのある屋敷を見たくなり、子どもたちへ「そこに行ったら銀でできた器が見つかるかも」などと嘘を言う。おばあちゃんにだまされた子どもたちは車内で「行きたい、行きたい」と騒ぎ、父親は折れてその屋敷へ向かう方向へハンドルを切る。

その道は舗装されていなかった。その結果、車が転倒する事故が起こる（運よくみな軽いケガですんだ）。そこへ拳銃をもった男たちが現れる。メンバーのひとりに先述の〈はみ出しもの〉がいた。おばあちゃんは軽率にも「あんた、あの〈はみ出しもの〉ね」という言葉を口にしてしまう。その結果、素性を知られた男たちは家族を殺害することを決める（当初、彼らは車を奪うことだけが目的だったように見える）。

男たちは家族を順々に繁《しげ》みの奥へ連れていき射殺するが、おばあちゃんは〈はみ出しもの〉に対して「あなたは善人だ、あなたはいい血筋だ、レディーを撃つはずがない」と言い続ける。必死で語りかけるおばあちゃんに〈はみ出しもの〉は「イエスが死人をよみがえらせた現場にいたかった」と言い「そうすれば、おれはこういう人間にならずにすんだんだ」と泣きそうな顔をする。そのとき、おばあちゃんは「まあ、あんたは私の赤ちゃんだよ」と言って男の肩にふれるが、次の瞬間〈はみ出しもの〉は老女の胸に銃弾を撃ち込む。殺人者は《この人も、一生のうち、一分ごとに撃ってやる人がいたら、善人になっていただろう》と言う。

以上がプロットです。本書の文脈で注目すべきは、〈選択〉という要素が物語に面白さを与えている、という点でしょう。例えば一家の父親は、屋敷へ向かわないこともできたのですが、運悪くそこへ続く道へハンドルを切ってしまう――結論をすでに知っている読者は《父親がここでハンドルを切らなければ……》と複雑な思いに駆られます。

この小説はさらに踏み込んで考察する価値があります。とりわけ「おばあちゃん」の行為は興味深い。節を変えて考えてみましょう。

4 「おばあちゃん」の悪徳

はじめに注意点をひとつ。オコナーの作品はどれも複数の解釈を許容しますが、このことは本作「善人はなかなかいない」にも妥当します。それゆえ以下ではこの短編のひとつの読み筋を提示しますが、決して《これが唯一の読み方だ》と考えないようにしてください。一般的な指摘をすれば次。じつに、小説の価値を測るひとつの基準は《それがどのくらい幅広い仕方で解釈されうるのか》だ、と。反対に、読み方がひとつに固定されてしまう小説は、その分だけ「面白み」を欠くと言えます。

さて私たちがいま読んでいる短編は、ひとつの読み筋によれば、「おばあちゃん」を悪人の一種と描き出しており、その点が面白いと言えます。例えばおばあちゃんは〈屋敷を見たい〉という自分の欲求を満足させるために、孫に嘘をついて父親に「行こう、行こう」とけしかけさせる――このようなタイプの人間が具える悪さは「自己中心的」および「欺瞞《ぎまん》的」などと表現されます。とはいえおばあちゃんの悪徳はこれに尽きません。彼女は同時に「軽率」という悪徳も具えています。

具体的には、拳銃をもった男たちのひとりについて（知らないふりをしておけばいいのに）ついつい自分がそのひとを知っていることを告げてしまう、という行動におばあちゃんの軽率さは現れています。その場面は物語のターニングポイントであるので、オコナーの文章（の翻訳）を読んでみましょう。以下は、銃をもった男たちのうちに例の脱獄犯がいることに父親の「ベイリー」が気づいたところから。

　ベイリーがいきなり言いだした。「おいみんな、たいへんなことになったぞ！　これは……」

　おばあちゃんが悲鳴をあげた。よろよろ立ち上がって相手を見つめた。「あんた、あの〈はみ出しもの〉ね！　ひとめでわかった。」

「そのとおり。」男は有名なのがまんざらでもないらしく、ちょっと笑った。「しかしね奥さんよ、おれだと気づかないほうが一家の身のためだったのにな。」

　ベイリーは激しくふり向くと、自分の母親にののしりを浴びせた。それは子供たちでさえショックを受けるようなひどいものだった。おばあちゃんは声をたてて泣きだし、〈はみ出しもの〉は顔をあからめた。（二四頁）

父親がとっさに口をつぐんだのに対して、おばあちゃんは言うべきでないことを言ってしまう――その結果、一家は皆殺しになります。注目すべきは、息子のベイリーが母親であるおばあちゃんをその軽率な行為にかんして責める、というところ。息子は《母親がしないでもいい間違いを犯した》ということに激怒しています。

オコナーがおばあちゃんを一種の悪人と描き出している、という観点に立つと、この老女の行為のそれぞれに「悪さ」を読み込むことができます。次の引用は、おばあちゃん以外の家族が森の奥へ連れて行かれ射殺されたところから（おばあちゃんは〈はみ出しもの〉と会話している）。

森からするどい悲鳴があがり、続いて拳銃の音がした。「どうだね、奥さん。こってり罰をくらうやつもいれば、まったく罰なしのやつもいるなんておかしいと思わないかね？」

「イエス様！」とおばあちゃんは叫んだ。「あんた、いい血筋なんでしょ！　レディーを撃つはずがない！　りっぱな家系なんでしょ！　お願い！　ね、レディーを撃つもんじゃないの。お金は全部あげる。」（三二―三三頁）

例えば「レディーを撃つはずがない！」というおばあちゃんの命乞いは、見方によっては、《自分だけは助かりたい》という自己中心性の現れと解釈できます。すなわちその言葉には、他のひとは撃たれるかもしれないが、淑女である自分は見逃してもらえるだろう、という無意識的な願望が反映されています。《人間が無自覚的にどれほど多くの悪いことを行なっているか》をありありと見せてくれる、というのがフラナリー・オコナーの小説の注目すべき特徴だと言えます。

5　選択と物語の分岐

ここからが重要ですが、以上で見てきた小説と自由との関わりを考えてみたい。短編「善人はなかなかいない」の物語を追うとき、私たちは物語の分岐点でスリルを味わいます。例えばおばあちゃんがかつて訪れた屋敷を見たいと感じたとき、彼女はその欲求をわがままなものとして抑え込むこともできました。すなわち、子どもに「そこへ行ったら銀の器を見ることができるかも」などと言わずに、大人しく黙っていることもできました。とはいえ、おばあちゃんは子どもを嘘で誘導することを選んでしまう——このようにして彼女は悲惨な結末に一歩ずつ近づいていきます。

先にも強調したように良い小説は多様な解釈を認めるのですが、ひとつの読み方に従うと、おばあちゃんは物語の分岐点で悪い道を選び続け、最後にはその「報い」を受けます。すなわち、老女は自分の悪い選択の報いとして命を失う、ということ。ここには〈選択〉と〈報い〉のあいだの密接な関係が現れています。本章の残りの箇所ではこの点を確認したいと思います。

はじめに理論的な話。そもそも「選択」とは何か。それは、比喩的に言えば、複数に枝分かれした道の中からひとつを選ぶことです。じつに〈選択〉の概念は〈可能性〉の概念とつながっています。ひとが何かを選ぼうとするとき、そのひとは複数の可能性の分岐点に立ってい

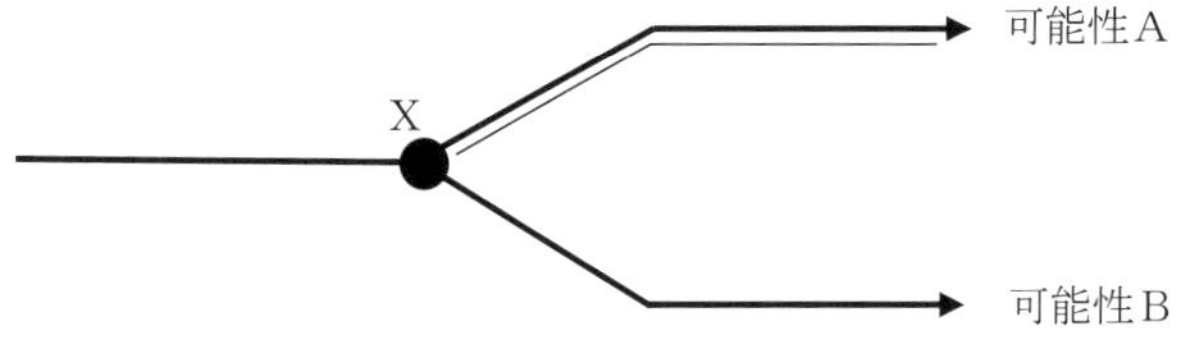

る——どちらへ進むかはそのひと次第です。

こうした選択を敢《あ》えて図にすると上のようになるでしょう。

ここでは、ふたつの可能性AとBへ進みうる分岐点XでAへ進む道が選ばれた、という事態が図示されています（他のケースでは道は三肢や四肢に分かれることがあるでしょう）。このように、選択は可能性と関連している、と言えます。仮に「別の可能性」というものが無く世界が一本の道のようであるとすれば、選択もまた存在しません。*

＊　ところで〈選択〉をここで行なわれるように「樹形図」で表現することには無視できない哲学的問題があるが、それを論じることはここでの関心を超えている。関心のある方は青山拓央『時間と自由意志』（筑摩書房、二〇一六年）の三一頁以降、あるいはその箇所を説明した拙著『日本哲学の最前線』（講談社現代新書、二〇二一年）の第二章などを読まれたい。

加えて〈選択〉の概念は〈自由〉や〈主体〉の概念に関連しています。この指摘は当たり前のように感じられるかもしれません。いずれにせよ次の点は押さえておいてください。すなわち、自由な主体性をもつ存在だけが複数の可能性を選択する分岐点に立てる、と。例えばおそらく岩石は自由な主体ではありませんが、この物体は決して何かを選ぶという瞬間をもたないでしょう。岩石は一切の選択なしに「あるがままに」存在しています（岩石の「人生」は一本道です）。逆に、人間の自由があるということは、人間が複数の可能な選択肢の中からひとつを選ぶことができる、ということを意味します。

以上の理論的な点を踏まえて、おばあちゃんが悪い方の可能性を選び続け、最後にその報いとして殺される、という流れを見てみましょう。

おばあちゃんが「あんた、あの〈はみ出しもの〉ね！」と言って脱獄犯に一家を殺す理由を与えてしまう、というくだりはすでに確認しました。これはこの作品に登場する中で最悪の選択です。自己中心的なおばあちゃんは知っていることを口に出してしまうタイプなのでしょう（なぜなら〈何かを知っていること〉は、通常の文脈では、自分の優位性を示す根拠になるからです）。とはいえ――いま読んでいる小説が示すように――ひとは場合によっては知っていることを隠さねばなりません。おばあちゃんは、優越感を得ようとするふだんの癖もあって、軽率にも最悪の選択肢をとってしまいました。

男たちはベイリー一家を森の奥で次々と射殺していきます――そのあいだ、おばあちゃんは〈はみ出しもの〉とイエス・キリストの話をする。この脱獄犯がはじめて犯した罪は殺人でしたが、彼は《イエス・キリストが本当にひとをよみがえらせることができたかどうか》を知りたかったと嘆きます。なぜなら、もしキリストがそれをできるなら、自分が殺した相手をよみがえらせてくれるだろうし、もしできないなら（そして自分がそれを知っていたら）、そもそも自分はひとを殺さなかっただろうからです。

こうした会話の流れの中で、おばあちゃんは自らの死を呼び寄せる悪い選択を行なってしまう――そのくだりは以下。

「おれはそこにいたわけじゃないから、イエスが死人をよみがえらせなかったとは言い切れない。」〈はみ出しもの〉が言う。「おれはその場にいたかった。」彼はこぶしで地面を打った。「いられなくて残念だよ。もしいたら、はっきりわかったのに。そうだろうが。」声が高くなった。「もしその場にいたら、はっきりわかったのに。そうすれば、おれはこういう人間にならずにすんだんだ。」泣きわめく声に変わる寸前だった。おばあちゃんはその一瞬、頭が澄みわたった。目の前に、泣きださんばかりの男の顔がある。男に向かっておばあちゃんはつぶやいた。「まあ、あんたは私の赤ちゃんだよ。私の実の子供だよ！」おばあちゃんは手をのばして男の肩にふれた。〈はみ出しもの〉は蛇にかまれたように後ろに飛びのいて、胸に三発撃ちこんだ。（三四頁）

泣き出しそうな脱獄犯の顔を見ておばあちゃんは、相手は苦しんでいるが、自分はそれを慰められるかもしれない（その結果、自分の命は救われるかもしれない）、と考えます。そして、老女は男の身体に手をふれるのですが、これは自己中心的であるにとどまらず傲慢《ごうまん》な選択でした。なぜなら無意識の悪事を繰り返すおばあちゃんは、ほんの少しでも自分のことを反省すれば、《ひとの魂を救う聖人のような資格が自分に無いこと》に気づいただろうからです。おばあちゃんは、その「思いあがった」行為の結果として、胸に弾丸を撃ちこまれ絶命します。その後の〈はみ出しもの〉の言葉がたいへん印象深い。すなわち、

〈はみ出しもの〉が言う。「この人も善人になっていたろうよ。一生のうち、一分ごとに撃ってやる人がいたらの話だがな。」（三五頁）

おばあちゃんはこれまで何度も無自覚に悪を為してきました。じっさい、例えば多くの職場にいる「おせっかいな善人」のように、自分の悪さに気づかずに悪しき行ないを繰り返すひとは多い。引用の〈はみ出しもの〉は、そうしたひともそのつど「罰」を受ければ気づいて改善できたろう、と言います。おばあちゃんに欠けていたのはしかるべき〈報い〉だ、ということです。

6　選択と報いの関わり

言うまでもなくおばあちゃんよりも〈はみ出しもの〉のほうがひどい悪人だと言えます。とはいえオコナーは敢えて老女の悪さのほうに焦点を合わせる――その理由は、私たちがそれを見過ごしがちだからでしょう。とりわけ自分自身の自己中心性などについてはそうです。オコナーの小説は、その副作用として、読者をして自分のことを反省せしめます。すなわち《自分にもおばあちゃんのようなところがあるかもしれない》と考えさせるということです。

では――本章の議論の本丸ですが――予告していた〈選択〉と〈報い〉の関連について。この点は次章以降も踏み込んで論じられるので、さしあたりおおまかな仕方で理解できれば問題ありません。以下、その関係性のおおまかな説明です。

はじめに押さえたいのは、本章で取り上げた小説「善人はなかなかいない」は読者を不快にさせるところがある、という点です。例えば詩人の蜂飼耳《はちかいみみ》が編集者に「フラナリー・オコナーが好きだ」と言ったら「苦手だな、暴力的だしグロテスクだから」と返されたらしい（『フラナリー・オコナー全短篇【上】』、ちくま文庫、二〇〇九年、解説より、四三七頁）。この編集者の反応には、私自身も理解できるところが少なくありません。オコナーの小説は邪悪さを基調としており、この点は「善人はなかなかいない」にも当てはまります。

とはいえ、今回読んだ小説が「物語としてまとまっている」と言える、という点もまた否定できません。たしかに旅行中の家族が惨殺されるというのは「暴力的」で「グロテスクな」ストーリーですが、そうした中に《話は落ち着くべきところに落ち着いた》と言えるようなところがあります。はたしてこの妙な「まあ仕方ないか」という気分は何に由来するのか。理不尽な出来事が語られるにもかかわらず「オチがついた」と感じられるのはなぜか。

この納得感は、オコナーがおばあちゃんを一種の悪人と描き出していることに関係します。じつに、こうした描き方のもとでは、家族を奪われる老女の悲惨、そして彼女自身の凄惨な最期は本人の選んだ悪い行ないの「しかるべき報い」と理解されます。そして、このように理解されるとき、物語の結末は「まあ仕方ない」という納得感を引き起こします。もちろん無関係のならず者に命を奪われるというのは正真正銘の不条理ですが、オコナーの巧みなスポットライトがこうした不条理を「納得のいく」ものへ変容させているわけです。

以上の議論の要点は何か――これを正確に表現すれば以下。この議論の中心的な指摘は、おばあちゃんが殺されるに値する悪人だ、ということではありません。むしろポイントは〈報い〉についての私たちの捉え方にかかわります。押さえるべきは、私たちがこの小説の結末を「仕方ない」と納得するとき、私たちはおばあちゃんの無残な最期を彼女の行ないの「しかるべき報い」と捉えている、という点。一般に、悪しき行ないを選び取ったひとに相応の辛い「報い」がある場合、私たちは《話にオチがついた》と感じます。このように私たちは〈選択〉と〈報い〉のあいだに密接なつながりがあると考えています。

本章で確認したかったのは〈選択〉と〈報い〉という概念についての私たちの捉え方です。私たちは〈選択〉と〈報い〉をいわば「セット」のように考えています。そして、ある選択へしかるべき報いがあるとき、私たちはその物語に納得感を抱きます。ただし〈選択〉と〈報い〉のこうした関係は決して必然のものではなく、この関係をいわば「ズラす」ような物語をつくることも可能です。本章の締め括りとしてオコナーの小説の巧みさに触れておきましょう。

おばあちゃんは決して極悪人ではありません。じっさい、この老女のようなレベルの自己中心的で傲慢な人物は世の中にあふれるほど存在しています（こう書きながら私は《自分はどうだろうか》と反省します）。とはいえ――先にも触れた点ですが――オコナーは《おばあちゃんの具えるような悪徳は見過ごされやすい》という点を問題視しています。そうした見過ごされやすさの結果として、おばあちゃんのようなタイプの人物は、その押し付けがましい性格から無自覚の「軽微な」悪事を繰り返します。

さて、こうした見過ごされやすい悪徳へ読者の目を向けさせるためには、作家は何をすればよいでしょうか。この目的を達成するためオコナーは〈選択〉と〈報い〉のあいだの概念的な関係を巧妙に利用します。具体的には、おばあちゃんへ極端に悲惨な末路を与える、ということ。この場合、読者は《おばあちゃんの何が悪かったのか》と考えることになります。その結果、読者は老女が繰り返し行なっている悪に気づく――すなわち読者は、おばあちゃんは自覚せず選び続けた悪事の報いを受けたのだ、と理解することになります。最悪の結末が逆に、そこに至る「見えにくい」悪事に光をあてる、ということです。

このように考えれば《オコナーはむやみやたらに「暴力的」で「グロテスクな」小説を書いているわけではない》と言うことができます。むしろ、悲惨を描くことは彼女の「計算された」クローズアップの技法だ、と言えます。暴力的描写もその意味が理解される場合には決して「悪趣味」とは言えません。

いずれにせよ要点は次です。すなわち、私たちは〈選択〉と〈報い〉を相互に結びついた形で理解している、と。メタファー含みで言えば、概念の森においては、〈選択〉の木と〈報い〉の木は隣り合って枝を絡ませているということ。かくして――ここまで論じてきたように――「善人はなかなかいない」のおばあちゃんに訪れた悲惨な結末を見るとき、私たちは遡行して《どの選択が悪かったのか》を問うことになります。概念は一般に相互の結びつきのもとで使用されますが、〈選択〉の概念はひとつには〈報い〉のそれと結びついています。そしてこうした結びつきの理解を深めることが《選択とは何か》や《報いとは何か》をつかむための必要な一歩なのです。

次章では〈選択〉と〈報い〉の関係についてさらに踏み込んで考察しますが、本章のここまでの議論があくまで「導入的な」ものだという点は頭の片隅にとどめておいてください。なぜなら《悪い行ないの選択には相応の辛い報いがあるべきだ》という本章で指摘した考え方は、後で否定されるわけではないですが、一定の反省と再検討を施されるからです。本章で紹介された「とっかかりの」見方は、これからの章の議論を通じてアップグレードされていく、と考えておいてください。

第2章

正義と責任——自由と責任にかかわる概念の森

1 正義と責任の問題へ

前章では自由な主体の哲学へのイントロダクションとして〈選択〉と〈報い〉の関係についていくつかのことを確認しました。大事な箇所を振り返っておきましょう。

選択とは複数の可能性からひとつのものを採ることでした。かかる可能性の分岐の前に立てることが〈自由であること〉のひとつの意味です（逆に例えば岩石の「生」は一本道です）。そして、自由をもつ人間は悪い行ないを選択することがありますが、こうした場合に私たちは《悪い行ないの選択には相応の辛い報いがあるべきだ》と考えている、という点が前章で指摘されました。〈報い〉をめぐるこうした考えをさらに踏み込んで考察する——というのが本章で行なうことです。

本章はいわゆる未解決事件を取り上げます。なぜなら、第一に〈報い〉の概念は〈罪〉の概念と結びついているからであり、第二に《悪い行ないには辛い報いがあるべきだ》という考え方の背景にある枠組みを理解するには、未解決事件に対する私たちの態度を見るのが便利だからです。具体的にはいわゆる「グリコ・森永事件」を考察します。これはある世代から上の人間にとって忘れられない未解決事件です。そしてこの事件を素材として書かれた小説に髙村薫の『レディ・ジョーカー』があります。以下、これらを取り上げながら概念の森へさらに深く踏み入っていきたい。

本章は、〈報い〉の概念には〈正義〉や〈責任〉の概念が結びついている、という点を確認します。じつに――この関係を摑《つか》むのが本章の最も大事な目標ですが――《悪い行ないを選んだ者には辛い報いがあるべきだ》という考えは正義の原理や責任の原理から導き出されます。だがそうなると「正義とは何か」や「責任とは何か」もまた気になります。本章はこうした問いに答えつつ《自由と主体の哲学には正義や責任をめぐる問題が関わっている》という点を強調します。

本章の議論は以下の順序で進みます。はじめに一連のグリコ・森永事件の発端部を紹介し(第2節)、それを踏まえて「正義とは何か」のひとつの理解を押さえます(第3節)。続けて、同事件における「ドラマティックな」場面を見て(第4節と第5節)、〈責任〉・〈選択〉・〈報い〉・〈正義〉などの概念のあいだの密接なつながりを確認します(第6節)。最後に、髙村薫の小説『レディ・ジョーカー』を取り上げて、〈選択〉や〈責任〉などの概念が私たちの生に深く根をはっている点を確認します(第7節と第8節)。

2　グリコ・森永事件の始まり

「未解決事件」という言葉は聞いたことがあると思います。別の言い方では「迷宮入り」であり、英語ではときに“cold case”と呼ばれるらしい。捜査に進展がなく、凍ったように止まってしまった局面――こうしたニュアンスをこめて未解決事件は「コールド」と形容されるのかもしれません。

ところで〈解決された事件〉と〈未解決事件〉の違いは何でしょうか。あるいは一般に、事件はどのような場合に「解決された」と言われるのでしょうか。「解決」の定義は複数あると思われますが、自然な見方がひとつ存在します。それは、当の事件を起こした犯人が捕まり、裁かれ、罰を受けるとき、その事件は解決される、という見方です。こうした見方には〈報い〉の概念が現れていますが、この点は後で考察することにして、まずは具体例を見ながら問題の考え方の自然さを確認しましょう。

取り上げるのは予告したように「グリコ・森永事件」です。これを選ぶ理由は決して興味本位ではなく、ひとつには、事件を語る関係者たちの声に犯人を捕らえることのできなかった悔しさがにじみ出ているから。例えば元警察官のひとりは（後で見るように）時効後も犯人の夢をみることがあると言います。未解決の事件は区切りをもたず、そのわだかまりは関係者の全員の心の奥底に残りつづけます。そうしたことから学びうることも少なくありません。

事件が起きたのは一九八四年であり、すでに時効です。すなわち二〇〇〇年に関連する事案すべてについて公訴時効が成立し「迷宮入り」になりました。それからさらに一〇年が過ぎ、NHKが未解決事件の真相に迫ろうとノンフィクション番組を制作します――以下の記述はNHK取材班が公刊した取材録*にもとづきます。

＊　ＮＨＫスペシャル取材班『未解決事件　グリコ・森永事件　捜査員３００人の証言』（文藝春秋、二〇一二年、ただし新潮文庫で二〇一八年に再刊行、以下の頁付けは文庫版）

事件の始まりは以下のとおり。

一九八四年三月一八日の夜、食品メーカー江崎グリコの社長・江崎勝久氏の自宅へ拳銃を持った男二人が押し入った。男たちは江崎社長を連れ出し、三人目の男が運転する車に乗せて拉致《らち》した。縛られていた社長夫人は自力でそれを抜け出し一一〇番通報をする。

江崎社長を乗せた車は兵庫県の西宮市を出て大阪府の茨木市へ向かう。そしてある川のそばに建てられた倉庫に社長は監禁される。

日付変わって一九日の午前一時一五分、江崎グリコの某取締役の家に電話がかかってくる。電話の主は《高槻市の某自治会の看板の前の電話ボックスへ行け》と言う。そこに行くと封筒が置かれてあり、その中の紙にはタイプライターで次のように書かれていた（三八頁）。

人質はあづかった　現金１０億円　と　金１００Ｋｇ　を　よおい　しろ

金一〇〇キログラムは持ち運ぶのに苦労する重さなので脅迫文を見た刑事のひとりは「ふざけているのかな？」と思ったらしい（三九頁）。その後、犯人グループは取引場所として茨木のあるレストランを指定するが、けっきょくその日に犯罪者からのさらなる指示はなかった（レストランには捜査員が張り込んでいた)。

その一方、江崎社長は倉庫に長い時間放置されていた。犯人グループはいつしか倉庫に姿を見せなくなっていた。二一日の午後二時過ぎ、社長は倉庫を脱出する。そしてすぐ近くにある国鉄の貨物ターミナルに駆け込んで、そこの職員に「助けてくれ」と訴えた。

とはいえ事件はこれでは終わらない。その翌月、すなわち四月二日、江崎社長の家へ金銭を要求する脅迫状が送られてくる。社長および警察は要求に応じないことを決めた。その後、複数の新聞社に宛てて、犯人グループからの「警察への挑戦状」が届いた。その文章は記事にして公にされる。「挑戦状」の冒頭を引用すれば以下(四六頁)。

けいさつの　あほども　え
おまえら　あほか　人数　たくさん　おって　なにしてるねん
プロやったら　わしら　つかまえてみ

このあとも犯人グループはたびたびマスコミへ挑戦状を送ることになり、いつしか「かい人21面相」を自称するようになる。その文章は独特のセンスを具えたものであり、ひとによっては犯人グループの挙動をエンターテインメントの一種として楽しんだ――このあたりが、グリコ・森永事件がときに「劇場型犯罪」と呼ばれる所以《ゆえん》である。

さてこのあと何が起こるでしょうか。これについては後で紹介します。とりあえず押さえたいのは、この事件ではけっきょく犯人は誰も捕まらなかった、という事実です。江崎社長を拉致監禁した男たち。新聞社へ怪文書を送った人物（これは拉致監禁の実行犯のひとりかもしれません）。これらの人物が何者であるのかはいまだに明らかになっていません。この事件は「未解決」のまま凍りつき、公訴時効のために刑事事件としては永遠に解決される機会を失ってしまいました。

3 未解決事件、および正義のバランス

ここで考えたい事柄があります。なぜ犯人が捕まらなかった事件は「未解決」と呼ばれるのか。たしかに、犯人が検挙されて裁かれることのない事件は「未解決」とされる、というのは「未解決事件」という語の定義かもしれません。とはいえ、この「定義」の根拠は一歩踏み込んで説明できます。そしてその説明において〈正義〉の概念が用いられます。ではあらためて問いましょう——なぜ犯人の捕まらない事件は「未解決」と見なされるのか。

押さえるべきは、犯人が逮捕されて裁かれて罰を受けていない場合、この犯人は誰かに一方的に害を為した状態のままだ、という点です。例えば先に見たグリコ・森永事件では、拉致監禁という行為によって江崎社長を苦しめた男たちが、それに相応の辛い報いを受けずに済んでしまっています。一方的に苦しめるだけで相応の苦しい報いを受けていない——これは正義に反する事態です。

ここで「正義」という語が用いられました。はたして正義とは何でしょうか。「正義」にもいろいろな意味があるのですが、ここでは伝統的に天秤《てんびん》すなわちバランスで象徴されてきた意

味の正義が問題になっています。それは「報い（retribution）」の概念とも関連するので「応報的正義（retributive justice）」と呼ばれたりもします。

じつに正義とは——ここで問題になっている意味では——行為と報いのバランスの取れた状態のことです。例えば、他人へ危害を加えたひとがしかるべき報い（例えば罰金を払うなど）を受けるとき、あるいは他人へよい施しを行なったひとがしかるべき報い（例えばお返しによって幸福になる）を受けるとき、バランスが取れていると言えます。これに対して、あるひとが他人へ一方的に危害を加え、その報いを受けずにのうのうと暮らしている、という事態にはバランスの欠如が見出されます。それゆえ私たちは、こうした事態を「正義に反している」と感じるのです。

このように正義とは行為と報いとのバランスだと言えます。そして一般に——これは人間の特質の指摘ですが——私たちは正義をたいへん気にする存在です。すなわち《正義のバランスが崩れていないか》、《しかるべき報いを受けていない悪しき行為はないか》をたいへん気にします。具体的には例えばグリコ・森永事件の話へ戻ると、私たちは《問題の拉致監禁犯が捕まっていないこと》を良くないことと見なしているでしょう。抽象的に言えば私たちは、他者へ危害を加えたひとはしかるべき報いを受けるべきだ、と考えています。それゆえ、一方的に他人を犯罪的な仕方で害した者がいるにもかかわらず、その者が罰せられていない、という状態に私たちは「居心地の悪さ」の感覚を抱くのです。

以上の考察は《なぜ犯人の捕まらない事件は「未解決」と言われるのか》の一歩踏み込んだ説明になっています。こうした事件においては正義のバランスが取り戻されていません。むしろ誰かが一方的に不正を犯したまま、しかるべき報いを受けずじまいになっています。要するに、期待される〈正義の回復〉が行なわれていないため、犯人未逮捕の事件は「解決されていない」と捉えられる、ということ。逆に、事件が解決されるとは正義のバランスが取り戻されることを意味するのです。

4 真犯人が現れない

以上の議論に対して、犯人が捕まって罰せられるくらいで「正義が回復した」と言えるのか、というさらに踏み込んだ問いが提起されえます。とはいえこの問いの考察は先送りさせてください（この問いは本章の終盤でふたたび取り上げます）。とりあえず、〈事件の解決〉の概念と〈正義〉のそれとは関連している、という単純な点を押さえておいてください。以下、この関連をより詳しく見てみます。

いまいちどグリコ・森永事件のケースへ戻りましょう。

犯人グループの行動はエスカレートしていく。「かい人21面相」は例えば、江崎社長を誘拐して約二か月後、五月一〇日にマスコミへ宛てて次のような脅迫的な文章を送っている（四九九頁）。

グリコは　なまいき　やから　わしらが　ゆうたとおり
グリコの　せい品に　せいさんソーダ　いれた

0．05グラム　いれたのを　2こ　なごや　おか山の　あいだ
の店え　おいた
死なへんけど　にゅう院　する
グリコをたべて　びょう院え　いこう

犯人たちは、グリコの菓子に毒を入れた（二度とそうならないためにも金銭の受け渡し要求に応じろ）、と脅迫する。その結果、店頭からグリコの商品が撤去され、同社は数十億円の損失を被《こうむ》った（五一二頁）。さらに犯人グループは別の食品メーカーである森永製菓へも《一億円を出さなければ毒入りの菓子を店頭に置く》と脅し、その後コンビニエンスストアなどでじっさいに青酸入りの森永のドロップ飴が発見され、同社も数十億円の被害を受けた（五一〇頁）。

こうした企業脅迫が続く中、犯人グループに捜査の手が迫った日があった。同年六月二日、警察は犯人の誰かが乗った車を追って「カー・チェイス」することになる。以下がその顚末《てんまつ》である。

警察は《六月二日には犯人が必ず現金の受け渡しの現場にやってくる》と確信していた。なぜなら、犯人グループは江崎社長と内密に連絡を取り合っており、その隠れたやり取りの中で六月二日の大阪府摂津市での現金授受を「おたがいに　これで　おわりに　したいもんやな」と申し出てきたからである（一〇八頁）。社長はこのやり取りをこっそり警察に伝えていた。犯人たちは情報が洩《も》れていることを知らない——これはチャンスである。

犯人たちが指定した取引現場は摂津市のある焼肉店。時刻は夜8時。白のカローラに現金を

乗せて駐車場に停めておけと言う。犯人の誰かがこの車を運転して組織へ金を運ぶのであろう。

警察は準備に準備を重ねる。注目すべきはカローラのエンジンを遠隔スイッチで止められるように細工したことだ――これによって運転する犯人やその仲間を捕まえられるかもしれない。当日、現場に潜んでいた捜査員は三〇人以上。取引役をつとめるのもグリコの社員に扮した警官である。

その日が来た。犯人を待ち構える警察官たち。午後八時四五分、ひとりの若い男性が急いだような様子で焼肉店に入ってきた。この男は取引役に近づき「早く車のキーとブツをくれ！　連れが殺されるんや！」と叫ぶ（一二六頁）。何かがおかしい。とはいえ取引役はこの若者にカローラのキーを渡す。男は駐車場へ出て現金のつまれた車に乗り込む。そして発車する。

ここからどうなるか。用意していたスイッチを押しカローラを停車させる。そして追尾車に乗っていた警官がカローラに乗り込んで尋問する――この場面をＮＨＫ取材班は次のように描写する。

「警察や。お前何や？」

「俺は違う！　連れが殺されるんや！」

男性は、頭から血を流し、顔には殴られた跡があった。

しかし、犯人の指定した車に乗り込んできた以上、犯人と全く関係ないことはないと、尋問が続いた。

「嘘《うそ》つけ！」

「連れが殺されるんや！　堤防に行かないと。はよ行かせてくれ！」（一二八‐一二九頁）

後で判明したことだが、カローラを運転する男性は犯人グループに襲われて運び屋の役目を強いられていた。淀川の堤防沿いのデートスポットでガールフレンドとのんびりしていたところを覆面の三人組に襲撃され、彼女を人質にとられた。恋人の命が惜しければ言うことをきけ、ということだ（ちなみにこの女性は同日九時半ごろ解放され発見される）。

――このあと予告していた「カー・チェイス」が行なわれるのですが、その場面を見る前に「犯人」という言葉について重要な点を指摘しておきます。

言うまでもないことですが、カローラを運転する男性は犯人のひとりではありません。彼はただ脅迫者の指示に従っているだけであり、一連の犯罪の責任を負う真犯人は別のところにいます。

いま「責任」という語が用いられました。ここで手短に指摘しておきたいのは、〈犯人〉の概念に〈責任〉のそれが関わっている、という点です。例えば車を運転する男性は一連の犯罪に責任を負っていません。言い換えれば、一連の犯罪は彼のせいではなく別の者のせいだ、ということ。それゆえ今回の事件にかんしてこの男性を逮捕することは「誤認逮捕」になります（場合によっては「冤罪」に発展しえます）。

犯人とは――形式的に言えば――問題の犯罪に責任を負うひとです。すなわち、その人物のせいでその犯罪による被害が生じた、と言えるような人物が「犯人」と呼ばれます。警察官たちが追っているのはまさにこの人物です。そいつを捕まえて、責任をとらせ（すなわちしかるべき報いを受けさせ）、正義のバランスを回復せねばならない。

5　タッチの差の自責と後悔

六月二日の攻防についてさらに続けましょう。

男性が犯人でないと判明した後、大阪府警捜査一課の前和博氏（肩書は当時）は車で淀川方面へ向かった。まだそのあたりに犯人の誰かがいるかもしれない。

淀川に架かる橋を越えて、川沿いの細い道へ入る。すると何やら怪しい車が目に入った。というか《このあたりに犯人がいるかも》という疑いが前氏にその車を怪しく見せたのかもしれない。いずれにせよこの車はじっさいに怪しかった。

飛んで逃げるようにその車はその場を離れようとする。ひょっとするとカローラが来るのを待っていた犯人が、別の車（すなわち前氏の車）が参上するのを見て、現金輸送の失敗を察知したのかもしれない。

前氏は追跡することを決めた。カー・チェイスである。とはいえこの後の運が悪い。大阪で馴染みの交通量の多い国道がたまたま犯人たちに味方した。赤信号ギリギリで国道を横切る逃走車。信号が青に変わり、車の波が作り上げる壁に行く手を阻まれる前氏。タッチの差で逃げ切られてしまった。

翌日（六月三日）、前氏が犯人に振り切られた地点から約三〇〇メートル離れたところにある神社の近くで、取り逃した車が発見された（前氏の記憶していたナンバーと一致した）。おそらく犯人は、警察に一度認知された車に乗り続けるのは危険だと考え、カー・チェイスが終わったあとすぐにそれを乗り捨てたのであろう。犯人らの足取りはここで途絶えてしまった。

以上が本書の文脈で注目したいグリコ・森永事件の「ドラマティックな」一場面です。犯人にあと一歩まで迫ったにもかかわらず逃げられる、というのは刑事にとって痛恨の悔しさでしょう。前氏は国道での出来事を次のように振り返ります。

「一号線のバイパスは信号無視して絶対に行けませんわ。信号無視して行けたら、私も行ってますもん。そんな道路じゃないんですよ。犯人は、ギリギリ行っとんですよ。そやから、もう数秒早く赤にさえなっとったら、多分、奴ら行けなかった。あそこで車放置して逃げとったか、もしくはあそこで戦場になったかのいずれかと思いますね」（一三九頁）

前氏の言葉からは自責と後悔の念がにじみ出ている。ほんの少しだけ早く信号が変わっていたら……。あるいは、もう少しだけ早く国道へ飛び込めたら……。こうした「たら……」は人生に独特の苦々しさを付与しますが、嘆く前氏自身も《世界にはこうしたどうしようもないことが生じうること》を自覚しています。そして人生にはこうした〈どうしようもないもの〉と向き合いながら何とかやっていくという側面があります。こうした自己と世界の対立については、本書では第二部で主題的に取り上げることになるでしょう。

6　責任とは何か

本章の第4節で〈犯人〉の概念には〈責任〉のそれが結びついていると述べられましたが、これについてはさらに指摘すべき点があります。その点を確認するためにまず「責任とは何か」を問うてみましょう。

正義は行為と報いのバランスだと説明されましたが、責任のほうはある特殊なタイプの「関係」だと分析できます。ではもし責任が「関係」の一種だとすれば、それは何と何との関係か。それは――形式的に言えば――主体と行為との関係、あるいは主体と（行為の）結果との関係です。

例えばグリコ・森永事件では森永のドロップ飴に青酸が入れられました。この〈森永の菓子に青酸を入れる〉という行為をしたのは誰か。もちろんそれは犯人ですが、ここで押さえるべきは、犯人という主体と〈青酸を入れる〉という行為のあいだに成立しているのが「責任」という関係だ、という点です。

同様の点を行為の「結果」に焦点を合わせて敷衍《ふえん》させてください。じつに同事件では、ドロップ飴へ青酸を入れられたため、森永製菓が数十億円の損害を被りました。この被害は誰のせいか。森永の巨額損失に責任をもつ者は誰か。もちろんそれは犯人ですが、ここで押さえるべきは、犯人という主体と〈巨額損失が生じた〉という結果のあいだに成立しているのが「責任」という関係だ、という点です。より自然な仕方で言い換えれば、犯人のせいで巨額損失が生じた、ということ。

以上を形式化すると理解に役立つかもしれません。責任とは「せい」という語で表現される関係です。すなわち、Aを行為主体、Xをある行為の結果（あるいは行為そのもの）とするとき、「XはAのせいだ」という関係が〈XへのAの責任〉を表現します。そして、XはAのせいだと言えるためには、A自身がXの原因たる行為（あるいはXそのもの）を選んだのでなければなりません。かくして〈責任〉には〈選択〉が関連します。

先に責任が「特殊なタイプの」関係だと述べました。そう述べる理由のひとつは《責任が、非難や称賛などの反応あるいは処罰や褒賞などの報いを伴いうるから》です。例えば〈青酸を入れる〉という行為に責任をもつ者は、その行為のために非難されます。そして、このひとが逮捕されれば、自らの行為のために処罰されるでしょう。逆に——日常ではこうした言い方はあまりしないですが——「良い行為に責任を負う」ひとは、その行為のために称賛されたり褒賞を受けたりします。かくして〈責任〉の概念は〈非難〉・〈称賛〉・〈処罰〉・〈褒賞〉のそれとも結びついています。

よくよく考えれば、私たちは日々、何かしらの行動を選び、行為し、それにかんする責任を負っています。例えばビジネスパーソンはしばしば《どの企画が最も有望か》を悩み、そのうえでどれかを選ぶ——結果が良ければそれに応じた称賛と褒賞があり、逆に結果が悪ければそれに応じた非難と処罰があります（もちろんここでの「処罰」は刑罰ほど苛烈ではありませんが）。こうした点を踏まえると〈行為に責任を負い、結果に応じて非難や処罰を受ける〉というのは人間生活を形づくる基礎的な側面だと言えそうです。

このように私たちは、自分の行為を選び、それにかんする責任を負いながら生きています。そしてそのなかで、法を犯す不正な行為に責任を負うとき、ひとは「犯人」となります。本章で見てきたグリコ・森永事件にかんして言えば、〈ひとを拉致し監禁する〉・〈金銭を目的として恐喝する〉・〈毒入りの菓子を店頭に置く〉などの諸々の悪事を自らの手で選び、それを自分の行為として遂行した者が真犯人です。この人物（たち）は、これらの行為に責任を負っていますーーそれゆえしかるべき報いを受けねばなりません。

7 行為には結果が伴う

以上で「概念の森」の様相がそれなりにはっきりしてきました。概念たちは互いに結びついた仕方で使用されますが、〈自由〉の概念には〈選択〉や〈報い〉や〈正義〉や〈責任〉や〈主体〉、あるいは〈非難〉・〈称賛〉・〈処罰〉・〈褒賞〉の概念が結びついています。本書の以下の議論はこうした木々をめぐって展開されます。

さて、ここまで現実の事件を取り上げながら概念の森を散策してきました。他方で小説の諸作品はときにこうした木々のつながり方をノンフィクションの語りとは異なる角度から露わにします。とりわけ取り上げたいのが小説家・髙村薫のフィクション『レディ・ジョーカー』*ですが、この作品はひとつに〈報い〉の概念に対する私たちの理解を深めます。じつに不正の〈報い〉は刑事罰という法的な報いに尽きません。それはより深い次元のものを意味することができ、私たちの世界理解の一部を成しているとさえ言えます。

はじめに作家および作品の紹介をすると、髙村薫は一九五三年生まれ、一九九三年に公刊された『マークスの山』で直木賞をとり、その後、同作のキャラクターが登場するいわゆる合田《ごうだ》雄一郎《ゆういちろう》シリーズ（東大卒の警視庁刑事・合田雄一郎が主人公の諸作品）を世に送り出しています。いまから読む『レディ・ジョーカー』もこのシリーズのひとつであり――本章冒頭で触れたように――グリコ・森永事件にモチーフを得ています。

同作は本書の「おわりに」でも取り上げられ、詳しいあらすじはそこで述べられます。それゆえ、ここでは本章の主題と関係のある箇所だけをピック・アップしましょう。

髙村の創作したストーリーでは、日之出麦酒《ビール》社長・城山恭介《しろやまきょうすけ》が謎の犯人グループによって拉致監禁され、数日後に突如として解放される。その後、同社はあの手この手のいわば企業恐喝によって二〇億円を要求される。興味深いのは犯人グループの構成であり、そのメンバーに警視庁刑事の半田修平《はんだしゅうへい》がいる。じつにこの男が警察の無線を聞くことができるため、社長宅近辺（このあたりは警備が厳重である）での拉致が可能であったのである。ちなみに日之出麦酒をターゲットに選んだのはグループ最年長の老人・物井清三《ものいせいぞう》。罪を犯すことを決めた理由は「悪鬼の声」*に駆り立てられたとしか言えない（たしかに、かつて日之出の社員であった兄・清二が

＊『レディ・ジョーカー（上・中・下）』（毎日新聞社、一九九七年、後に新潮文庫、二〇一〇年）。ちなみに髙村薫は文庫化のさいに大幅に加筆・修正を行なうので、どのバージョンから引用するかは気をつける必要がある。本書は新潮文庫のものを使用する。

理不尽な経緯で退職を促された、などの因縁はあるのだが)。

＊　上、二六七頁。

犯人グループに刑事がいる、と前段落で述べられましたが、なぜ警察官が犯罪者集団の一員になっているのでしょうか。半田刑事と物井老人は競馬場で顔を合わせるたまたまの知り合いに過ぎませんでした(だからふたりの関係が鑑取りで知られることはない)。とはいえある日、日之出麦酒から金を搾り取ることを決めた物井が半田に相談し、後者は協力することを選びました。そのさいの物井と半田の会話は次。


「しかし半田さん、あんたはどうなんだ」

「俺はな、妄想癖があるんだ。いやなことがあると、自分を救う妄想をめぐらせて埋め合わせる。ずっとそれをやって来たところへ、物井さんの電話だ」

「何か具体的なきっかけでもあったのかい」

「いや。俺も、積もり積もったものとしか言えない。しかし、俺は社会へ出るときに入り口を間違ったことだけは確かだ。警察という組織も、警察官という職業も、俺には偉すぎる」(上、二九九頁)

半田は日之出麦酒にもその社長・城山にも、何ら個人的因縁もなければ恨《うら》みもありません。

彼に何かがあるとしたら、自分がそのうちで生きている警察という組織への違和感であり、さらにいえば社会や世界に対する何かしらの折り合いの悪さです。こうしたどちらかと言えば「漠然とした」動機から半田は犯罪に協力し、ときに自らも荒っぽい実行行為に参加するのですが——次が本章の話題と関わりますが——いずれにせよ選んで行なわれたことには責任が生じます。これは、〈選択〉と〈責任〉の必然的なつながりのために、そうなのです。その結果、警察は犯人グループと半田をつなぐ直接の証拠を見つけられないのですが、そうであっても半田は責任を負い、司法の手とは異なるものによって報いを受けます。

何を言いたいのかと言えば、〈選択〉・〈責任〉・〈報い〉などの概念的なつながりはいわば現実よりも「深い」ところにあり、例えば《犯人が刑法上の罰を受けない》という場合においても〈選択〉には〈責任〉や〈報い〉が伴う、という点です。例えば半田は、犯罪行為にコミットするなかで、徐々に自己を失います。その結果、彼は破滅します。一方的に他者を苦しめた半田は、最終的に「狂気」の中で自己を苦しみのうちに投げ入れます。そして、そうした場面を読むとき、私たちは《彼は自分の行ないを清算したのだ》と感じます。半田が刑事罰を受けることになるかは不確かですが（作中ではそこまで描かれていない）、それにもかかわらずこの不正な行為者に訪れる〈報い〉があるのです。

押さえるべきは、〈選択〉・〈責任〉・〈報い〉は根本的にはこうした次元で連関している、という事実です。具体的には《罪を犯した者が報いを受けたか否か》は《犯罪者がじっさいの司法に裁かれたか》よりも深い次元で判断されます。この意味の〈報い〉に時効はありません。不正な行為者が「逃げ切る」、というのも概念的にありえないことです。

半田がどう破滅するかはもう少し詳しく紹介する必要があるでしょう。合田雄一郎は捜査上で彼の知りえた情報を総合して《半田が犯人グループの一員だ》と確信しますが、警察上層部は現職警官の逮捕に踏み切りません。それゆえ主人公*は自分の手で追いつめて自首させようと決意し、半田を毎日長時間監視して、それによってプレッシャーをかけます。見逃してはならないのは、英語の格言に「行為には結果が伴う（actions have consequences）」とあるように、半田の行為は合田の「偏執的」とも言える監視を引き起こし、そこから犯罪者自身も狂気に陥り始める、という点です。この点を踏まえると〈罪〉は〈報い〉を招き入れるとさえ言えるかもしれません。崩壊寸前の半田は合田と対峙し、自分が犯人グループの一員だと告げると、後者はただ一言「ああ」と応えました。そして、

「言いたいことはそれだけか」

「自首してくれ」

「ああ、するとも」

半田はそれだけ応えた後、ひと呼吸置くこともなく、ナイフを手に身体《からだ》ごと飛び出し、目の前の柔らかい壁に体当たりした。一瞬軽く跳ね上がった相手の顎《あご》が、自分の頭の上に落ちてくるのが分かった。子どものような淡いため息一つと一緒だった。（下、四三一頁）

やや隠喩的に書かれていますが、要するに、半田はさしたる合理性もなく合田を果物ナイフで刺しました。そして刺傷犯はその行動によって逮捕されるのですが、けっきょく「逮捕直後

から聴取に応じられる精神状況ではな」く（下、四三六頁）、司法プロセスは止まってしまいます。それゆえ半田が企業恐喝の罪にかんして裁かれるかどうかは不明なのですが、いずれにせよ彼の破滅はその行為の責任が「清算」されるひとつの道になっています。半田は法的なそれよりも「深い」報いを受けた、ということ。いや、これは《そう解釈してしまう私たちがいる》ということです。すなわち私たちは人間にかんして〈行為〉・〈責任〉・〈報い〉という概念図式で理解するようになっています。そして『レディ・ジョーカー』のようなフィクションは、法に裁かれぬ者の報いをそれとして語ることで、〈行為〉や〈責任〉などの概念の木々をより原理的な次元で描き出すものになっています。

＊〈主人公〉という概念は自明ではない——という重要な指摘が存在する。じっさい、ひとつの作品にかんして《誰が主人公か》を定めることはときに難しい問題であり、主人公らしきキャラクターの登場しない小説も存在する。それゆえ本書における「主人公」という語について注釈しておきたい。
本書ではしばしば「主人公」という語が用いられるが、それは《この語を使うことで固有名の連続的使用を避けられる》という利点のためである。例えば『それから』を論じるさいに、「代助」と「主人公」を交互に使えば、一文ごとに「代助」を使うという不格好な状態を免れることができる。もちろん代助を「主人公」ではなく「有閑の男性」などと呼ぶこともできたが、こうしたやり方は却って本書を読むことを難しくしてしまう。いずれにせよ《本書における「主人公」という語の使用はもっぱら固有名の連続的使用を避けるためだ》という点は留意されたい。《作品には必ず一人の主人公がいる》などの前提が自明視されているわけではない、ということだ。

8 人間生活の世界観

本章で確認されたことをまとめておきます。

前章で《悪い行ないの選択には辛い報いがあるべきだ》という考え方を見ましたが、本章で説明してきた〈正義〉および〈責任〉の概念を踏まえると、この考え方をより深いレベルで理解することができます。じっさい、問題の考え方は《行ないと報いのあいだにバランスが存さねばならない》という正義の原理から導き出されます。そして、悪い行為に対し辛い報いが与えられていないというアンバランスな状況では、責任を負う者へしかるべき報いが降りかかることが期待されるのです。それだけではありません。ここで言われる〈報い〉は刑法で定められた罰を受けることに限定されず、私たちはいろいろな事柄を「報い」と解釈します。その結果――犯罪者が刑罰を受けるべきであることはいずれにせよその通りなのですが――逃げおおせた犯人もまた報いを受けうると言えるのです。

強調すべき点のひとつは、以上は私たちの有する「世界観」にかかわる話でもある、という事実でしょう。じつに私たちは行ないと報いのバランスをたいへん気にする存在です。そして私たちは、ひとを一方的に害するという不正にかんしては、その責任を負うひとを責めずにはいられません。私たちの社会が司法システム――すなわち悪人を捕まえて刑罰という辛い報いを与えるシステム――を具えている理由の一部はこのあたりにあります。ここでの要点は、他ならぬ私たち自身が、正義のバランスが保たれることを望んでいる、というところです。

本章の第4節の冒頭で《犯人が捕まって罰せられるくらいで「正義が回復した」と言えるのか》と問われましたが、以上の議論はこの問いへひとつの答えを与えます。いや、より正確に言えば、以上の議論はこの問いの正当性を説明します。

じつに、私たちの〈報い〉の概念は刑事罰に尽きず、まさにそのために私たちはときに刑事罰以上の報いを期待したりします。具体的には――と言ってもある程度形式的な話にとどめますが――世の中には懲役刑で償《つぐな》えないような悪事が存在し、何をしたって「報い」とならないような不正もあるでしょう。大事なのはこれが私たちの世界観あるいは世界理解にかかわる話だという点です。私たちは〈報い〉の概念をきわめて深い次元で用いることができ、それは例えば現実の刑事罰に還元されることはないのです。

ここまで〈選択〉・〈報い〉・〈正義〉・〈責任〉などの概念を見てきました（これらは〈自由〉および〈主体〉と関連する概念です）。前章および本章の議論を通じて押さえてほしいことは、これらの概念が私たちの実生活の中でたえず使われている、という事実です。ひとが何かを選び、その行動に責任を負う。結果が悪ければ私たちはそのひとを責めて悪い仕方で報い、結果が良ければ私たちはそのひとを称えて良い仕方で報いる。こうしたことは私たちの生活の中のたいへん「人間くさい」側面です。こうした側面が欠けた人間生活など考えられない、とさえ言えます。

とはいえ――話のギアをチェンジしますが――現在、〈選択〉・〈報い〉・〈正義〉・〈責任〉などの概念は用いられるべきでなく、これらの概念は捨て去られるべきだ、という考えが複数の文脈で提示されています。* それゆえ次章からしばらく〈自由〉や〈主体〉と関連する概念の妥当性を疑う議論を見てみましょう。次章では「脳」や「神経」を論じる文脈で提示されるこのタイプの理路を追います。はたして〈選択〉や〈報い〉などの概念は本当に放棄されるべきなのでしょうか。

＊ 次章では脳神経科学の事例が見られるが、他には例えば社会心理学でも《人間は責任のある選択主体と見なされるべきでない》という主張が行なわれることがある。具体的には、人間の行動がいかに環境に左右されやすいかを見ることで、私たちの自己決定能力や責任能力の限界を指摘するというものだ。こうした話題は以下で明示的に取り上げられることはないのだが、本書の提示する《自由や主体の概念は決して完全には捨て去られない》という指摘は、社会心理学の文脈での批判へも耐性をもつ（この点は第6章および第7章の議論から明らかになるだろう）。

第3章 罪など本当に存在するのか

1 〈責任〉や〈正義〉の概念は捨て去られるべきだという主張

ひとは自分の行動に責任を負い、ときに責められたり罰せられたりする――これは私たちの生活の「人間くさい」側面であり、この側面に関わる諸概念、すなわち〈選択〉や〈報い〉や〈正義〉や〈責任〉などの概念がこれまで論じられました。押さえるべきは、前章で強調したように、《これらの概念は人間生活においてじっさいに用いられている》という点です。この点は自分自身のことを振り返っても確かめられます。例えば私は、グリコ・森永事件の犯人はいまなお責められるべきだ、と考えますが、このように考えるとき私は〈責任〉や〈正義〉の概念に訴えています。あるいはもしあなたが、同事件の犯人はしかるべき報いを受けるべきだ、と考えるならば、あなたも上述の諸概念の使用可能性を認めていることになります。《非難や称賛は日常生活でたびたび行なわれる》という事実に鑑みると、〈責任〉や〈正義〉の概念は私たちの生活の基礎的な前提だと言えるかもしれません。簡潔に言えば、責任や正義なしに人間生活はありえない、となります。

とはいえ——本章の話へ進みますが——幾人かの論者は、私たちは〈責任〉や〈正義〉の概念を捨て去るべきだ、と主張します。しかも彼女らあるいは彼らは、これをたんなる独断として提示するのではなく、一定の根拠のもとで主張します。〈責任〉や〈正義〉の概念は放棄されるべきだと論じる理路は複数あるのですが、本章ではいわゆる「神経科学」にもとづく理屈を見てみましょう。なぜならそれはある意味で分かりやすく、加えて前世紀の後半に広まった「トレンディな」考え方だからです。

本章の目標はいわば神経科学にもとづく〈責任〉の廃棄論を見ることです。より詳しくは、《人間の脳神経のあり方を精査すれば、ひとは自分の行動に責任を負っておらず、犯罪者を罰すべきという正義の原理も成り立たないことが分かる》という理屈を確認することです。具体的には神経科学者にしてサイエンスライターであるデイヴィッド・イーグルマンの議論、そして神経犯罪学で有名なエイドリアン・レインの議論を追います。それによって、〈責任〉や〈正義〉の概念を捨て去るべきだという主張は決して妄言の類《たぐい》でない、という点が確かめられるでしょう。

とはいえ、この主張にダークサイドがあるという事実は見逃せない——この点を確かめるのに役立つのがイギリスの小説家アントニイ・バージェスの作品『時計じかけのオレンジ』です。本章の終盤では、この小説を読み解きながら、〈責任〉・〈正義〉・〈罰〉にかんする議論へ「ひねり」を加えたいと思います。

ところで——あらかじめ大事な注意点を述べておくと——私は〈責任〉や〈正義〉の概念を拒否する立場に一定の正しさが含まれると認めますが、それは話の半分に過ぎません。すなわち本章で見る《ひとは自分の行動に責任をもちえない》という命題は決して絶対的な真理ではありません。それはむしろ、より広い展望（これを本書全体で提示するよう努めますが）から見渡せる光景の一部なのです。こうした指摘の意味は第6章および第7章で明確になります。

2 暴力犯罪と脳腫瘍

まずは、いわゆるブレイン・サイエンスに取り組むイーグルマンが一般向けに書いた著作『意識は傍観者である』*の議論を追いながら、《神経科学の視点に立てば、人間は自由を具えず、それゆえ自分の行為に責任を有さないということが分かる》という理屈を確認しましょう。その議論はある銃乱射事件の紹介から始まります。

* 大田直子訳、早川書房、二〇一二年

一九六六年八月一日、テキサス大学の時計台の最上階から二五歳の男が銃を乱射し、多くのひとが死傷した事件がありました。犯人の名はチャールズ・ホイットマン。その所業の概要は以下。

彼はライフルと弾の入ったトランクをひっさげて展望スペースへ向かう。階段のあたりにいる観光客を撃った後、銃口を外に広がる光景に向ける。たまたま下にいた妊婦を撃ち、それを助けようと駆け寄ったひとたちを次々に的にした。警察が集められ、数時間にわたる銃撃戦。

三人の警官とその助太刀をする一名の市民が建物へ突入し、階段を駆け上がる。彼らは最終的に犯罪者を射殺する。この事件において犯人を含め十三人が命を落とし、三十三人が負傷した（二〇四頁）。

この事件から何を学びうるのでしょうか。ここで生じた事柄もこれまで取り上げた概念――〈罪〉や〈報い〉など――を用いて語ることができます。例えば、ひとを殺《あや》めた者は命を以《もっ》て償うべきだ、と考えるひとがいるでしょう。ホイットマンは殺害行為を継続する中で射殺されます。これは《この人物は罪の最中においてしかるべき報いを受けた》ということを意味するかもしれません。

とはいえこの事件には別の側面があります。すなわち、ひょっとしたらホイットマンに罪はないのではないか、と考えさせる側面が存在するのです。次にこの点を見ましょう。

事件以前からホイットマンは精神に不調を感じていました。例えば暴力への衝動が湧き起こりそれを抑えるのに苦労したりします。彼の生活は表面上平凡でした。じっさい銀行で出納係として働いたりボランティアに携わったりの暮らしです（二〇四頁）。だが、そうしたありきたりの生活の中でも、ひとりの友人は《ホイットマンは何かを抑制しようと努力しているように見えた》と証言します（二〇六頁）。彼はいつしか衝動を抑えきれなくなる――こうして無差別殺人が行なわれることになりました。

興味深いのは、ホイットマンが遺書の中で《自分が死んだら脳に異常がないかを確かめるために解剖してほしい》と求めている、という出来事です。彼の要望は叶えられました。イーグルマンの記述によると、

> ホイットマンの遺体はモルグに運ばれ、頭蓋骨がのこぎりにかけられて、検視官が頭蓋から脳を取り出した。ホイットマンの脳には直径二センチほどの腫瘍ができていた。膠芽《こうが》腫《しゅ》と呼ばれるこの腫瘍は、視床と呼ばれる部位の下から出てきて、視床下部に当たり、扁《へん》桃体《とうたい》と呼ばれる第三の領域を圧迫していた。（二〇五頁）

時計台から銃を乱射した男の脳には、扁桃体を圧迫する巨大な腫瘍がありました。扁桃体という部位は感情のコントロールに関わっており、これまで経験的に《扁桃体の損傷は社会的に不適切な行動の増加につながる》という事実が知られています（二〇五頁）。もしかするとホイットマンが抱いた暴力への衝動は、そしてこの衝動を抑えきれなくなってしまったことは、すべて扁桃体の病的な圧迫から生じていたのかもしれません。すなわち、脳の不調のために彼の暴力的行動は生じた、と言えるかもしれない。

ホイットマンのケースは〈罪〉や〈責任〉をめぐる問題を提起します。ここまでの議論の流れを振り返りましょう。脳の話題へ進む前は、彼は正真正銘の殺人者であり、厳しい報いがふさわしい犯罪者だと思われました。とはいえ、男性の脳で扁桃体の圧迫が生じていたという事実が知られると、そうした判断は揺さぶられます。すなわち《暴力的な行動は本当に彼のせいなのか、もしかすると脳の病を原因として問題の行動が起こったのではないか、もしそうだとすれば殺人行動は彼のせいだと言えないのではないか》などの疑問が生じます。はたしてホイットマンは彼の行動に責任を負うのでしょうか。

イーグルマンもホイットマンのケースに即してこうした〈責任〉をめぐる問いを立てます。曰く、

> ［…］彼は「有責」なのか？　自分には選択の余地がない脳の損傷を受けている場合、その人にどの程度責任があるのか？　なにしろ、私たちは自分の生体と無関係ではいられない。そうでしょう？（二〇七頁）

この問いへのイーグルマンの答えは——先取りすると——《責任はない》というものです。すなわち、ホイットマンの行動は脳の異常を原因としているので、彼を非難したり罰したりすることは間違っている、と。とはいえこの神経科学者は加えて、こうした話はホイットマンのケースに尽きない、と考えます。じつに、あらゆる犯罪の事例において、ひとに行動の責任を負わせて非難したり罰したりすることは「不当だ」と言える——はたしてイーグルマンはこれをどう説明するのか。節を変えて確認しましょう。

3　自由による選択などはありえない

イーグルマンの主張は、犯罪者であろうがなかろうが、人間はそもそも自分の行動に責任を有さない（それゆえ誰かを非難したり罰したりするのは正しくない）、というものです。これを主張するさいに、この神経科学者が目を向けるのは人間の行動の「原因」です。《人間の行動がど

のような過程で生じるのか》を神経科学の視点から考えてみましょう。

人間の行動の中枢は神経細胞（とグリア細胞）が集まってできた「脳」という器官であり、脳の内部では物質の複雑なやり取りが生じています。そして、脳の神経細胞のあるまとまりが一定の仕方で活性化するときに、その結果として一定の身体運動が生じます。このように人間の行動は脳の状態を無視できない原因としています――そしてまさにそのために、例えば脳において扁桃体の圧迫という異常事態が生じている場合には、「社会的に不適切」とされる異常な行動が生じたりするのです。

以上で指摘されているのは――粗っぽく言えば――《脳が行動の原因だ》ということですが、この命題が具体的に何を意味するかはイーグルマンの挙げる「パーキンソン病」にかかわる事例から明らかになります。曰く、

> 二〇〇一年、パーキンソン病患者の家族と介護者は妙なことに気づき始めた。プラミペキソールという薬を投与されると、ギャンブラーになる患者がいたのだ。それもたまにギャンブルをするのではない――病みつきになる。それまでギャンブル行為に手をそめたことのない患者が、いまやベガスまで飛んでいく。ある六八歳の男性はカジノをはしごして半年間で二〇万ドル以上すっている。インターネットのポーカーに夢中になって、払えきれないクレジットカードの請求書を突きつけられた患者もいる。損失を必死に家族から隠そうとする人が多い。新たな中毒がギャンブルにとどまらず、過食、飲酒、性欲過剰になる人もいた。（二〇九‐二一〇頁）

すなわち、パーキンソン病の治療薬プラミペキソールの投与はギャンブルや飲食や性にかんする依存的行動を引き起こしうる、ということ。なぜこうしたことが生じるのかと言えば――イーグルマンの紹介する研究によると――問題の治療薬は〈気持ちよさ〉にかかわる報酬系の不調という副作用をもち、その結果、諸々の依存症の引き金になるらしい。要するに、プラミペキソールの投与によって例えば賭け事で過度な快楽が得られるようになってしまい、その結果、依存的行動が生じるというわけです。

こうした事例に即して押さえるべきは、脳の状態に変化があれば行動の面でも目に見える変化が生じうる、という点です。この点は病気以外のケースにも一般化できると考えられます。脳内の複雑な物質代謝によって刻一刻と脳の状態は変化しているが、神経細胞の集まりが一定の仕方で「発火」するとき、その結果としてあるタイプの行動が生じる――これが《脳が行動の原因だ》という命題の具体的な意味です。

脳が行動の原因だ、というのはそれほど意外性のない指摘かもしれません。とはいえ――驚くべきことかもしれませんが――この命題は、ある理屈にもとづけば、《ひとは誰も自分の行動に責任を有さない》という結論を導き出します。その理屈は以下のとおりです。

理屈の前提として押さえるべきは、脳は一種の「機械」だ、という点です。じっさい、脳の活動は神経細胞の電気的伝達などによって生じますが、神経細胞は刺激に応じて物質を代謝する「機械的部品」に過ぎません。たしかに脳を作り上げる細胞は何千億個に及び（九頁）、神経接続の複雑さは「天文学的だ」と言えますが、それでもそこでは機械的な反応以外は生じていません。こうした点に鑑みると、脳という器官は〈神経のネットワークから成るたいへん複雑な機械〉と特徴づけられます。

いま「機械」という言葉を用いたので注意点をひとつ。「機械」という語はしばしば金属を主要な材料とする自動車やロボットを指しますが、タンパク質や脂質でできている神経細胞からも「機械」は作ることができます。というのもここでの「機械」の本質は、一定のインプットに応じて内部で何かしらの物理的‐化学的過程が生じ、その結果として何かしらのアウトプットが返される、という点にあるからです。この意味で脳は「生体機械」と呼ばれうるでしょう。

話がここまで進めば、脳の中に自由による選択は存在しえない、という点も気づかれます。なぜなら、脳内の活動はすべて神経系の物質的過程によって決定されるからです。イーグルマンもこの点を強調して次のように言います。

> 私たちにわかっている範囲では、脳内のあらゆる活動は、脳という非常に複雑な相互接続ネットワーク内のほかの活動によって決まる。そのため、良かれ悪しかれ、そこには神経活動以外は何も入る余地がないように思える――つまり、このマシンに幽霊が入り込む余地はない。（二二二‐二二三頁、ただし傍点強調は原著者による）

ここでは、脳の活動はすべて（外界からの刺激に応じた）神経の相互作用によって決定される、と指摘されています。それゆえ、そこには〈選ぶ〉という自由が介入する余地はありません。

脳の活動は徹頭徹尾「機械的な」ものであって、こうした過程において——引用の比喩ですが——非物質的な幽霊が自由に選択して活動に変化を与えるなどの事態は生じていません。

以上の議論から《行動は自由によるものではない》という命題が帰結します。じっさい、脳の活動が神経ネットワークにおける機械的な相互作用であるならば、その活動から生じる人間の行動もまた機械的なアウトプットに過ぎないでしょう。ひとは自分の行動を選んではおらず、それは物質の過程から生じる結果に過ぎません。各人のコントロールを超えた脳内の作用によって行動はすべて決定されるのです。

以上が《ひとは誰も自分の行動に責任を有さない》と主張するさいのイーグルマンの理屈でした。彼はこの結論を踏まえて犯罪の話題へ戻ります。この神経科学者は《犯罪者をその行動にかんして責めたり罰したりすることは間違っている》と指摘するのですが、曰く、

> 私が言いたいのは、どんな場合も犯罪者は、ほかの行動をとることができなかったものとして扱われるべきである、ということだ。現在測定可能な問題を指摘できるかどうかに関係なく、犯罪行為そのものが脳の異常性の証拠と見なされるべきだ。[…]したがって、有責性を問うのはまちがっていると思われる。（二三六－二三七頁、ただし傍点強調は原著者による）

イーグルマンによれば、人間の行動はそもそも自由に選択されたものではなく脳の機械的過程の結果であるので、犯罪者の行動は脳の不具合の結果と見なさざるをえません。例えばホ

イットマンは多数のひとを銃殺しましたが、それは腫瘍による扁桃体の圧迫という異常な状態の結果だと言えます。要するに悪いのは犯罪者本人ではなく、むしろ脳の不具合であるのです。したがって、イーグルマンによれば、犯罪者本人を責めるのは間違っています。彼女ら／彼らをその行動のために責めたり罰したりしてはならない――。

4 「治療」という犯罪者処遇

イーグルマンの議論の結論（すなわち犯罪者を責めてはならないという結論）は常識に反しますが、その議論は無視できない正しさを含みます。じっさい、行動が脳の機械的な過程から生じるのであれば、行動はひと自身が「選んだ」ものではないので、ひとに行動の責任を負わせることはできないでしょう。とはいえ先にも触れたように、イーグルマンの指摘は「話の半分」に過ぎません――話の残りの半分がどのようなものかは次章以降で説明することにして、本章の残りの箇所では《ここまでの議論からどのような帰結が引き出されるか》を確認します。

イーグルマンは、犯罪者を責めたり罰したりしてはならない、と主張しますが、この考えに対しては必ず提起される問題があります。では犯罪者をどのように処遇すべきか。彼ら／彼女らをいわば「野放し」にするのか。仮に――百歩譲って――例えばホイットマンの銃乱射が脳の不具合を原因としており、彼の行動が「彼のせいだ」とは言えない、という点を認めるとしても、何もせずに放っておくわけにはいかない。それゆえホイットマンのような人物を非難したり罰したりすることは避けられないのではないか。

この問いに対してイーグルマンは《非難や刑罰以外にも犯罪者へ行ないうることはある》と指摘します。それは「治療」です。じつに、暴力行動が脳の不具合を原因とするならば、そうした行動を防ぐために脳の異常を取り除くという処置が可能です。〈責任〉の概念を廃棄するとしても、それは犯罪者を「野放し」にすることを意味しません。むしろ、犯罪者を治療することによって、従来よりもうまく犯罪を減少させられるかもしれません。

「犯罪者を治療する」とは示唆に富んだ発想の転換であり、以下ではこの考えの背後にある世界観を引き出すことを目指します。そしてそのために神経犯罪学者のエイドリアン・レインがこれまた一般向けに書いた『暴力の解剖学』*の終盤を読んでいきたいと思います。なぜならそこでは「犯罪者の治療」というアイデアに含まれる可能性が鋭く追究されるからです。

* 高橋洋訳、紀伊國屋書店、二〇一五年

5 脳への治療的介入の可能性

イーグルマンと同じくレインも、人間はおそらく自由な仕方で行動を選んでおらず、むしろ脳が行動を決めているので、ひとは自分の行動に責任を負わない、と考えます（四六八－四六九頁）。それゆえこの神経犯罪学者も《非難や刑罰は必ずしも犯罪者へのベストな処遇ではない》と考えます。彼はむしろ――先に触れたように――「治療」を推します。

ところで「犯罪者を治療する」とはどのようなことでしょうか。レインはこれをある少年の例に即して説明します。その事例の内容は以下の通り。

ダニーは非行少年だった。一〇歳のときすでに街をうろつくようになり、家から貴重品を持ち出してそれを金に換え、麻薬を購入する。学校の成績は最低であったが、麻薬の知識は豊富であり、大麻やスピード系あるいはコカインなどのさまざまな麻薬を使用した。けっきょく、一五歳のときに、一八か月という長期の少年院入りを言い渡される。

ここからどうなるか。ダニーの両親は出所した息子を――藁にもすがる思いであろうが――特別な医療を実践する診療所へ連れて行った。ここでは〈脳の生理学的な特性を変化させる〉ということが試みられる。ダニーはそこで一年にわたる治療プログラムに取り組んだ。具体的には、集中力の持続が必要なビデオゲームをプレーし（これをやっているあいだはつねに脳の活動が観察されている）、それでもって「覚醒度の低い未熟な皮質を鍛錬」するのである（四〇九頁）。

はじめのうちには目に見える変化はなかったが、徐々に違いが生じてくる。ダニーは学校の勉強へ集中して取り組めるようになってきた。そして他の若者よりも力を見せ始める。最終的に「オールA」の成績を収める優秀な生徒へ成長した。レイン曰く、「彼の運命は完全に逆転したのだ」（四〇九頁）。

もちろん以上はあくまで一例です。そしてダニーほど劇的な変化を見せない子どもも存在するはずです。とはいえ問題のケースは《脳への治療的な介入が行動の面で改善を引き起こすことがある》という事実を示します。なぜダニーは更生することができたのか――この点を踏み込んで説明すれば以下。

治療を通してダニーに起こったことは以下のように記述されうるかもしれません。もともと

――初期の検査が確認したことですが――この少年の脳はつねに覚醒度の低い状態にありました。その結果、彼はより激しい刺激を求める傾向をもちました。ダニー曰く、「学校はまったくおもしろくなかったけど、犯罪にはほんとうに興奮した」（四一〇頁）。彼が麻薬に手を出したのも、強い刺激を求める脳の「未熟な」状態が原因であったと考えられます。ダニーに対する治療プログラムは、ゲームなどによる訓練によって、覚醒度の高い「安定した」皮質状態を育成することを目指しました。その目的が首尾よく達成されたのか、ダニーはむしろ勉学への飛びぬけた集中力を発揮するようになりました。

これはある意味で「極端にうまくいった」ケースだと言えそうですが、それは同時に脳への治療的介入が成功した場合に何が起こるかを象徴するような事例にもなっています。このように「犯罪者を治療する」というアイデアには無視できないポテンシャルがあると言えます。それゆえ今後もこの発想にもとづく犯罪者処遇のアプローチはいろいろな角度から検討される必要があるでしょう。暴力的な行動にたいして〈治療〉という仕方で対処する、というやり方には私もまた相当の可能性を見出さぬわけにはいきません。

6　犯罪のない世界

ここで確認したいのは――先にも触れた通り――「犯罪者を治療する」という考えの背後にある世界観です。それは徹底されれば〈責任〉や〈正義〉の概念をすべて廃棄するような世界観なのですが、このあたりはじっくり確認する必要があります。以下、〈罪〉や〈報い〉の概念へも目を向けつつ、犯罪者の治療という発想の深層部へ入り込んでいきたい。レインの本の最も興味深い箇所のひとつは、「犯罪者の治療」というアイデアが取り入れられた未来の司法を仮想的に描き出し、それによって読者をしてこのアプローチの可能性を検討せしめるところです。例えば――あくまでこの神経犯罪学者によるフィクションですが――二〇三四年に次のような〈犯罪に対する予防医療的な検査〉が開始される。

一八歳以上の男子は全員、病院で脳スキャンとDNAテストを受けなければならない。まず指から採血する。これは一〇秒で済む。次に、五分をかけて脳のスキャンを行ない「基本五機能」を検査する。[…] そして、それによって得られた脳やDNAのデータと、コンピュータで処理された、医療、教育、心理、居住地域などのデータを組み合わせて、バイオソーシャルな総合データセットを生成する。(五〇九–五一〇頁)

この犯罪傾向検査で「陽性」と判定された者は――レインは創作を続けますが――特別施設への収容が命じられる。ちなみに検査対象が一八歳以上の男性であるのは、現状において暴力犯罪を行なう大半が男性であるからだ。施設の収容者は治療プログラムに取り組みながら毎年検査を受ける。そして「好転していれば保護観察のステータスに下げられ、通常の日常生活を送ることが許可される」(五一一頁)。その後の経過を見て、保護観察は解かれたりもする。

こうした未来は今のところディストピアのように感じられるでしょう。いずれにせよ哲学的な文脈で押さえるべきは、レインの描く予防医療が広くいきわたった世界では「犯罪」の捉え方が抜本的に変化している、という点です。この世界ではもはや文字通りの「犯罪」は存在しません。そこではむしろ暴力を誘発するタイプの「病気」が存在します。こうした点を詳しく説明すれば以下です。

じつに「犯罪を治療する」というアイデアの背後には、犯罪を病気と捉え直す発想が潜んでいます。例えば胃にできた悪性の腫瘍を外科的に切除するように、扁桃体を圧迫する有害な腫瘍を取り除いて暴力犯罪の根を断つこと。あるいは水疱瘡や日本脳炎を予防するためにワクチンを接種するように、犯罪傾向検査で「陽性」と判定された者を収容し、暴力犯罪を未然に防ぐこと。要するに、犯罪治療の施策は〈暴力犯罪を病気に同化する〉という見方のもとで行なわれる、ということです。

「犯罪を治療する」というアイデアは犯罪を「病気」と捉え直す——こうした点にレインは自覚的です。曰く、

がんは、私たちが犯した罪に対する懲罰なのではなく、生物学的、社会的な外在要因によって生じた疾病であり、治療可能なものである。暴力も同様に、公衆衛生の問題、すなわち社会に悪影響を及ぼす疾病の問題としてとらえるべきであり、罪や悪などの概念に歪曲されず、理性的、臨床的に対処するべきだと、私は言いたい。(五〇〇頁)

ここでは、例えば「がん」が医療の対象と見なされるのと同様に、暴力もまた予防や治療の対象と捉えられるべきだ、と主張されています。加えて、「がん」という病気に〈報い〉や

〈罰〉の概念は関係しないのであるから、私たちは暴力犯罪へも〈罪〉や〈報い〉や〈非難〉や〈罰〉の観念を関わらせるべきでない、と指摘されています。なぜなら――レインによれば――暴力的行動は疾病の一種であるので、責めたり罰したりするのではなく、治療こそがふさわしい対処法だからです。

いまや「犯罪を治療する」という考えの背後にある世界観も明らかになっています。それは、犯罪はじつは存在しない、という世界観です。もう少し正確に言えば、私たちがこれまで「犯罪」と見なしていたものはどれも病気であり、それに対しては（非難や刑罰ではなく）治療こそがふさわしい対処だ、という世界観です。この世界では、〈罪〉の概念は適用対象をもたず、それゆえ文字通りの「犯罪」は存在しません。それゆえ、〈報い〉や〈罰〉の概念も不要になり、《犯罪者は罰せられるべきだ》という〈正義〉の観念もまた無用になります。

これは比喩的に言えば、本書が取り上げてきた概念の森から〈責任〉や〈罪〉の木々を伐採する、という企《くわだ》てです。じつに概念の木々はそのいくつかが根っこにおいて互いにつながっているので、一般に、一本だけを抜き去ることはできません。〈責任〉や〈罰〉の木々を抜けば、同時に〈正義〉や〈非難〉や〈報い〉のそれもまた取り去られるでしょう。その結果として得られる森に住むひとにとって、一切の暴力行動は〈病気〉なのであって、それは〈治療〉が施されるべき何かです。これは現在の私たちが生きている世界観ではありませんが、レインは《これこそが将来的に採用されるべき世界観ではないか》と提案します。

7 暴力行動の治療のダークサイド

暴力犯罪を病気に同化する——この発想を考察するさいには、そのダークサイドへも目を向けぬわけにはいきません。なぜならそれはじっさいに負の側面を具えているからです。本章はここまで《イーグルマンやレインの提示する世界観はどのようなものか》をどちらかと言えば彼らに「好意的な」筆致で紹介してきましたが、ここからはより俯瞰した観点から考察したいと思います。その場合、〈暴力行動を病気と見なす〉という企てに対して生じうる当然のリアクションが確認できるでしょう。

以下、本章の冒頭で予告しましたが、バージェスの小説『時計じかけのオレンジ』*を読み解きながら本章の議論へひとつの「ひねり」を加えたい。そこで確認されることはひとつに、〈正義〉や〈報い〉の概念は簡単には除去できないくらい深く人間生活に根づいている、という事実です。この事実は後の章でさらに踏み込んで探求されることになります。

＊ 乾信一郎訳、ハヤカワepi文庫、二〇〇八年

『時計じかけのオレンジ』は比較的有名な作品だと言えますが、それはスタンリー・キューブリックの映画化によるところが大きいでしょう。暴力とセックスに明け暮れる主人公。逮捕後、クリップで強制的に目を見開かれたまま行なわれる「治療」。結果として、暴力と性行為にか

んして激烈な不快をおぼえる体質に変わる。もはや彼は悪を行なうことができない。翻訳家の柳下《やなした》毅一郎《きいちろう》は同書の解説でこの作品を「自由意志についての小説」と捉えますが、*それはまさにその通りであり、じっさいに同作は自由と主体の哲学の関心に応える側面をもちます。まずはあらすじをごくかいつまんで紹介しましょう。

＊　「時計じかけのオレンジみたいに不思議」、『時計じかけのオレンジ』に解説として所収、三二一―三二八頁

アレックスは仲間と暴力とセックスにふける日々を過ごしている。町で出会った老人の身ぐるみをはぐことに何ら罪悪感を抱かない。たまたま見つけた小住宅に押し入って、そこに住む作家を腕力で圧倒しながら、眼前でその妻を強姦したりもする。だがある日、アレックスは警察に捕まる。そして刑務所で二年が過ぎる。

監獄にいるアレックスはその性根においていまだ「更生」していない。そこに権力の側から「嬉しい」提案がある。刑期の残りを「教化法」なるものへ転換するか、という提案だ。アレックスは、「教化法」が何か分からないが、とにかく自由を得たいので同意する。

そこから治療的介入が開始した。アレックスは「ルドビコ剤」なるものを注射される。これが強力な吐き気を引き起こすのだが、その不快感の最中に「患者」は強制的に暴力的あるいは性的な映像を見せられる。条件づけの方式でアレックスの体質を変化させよう、というわけだ。映画にはたまたまBGMとしてクラシック交響曲などが使われていた。二週間後、アレックスは〈暴力やセックスについて考えるだけで強力な不快感に襲われる身体〉を得る。ついでに

――条件づけの副作用として――交響曲などを聴いても吐き気を催すようになる。

これをもって晴れて自由の身になる（?）アレックスであるが、町へ出ればかつて身ぐるみをはいだ老人に復讐される。主人公は吐き気のため反撃ができない。年寄りからリンチされたあと、アレックスは警察の厄介になるのだが、警官は驚いたことにかつての仲間である。彼らはいまや主人公を軽蔑しており、ひと気のないところへ連れて行ってたたきのめす。

ボロボロのアレックスをひとりの作家が助けてくれた。この人物は〈ルドビコ剤による治療〉というやり方に反対している。ふたりは語り合う。そして、運命のいたずらだろうか、アレックスのふとした言葉から作家は、この若者がかつて妻を強姦したグループのひとりだと気づく。彼は、会話から《主人公はクラシックを聴くと苦しむ》と知っていたので、アレックスのいる高階の部屋にスカデリクの《交響曲第三番》を大音量で流す。主人公はのたうち回る。そしてとうとう窓から飛び降りる――。

ここから話はもう少し続くのですが、気になる方は自分で読んでみてください。はじめに押さえるべきは、この小説は〈責任〉や〈罪〉をめぐる本章の話題と関連している、という点です。じつに、暴力犯罪者であるアレックスは、従来の〈刑罰〉という対処を打ち切られ、ルドビコ剤を用いた〈治療〉という措置を受けます。この点に鑑みると、同作ではレインの提示するような世界観、すなわち《暴力行動は病気だ》という世界観が吟味されていると言えます。

それだけではありません。〈暴力犯罪を病気に同化する〉という発想について作者バージェスは多かれ少なかれ自覚的です。小説家は作中で内務大臣をして次のように語らしめます。

［…］もはや政府は旧式な刑罰学説に頼ってはいられないのである。［…］このような不快な普通犯罪者群は［…］純然たる治療学的に処理するのが最上である。犯罪逆もどり作用をたち切ること、それだけでよい。（一四四頁）

ここでは、犯罪者に対しては〈罰〉ではなく〈治療〉こそがふさわしい措置だ、と述べられています。ただし後者こそが「ふさわしい措置だ」と考える内務大臣の根拠は《再発防止や犯罪抑止の観点からすれば罰よりも治療のほうが効果がある》というものです。* したがって内務大臣は〈責任〉や〈正義〉について深く考えているわけではありません（すなわち彼は、失われたバランスを回復するという「過去向き」の関心ではなく、社会の福利を増大させるという「未来向き」の関心に導かれている）。とはいえ、いずれにせよ『時計じかけのオレンジ』で〈暴力犯罪を治療する〉というアイデアが吟味されていることは事実です。そして同作はそのダークサイドへも切り込みます。

＊　じっさい内務大臣と近い思想をもつブロドスキー博士は「われわれの関心事は、ただ犯罪を減少させることだけであって……」と述べる――ちなみにここに大臣は「それと刑務所のひどい過密を緩和することである」と付け加えるが（一九八頁）。

8 〈罪 - 報い〉という理解のフレームワーク

作者のバージェスが明示的に提示する、問題のアイデアの負の側面は、それがいわば〈人間性を破壊してしまう〉という恐れに関わります。例えば作中の刑務所の教誨師は、暴力のことを考えて吐き気に悶《もだ》えるアレックスを見て、次のように語ります。

彼にはまったく選択権がないではありませんか？　ただもうじぶんの身がかわいいのと、肉体的な苦痛の恐ろしさとだけでもって、あのような奇怪な自己卑下の行動をとっているだけではありませんか。あの行動ははっきりと不実であることを示しています。彼は非行をやめるでしょう。と同時にまた、道徳的選択力を持つ人間でもなくなるでしょう。（一九八頁）

ここで教誨師は〈選択すること〉と〈苦痛を避けるために一定の仕方で反応すること〉との違いを問題にしています。すなわち彼が強調したいことのひとつは、後者であればたんなる動物（すなわち人間以外の動物）でも行なえるのであり、前者こそが人間を人間たらしめているのだ、ということです。そうであるならば、不快を避けるための反応として「非暴力的に」振る舞っているだけの存在はもはや人間と言えないのではないか。ルドビコ剤による治療は重要な意味で〈人間性の棄損〉につながるのではないか。

以上の論点は重要なのですが、本書でさらに深入りすることはしません。なぜならより根本的な問題が存在するからです。本章の締め括りとして指摘したいのは、《犯罪は治療されるべきものだ》という発想を知ったとしても、私たちは人間の行動を〈責任〉や〈報い〉の概念のもとで見ることを止められない、という事実です。この指摘は続く諸章において掘り下げられますが、ここでは『時計じかけのオレンジ』に即して要点を具体的に確認したいと思います。

じっさい同作は、一方で〈暴力犯罪を治療する〉というアイデアにスポットライトをあてる作品ですが、他方でアレックスの罪と報いの物語でもあります。例えば以下は、主人公が「治療」される場面ですが、私たちはどうしてもそれを彼の悪行の「報い」と解釈しないわけにはいきません。

「やめてくれ、やめてくれ、やめてくれ」おれはわめきつづけていた。「それ、消してくれ、このくそ野郎ども、おれはもうがまんできねえよ」

その次の日だったんだ、兄弟よ、ほんとおれはみんなのやることに正直一生懸命、朝も午後も、あの拷問いすに腰かけて、ニコニコ、ほんとハラショーにいい子みたいに協力した――スクリーンにはすごい暴力シーンが映写され、おれはグラジー《め》をクリップで開けっ放しにされ、逃げられないようにプロット《からだ》もルーカー《うで》もノガ《あし》もいすに固定されてるんだ。

（一七六頁、ちなみにアレックスの語りにロシア語的な言葉が混じっているのは異世界感を出すためのバージェスの工夫）

ここでアレックスは苦しんでいますが、例えば彼がひとりの作家の眼前でその妻を強姦するという非道なシーンを見た読者は、多かれ少なかれ「いい気味だ」という感想を抱かぬわけにはいきません。主人公が繰り返し選んだ悪行は、彼の苦しみから〈同情すべきもの〉というニュアンスを取り去り、そこに〈当然の報い〉という意味を付与します。

もちろん私たちはこうした解釈から一歩退いて《アレックスは彼にどうにもならない暴力傾向のために罪を犯すことに追いやられたのであり、彼に責任はないのだ》と論じることができます。とはいえ、これは〈責任〉や〈報い〉の概念が捨て去られうることを導きません。なぜなら私たちは、そう論じてそう思い込むよう努めたとしても、遅かれ早かれ《アレックスが苦しむのは当然の報いだ》という感想へ還帰するだろうからです。〈責任〉や〈報い〉の木々が根をはる概念の森から完全に抜け出すことはできない、ということです。

一般的なことを指摘すれば、〈罪〉や〈報い〉は私たちが世界を理解するさいのいわば「物語的な」構造の一部だと言えます。もちろん〈罪‐報い〉という捉え方にベッタリになって一切をこの枠組みで理解してしまうことは避けられるべきでしょう。具体的には疾病や災害にかんしても《誰の責任か》を問い、そのうえで例えば「前世の罪がかかる業罰を招来したのだ」と述べることは問題のフレームワークの乱用に他なりません。その一方で、私たちは自らの世界理解から〈責任〉や〈正義〉の概念を放逐することもできません。例えば第5節で言及したダニーについても、彼が他者に与えた苦しみへ目を向ければ――おそらく彼に一方的に苦しめられた人間は何人かいる――、私たちは《正義のバランスは回復したのか》を気にせざるをえません。〈暴力行動を治療する〉というアイデアに無視できないポテンシャルがあるとしても、私たちは行為の責任やしかるべき報いについて考えぬわけにはいかないのです。

作中人物の作家がアレックスにしかるべき報いを与えることを決意するシーンは、かならずや引いておかねばなりません。作家の名は「F・アレキサンダー」、かつて彼の家へ押し入ったさいにアレックスは「もういいよ、ディム」と仲間の名を口にしていました。以下はふたりの会話。

おれはどなった――

「おれを何かの物みたいに、そんなふうに扱ってもらいたくないよ。あんたたちがおれに無理に押しつけようとしているような、おれはそんなバカモンじゃないよ、ばかもんめ。普通のプレストープニック《はんざいにん》はバカさ、だけどおれは普通でもなければ、ディム《うすらばか》でもないんだぜ。わかった?」

「ディムか」とF・アレキサンダーが、何か考えこむみたいにしていった。「ディムか。どこかで聞いたような名だな。ディムというのは」

「え?」とおれだ。「いったい、ディムの野郎とどんなカンケイあるの? あんた、ディムのことをなんか知ってるの?」

それからおれがいった。「ああ、ボッグさま、お助けください」

おれは、F・アレキサンダーの目の色が気に入らなかった。おれはドアの方へ行った。二階へ上って服をぬいで、ここから出ていこうと思ったのだ。

「そんなことがあるだろうか?」とF・アレキサンダーは、煙草のやにでよごれたズー《は》ビーをむき出し、目が狂ったみたいにギラギラしてきた。

「そんなことってあり得ない。もしかりにそうだったら、八つ裂きにしてくれる。八つ裂きに、そうだ、必ずやってやるぞ」（二六四－二六五頁）

アレックスは何気なく英語の「ぼんやりしている」の意味で"dim"と言ったのですが、これによって作家は眼前の若者とかつての侵入者を結びつけます。事実に気づいたF・アレキサンダーは「必ず八つ裂きにしてやる」と自らに言い聞かせますが、読者はこの心の動きを「自然な」ものと見なすでしょう。もちろん私たちは、報いは文明化された仕方で行なわれるべきであり私刑は正しくない、とも考えています。とはいえ私たちが《アレックスは何かしらの報いを受けるべきだ》と考えるのも事実なのです。結果として、F・アレキサンダーは交響曲で敵を悶絶させ、追い詰められたアレックスは高階の窓から身を投げることになりました。

本章全体で確認されたことをまとめましょう。

本章の序盤と中盤では、神経科学の観点に立てば〈自由〉や〈選択〉や〈責任〉の概念は捨て去られるべきことが判明し、それゆえ〈罪〉や〈報い〉の概念も廃棄されるべきであり、いわゆる犯罪は「病気」と捉え直されるべきだ、という理路を見てきました。この理路が切り拓く世界観においては、もはや文字通りの「犯罪」は存在しません。すなわち、罰せられるべき邪悪な犯罪者はひとりもおらず、いるとすればそれは暴力的傾向をたまたま持っている「不幸な」病人です。ひとを殺《あや》めた者に対しても行なわれるべきは非難や制裁ではなく治療だ、ということです。

本章の終盤では以上の議論へさらなる「ひねり」が加えられました。一方で私たちは《暴力犯罪は治療されるべきものだ》という考え方にそれなりの意義を見出すのですが、他方で〈責任〉や〈報い〉の概念を根こそぎ捨て去ることはできません。すなわち《罪を犯したひとは罰せられるべきだ》という正義の観念は決して根絶やしにできるものではありません。この事実は今後の諸章で徐々に掘り下げられていくでしょう。

次章以降の議論は、《私たちは自由な主体なのか》や《私たちは自己の行為に責任をもつのか》などの問いにかんして、ジグザグの道行きで探求を進めていきます。すなわち、ときに《人間は何かを選択する自由な存在ではない》という見方に焦点が合わせられ、ときに《人間は行為を選択しそれに責任を負う主体なのだ》という見方がフィーチャーされる、という仕方でいわば「右往左往しながら」進んでいきます。その果てに——具体的には第6章と第7章ですが——自由と主体をめぐるひとつの展望が開かれることでしょう。

第4章 コントロールの幻想、あるいは人間の物体性について

1 なぜ脳が行動の原因であれば、自由がなくなると言えるのか？

前章では、〈責任〉や〈正義〉や〈報い〉の概念は捨て去られるべきだ、という神経科学的な理屈を確認しました。それは《脳が行動の原因だ》という命題を踏まえて、そこから《人間の行動決定のメカニズムに自由の選択が入り込む余地はない》と述べるものでした。その理屈の結論は次。私たちは暴力的な行動を、罰せられるべき罪と見なすのではなく、むしろ「病気」の一種と見なすべきだ（それゆえ犯罪へのふさわしい対処は治療である）、と。

以上の考えに対する本書のスタンスをあらためて確認しておくことは、これからの議論を追ううえで役に立つでしょう。私はこうした〈犯罪への医学的アプローチ〉の将来的な有益性を認めています。もちろん脳への治療的介入にかんしては例えば人道への配慮が必要となり、安易な導入は避けられるべきです。とはいえ、前章のダニーの例で見たように、「犯罪者を治療する」というアイデアの明るい側面は決して否定できません。それゆえこの方向性は追究される価値があると言いたい（ただし繰り返し「できる限り慎重に」と付け足して拙速を禁じる必要があ

りますが)。

しかしながら――すでに何度も述べたように――《脳が行動の原因であり、人間に自由はない》という指摘は決して話のすべてではないのです。この指摘はさらに展開されるべき含意を有しています。そして、この含意が明らかになれば、私たちは《それでも人間は自由である》と認めざるをえなくなるでしょう。そして〈犯罪への医学的アプローチ〉にかんしても「ひねった」見方が要求されることになるでしょう。本章と次章では、私たちは根本的には自由の存在を否定できない、という点を確認することを目指したい。

以上の予告から分かるように〈自由〉をめぐる本書の議論は「行ったり来たり」します(この点も前章の末尾で述べました)。すなわち、いったん自由の不在の主張へ肩入れしたかと思えば、そのあとで自由の存在を肯定したりします。ただしこれは決して無軌道にさまよっているわけではありません。むしろ――ここでしっかり強調しておきたい点ですが――〈自由〉の概念が私たちに「行ったり来たり」の語り方を要求するのです。本書は、概念の森の木々のさざめきに耳を傾けながら、〈自由〉の多面的なあり方をできる限り広く猟歩するよう努めます。

さて話を本章の主題へ進めましょう。

《脳が行動の原因であり、人間に自由はない》という命題が前章の議論の鍵でしたが、これに対して以下のように問うひとがいるかもしれません。

曰く、この命題はそれなりに分かるところもあるのだが、腑に落ちないところもある。というのも、いったん立ち止まって考えれば、《脳が原因となって行動が生じる》ということが「人間が自由に行動する」ということの意味であるようにも思われるからだ。自分の脳が機能し、その結果として自分の行動が生じる――これは「自由」に他ならないのではないか。こう考えると、なぜ脳が行動の原因であれば自由がなくなると言えるのかが分からなくなる。もしかしたら問題の命題は勘違いにもとづいているのではないか。

こうした疑問はとても自然なものです。なぜなら前章で確認した理路は、それ自体では、《なぜ脳が行動の原因であれば自由がなくなるのか》を十分に説明するものでないから。そして、この点を十分に説明するためには、問題の命題の背後に潜む根本的発想を抽出する必要がある――この発想を引き出すことが本章の目標のひとつです。

本章はこの発想をできる限り具体的につかむために現代アメリカの作家トマス・ピンチョンの『重力の虹』*を取り上げます。なぜこの作品かと言えば、そこでは〈自由〉や〈主体〉の概念を揺さぶるモチーフが数多く見出されうるからです。また一九七三年に公刊された本作は全米図書賞を受賞しており、二〇世紀文学の代表的小説のひとつだと言えます。内容に触れておいて損はない、ということです。

＊　越川芳明・植野達郎・佐伯泰樹・幡山秀明訳、国書刊行会、一九九三年。以下で参照されるページ番号は断りがない限りすべて1巻のもの。

本章の議論は以下の順序で進みます。はじめに『重力の虹』の内容を簡単に押さえ（第2節）、次にこの作品が物質の次元へ目を向けることによって〈正義〉や〈報い〉の概念の土台を掘り崩すことを確認する（第3節と第4節）。続けてピンチョンが〈行為〉や〈主体〉などの自由に関わる概念の一切を揺るがすところまで進むことを確かめ、そのうえで自由をめぐる根本的な問題を提起する（第5節）。この問題の考察を通じて――先取りして述べておきますが――後の諸章において《それでも人間には自由がある》という点が示されるでしょう。とはいえこれは先の話なので、今のところ心の片隅に留めておかれるだけで大丈夫です。本章の最後では、以上の議論を踏まえて先述の問い――すなわち《なぜ脳が行動の原因であれば自由がなくなると言えるのか》という問い――に踏み込んだ答えが与えられます（第6節）。

2　戦争の物語としての『重力の虹』

神経科学的な視点が自由の否定につながるのは、それが人間の物質的な側面へ目を向けるからです。物質の世界においては出来事がただ生じるのであり、それは選択されるものではありません。まさにこのあたりに《脳という物質的な機械が行動の原因であれば自由は無い》と言える根拠があるのですが、以下では小説に即してこの点を具体的に見ていきましょう。

ピンチョンの『重力の虹』は、ひとことで言えば、戦争の物語です。主要な舞台のひとつは第二次世界大戦の末期のロンドン。そこへドイツから超音速のロケット弾が飛んでくる。死と隣り合わせの狂気の中でストーリーは進行します。

内容を見る前に押さえておくべきは、戦争は人間の物質的な側面を暴露する、という点です。例えば《敵軍の人間＝機械をいかにして効率よく破壊するか》が戦争で勝利するために考えるべきことのひとつ。内臓を破壊したり、動脈を切断したりすれば、人間は活動を停止します。

戦車の履帯《キャタピラ》を地雷で壊しその動きを止めるのと同じ感覚で、歩兵の足を吹き飛ばし戦闘力を奪う――これが戦争の空間のなかで採用される思考法です。私たちがいまから見る小説も戦争の諸相を描くことによって人間の物質的側面に繰り返し触れます。

『重力の虹』のプロットは錯綜したものであり、手短に要約できるものではありませんが、私の好きな話のスレッドは以下のようにまとめられます。

大戦中にドイツ軍が開発したロケット弾「V2」が降り注ぐロンドンで、アメリカ軍のタイローン・スロースロップ中尉は女性をくどいてセックスする日々を過ごしていたが、彼はあることに気づく。それは、自分が女性と寝た場所へ後で必ずV2が落ちる、という事実である。いったい自分と兵器のあいだにどのような関係があるというのか。物語の進行につれて明らかになるが、V2はスロースロップの勃起と関係があるらしい。すなわち、スロースロップが幼少期に受けさせられたパブロフ派心理学の人体実験は〈ある薬物に対して勃起反応を条件づけるもの〉であったが、この薬物がロケット弾に使用され……。

以上の部分的なプロットだけでも『重力の虹』が――荒唐無稽な設定の中で――人間の物質的側面へ鋭く切り込むものであることが分かります。例えばスロースロップとロケット弾は、あくまで作中のひとつの仮説ですが、意識の次元にのぼってこない生理学的なレベルでつながっている。すなわち、V2が超音速で近づいてくるとき、スロースロップの身体の一部はその兵器に用いられた薬物へ因果的に反応するのです。それがどのような因果プロセスなのかはよく分かりませんが、いずれにせよ物質の因果は意識のコントロールを超えています。

3　物質の次元と〈報い〉や〈正義〉の概念

物質が運動し相互作用する、という次元へ目を向けるやいなや〈報い〉や〈正義〉の概念はその土台を失っていく——次にこの点を確認しましょう。

ドイツ軍はＶ２の落下地点を完全にコントロールできてはいません。それはロンドンへ向けて発射されると、さまざまな条件——その日の気象や個々のロケット弾の個性——の影響を受け、街のどこかしらへ着弾します。この意味で《Ｖ２がどこに落ちるか》は人間の制御を超えた偶々《たまたま》の物質的条件に左右されていると言えます。

加えて、ロンドンに住んでいるひとたちの側から言えば、《Ｖ２が自分にあたるか否か》はまさに運次第です。それはいつどこに降ってくるか分かりません。「二回連続で同じ場所に落ちることはないだろう」と考えて、前回の着弾場所で寝泊まりしたとしても無駄です。なぜなら、どこへ落ちるかはそのつどの条件次第なので、たまたま連続で同じところに落ちることもありうるから。このようにＶ２は〈逃げる〉という行為を相当ていど無意味にします。というのも、ロンドンから遠く疎開したりしないかぎり（ちなみに小説は市民の疎開の場面から始まる）、そもそも「逃げ場」と呼べる地点が存在しないからです。

例えばイギリス軍に勤める統計学者ロジャーが、医師であるポインツマンへＶ２の「無慈悲さ」を説明する場面は次。

「やっぱり……教えてくれないのか」ポインツマンは実験室用の白衣の内側に縫いつけてある秘密の煙草入れからキプリノス・オリエントを一本差しだす。「ここにある地図から判断して、どの場所がもっとも安全であり、攻撃から逃れられるのかを」

「できません」

「そうはいっても、きっと――」

「どのマス目も同じように攻撃をうけるんです。一カ所に集中して落ちてはいません。平均密度は一定です」

地図を見ればその通りだということがわかる。古典的なポアソン分布になるようにマス目の中に静かに、きちんと点がうたれ……予想された形になっている……。

「だが、すでに何回も爆弾が落とされたマス目もある。つまり――」

「残念ですが、それは〈モンテカルロの誤謬《ごびゅう》〉です。ある特定のマス目の中にどれほど多く落ちようと、落ちる確率は変わりません。これから落ちる爆弾は、これまでに落ちたものとは無関係なのです。爆弾は犬とは違うのです。連鎖もないし、記憶も、条件づけもないんですから」（七九‐八〇頁）

ロジャーが説明するように、ロケット弾はロンドンの各々の地区へ「平均的に」着弾しています。この事実に対してポインツマン医師は《適切に対処すれば良い結果が得られるはずだ》という願望にしがみつこうとします。とはいえロジャーは、その願望のために却ってポインツマンが確率の誤謬――すなわち《これまでどこに落下したかが、これからの落下地点の確率に影響を与える》というモンテカルロの誤謬――に陥っている、と指摘します。現実にはＶ２は、人間の願望とは無関係に、物質の偶然的条件のもとで首都のどこかしらの場所に飛来するのです。

したがってロケット弾は、ロンドンで最も善いひとのうえにも最も悪いひとのうえにも平等に落ちてくる可能性があります。物質の秩序は《善い行ないをした者には好い報いが返ってくるべきだ》という正義の原理に配慮しません。それゆえ、どれほど賢く生きても、どれほど清く正しく生きても、ロンドンでは《Ｖ２は自分にはあたらない》と安心することができません――この事実を直視する統計学者ロジャーはどこか自暴自棄になっています。そして彼は、別の恋人のいるジェシカと破滅的な逢瀬を重ねます。

破滅的な逢瀬――その顚末は以下。ロジャーもジェシカも戦争が明るみに出す〈生の不条理〉にうんざりしている。ふたりは倒壊した建物から市民の死体を掘り出す日々を過ごしながら現実に幻滅していく。どちらも「n番目の瓦礫《がれき》の山の中からn番目の犠牲者を引っ張りだすころには、その犠牲者に個人的な感慨をもつ余裕など消えてしまっている」（六一頁）という状態であり、それぞれがこうした一切から離脱するための何かを求めていた。利害の一致したふたりは街のはずれにある立入禁止区域の家を逢引の場所に選ぶ。規則に違反しながら（もちろん立入禁止区域への侵入は厳罰に値する）ロジャーとジェシカは二人きりの空間で互いを身体で慰め合う。ここからどうなるか。

隠れ家でふたりが触り合っているときに近所へロケット弾が落ちる――。

じつに《善きひとには好い報いが、そして悪いひとには辛い報いが訪れる》という正義が現実で成り立っていないことに気づいているロジャーとジェシカですら、V2から見逃されることはありません。いや、正確に言えば、ロケット弾はそもそも「見逃す」とか「見逃さない」とかが当てはまらない仕方で着弾します。すなわちそれは、〈報い〉や〈正義〉などの概念とは無関係に、ただ飛翔して落下する――ふたりが例の空き家でかりそめの幸福を味わっているとき、V2はおかまいなしにその近隣に落ちます。すなわち、

［…］彼女がくすぐられることに弱いことをロジャーは知っている。セーターの上からわき腹に手を伸ばすと、彼女はくすくす笑いだす。ゴロゴロ転がっていくと、彼女は身をかがめ、身悶えして逃げる。ソファの背を飛びこえ体勢を立て直す。いまではどこを触られてもくすぐったい。かれは足首をつかみ、ひじを――

しかし突然ロケット弾が爆発する。村のすぐ近くでものすごい爆風。空気と時間の枠が一変する――開き窓が内側にさっと開き、ギーと木の音を立ててはねかえり、ふたたび閉まるが、家全体はまだ揺れている。

ふたりの心臓が激しく鼓動する。過圧力がかかって鼓膜がズキンズキンと痛む。目に見えない列車が屋根のすぐ上を走っているようだ……。（八四－八五頁）

V2は徹底して〈正義〉に無関心です。それは、立入禁止区域に忍び込んでいちゃつくロジャーとジェシカという、ふたりの規則違反者を「罰する」ように彼らに直撃することもありません。今回は、偶々の物理的条件の結果として、ふたりの隠れ家の近くに着弾しました。ロ

ケット弾は、いったん砲台から発射されれば、ひとのコントロールを超えた物質的運動の秩序に従って運動します。それは、正義の原理とはかかわりなく、人間にどうにもならない自然の秩序に従って飛ぶのです。

いったんまとめましょう。戦争が足場をもつ〈物質の運動〉の領域へ目を向ければ、そこにおいて〈正義〉や〈報い〉の概念が場をもたないことにも気づかれます。複雑な物質的機構が活動した結果として、鉄の塊が力学の原理に従って放物線を描いて飛び、落下地点で化学的反応を起こして爆発する――これらはすべて物理現象として生じることであり、そこに〈正義〉や〈報い〉の概念が適用される余地はありません。以下、こうした点をさらに踏み込んで考察していきます。

4　「V」は報復のV

戦争をめぐる考察は、現実の世界のあり方にかんする理解を深めてくれます。本書はこれまで〈報い〉や〈正義〉を論じてきましたが、ひょっとするとこれらは現実の世界に何ら対応物をもたない概念であるかもしれません。実際の世界は、善いひとにも悪いひとにも平等に不幸が訪れうるくらいに「無慈悲な」ものです。けっきょく、《善い行ないをしたひとには好い報いがあるべきだ》というのは私たちの願望に過ぎず、現実の世界は正義の原理とは無関係に進行していくのかもしれません。

実際の世界は〈正義〉や〈報い〉の概念とは関わりなしに、ただ物質の秩序に従って進行する――この命題は本章の次節でさらに掘り下げられるのでよく覚えておいてください。その話へ向かう前にV2をめぐる興味深い皮肉をひとつ指摘しておきましょう。「V2」と呼ばれるロケット弾は歴史上実在します。* それは「ナチス・ドイツがヨーロッパからロンドンを襲撃するのに着々と生産していた慣性誘導方式ミサイル・V2ロケット」です(2巻、四八三頁)。ここで「V」が何を意味するかと言えば、それはドイツ語で言う「報復(Vergeltung)」の頭文字V。すなわち、イギリスがドイツに対して長年行なってきた敵対的行動への〈報い〉として開発されたロケット弾だ、ということ。これはじっさいにロンドンへ向けて多数発射され、たくさんの死傷者を出しました。ナチス・ドイツは文字通り「報復」を行なったわけです。

* 以下の「V2」にかんする説明は『重力の虹』の2巻末尾に付された巽孝之の解説による。

とはいえ――ピンチョンの筆が明らかにすることですが――海峡を横断するロケット弾の被害経験を子細に観察すれば、それが〈報い〉のロジックをはみ出すことに気づかざるをえません。というのも、いったん発射されれば、V2は人間のコントロールを超えてただ偶然の物理的条件に従って着弾するからです。したがってたまたまその地点にいたひとが死ぬことになる。善いひとも悪いひとも、理由なく、突然に命を失う――こうした不条理が現実にありうることを、皮肉にも「報復」の名をもつロケット弾が明るみに出すのです。

5　物質の次元と〈主体〉や〈行為〉の概念

『重力の虹』は〈報い〉や〈正義〉の概念を根底から揺るがす点でたいへん興味深い作品ですが、じつを言えば本作の威力はこれに尽きません。ピンチョンはより先まで進みます。すなわち彼の作品は〈報い〉や〈正義〉にとどまらず、〈主体〉や〈行為〉などの自由に関わる概念の一切を揺るがします。以下、この点を確認したい。

ここで振り返っておきたいのは、V2がロジャーであれジェシカであれ、決して誰も「見逃したり」はしない、という点です。これが正確に何を意味するかと言えば、ロケット弾は「見逃す」や「見逃さない」などの述語が当てはまらない存在だということでした。すなわちV2は行為主体ではなく、たんに運動する物体です。それは決して何かを意図したり意志したりせず、物理法則に従って飛翔します。こうした点を踏まえれば《物体の運動が生じる物質的秩序の中に〈主体〉や〈行為〉の概念が場所を持たない》という命題の意味も徐々に理解されてくるでしょう。

この話の要点を簡潔に表現する文章が『重力の虹』の中に見出されるのですが、それは英国軍の「超能力セクション」が行なう降霊術の場面においてです（戦争はひとを狂気に陥れ、ときにオカルトへ向かわせる！）。そこで霊媒の役を務めるキャロル・インヴェンターは次のように語ります。

「[…]しかし、あなた方はもっと大きい、危険な幻想を身につけてしまった。AはBをなしうるという、コントロールの幻想。だが、それは誤りだった。そんなことは誰にもできはしない。物事はただ起こるだけなのだ。AとBは現実ではない。分割すべきではない部分に対する名称なのだ……」(四七頁)

ここでは、〈行為〉は幻想なのだ、と指摘されています。すなわち、《ひとが何かをする》というのは私たちが世界へ押し付けている「錯覚」に過ぎず、じっさいには物質の運動という〈出来事〉が生じているだけだ、ということ。たしかに私たちは「AはBをなしうる」などと述べ、主体Aが存在することを認めますが、霊媒師によるとAは現実の一部ではありません。なぜなら曰く、「A」はたんに現象の一部を恣意的に切り取る言葉に過ぎず、じっさいに存在するのは主体も行為も含まないたんなる出来事に過ぎないからです。要するに霊媒師の主張は次。〈行為〉や〈主体〉は人間が現象へ一方的に当てはめる概念に過ぎず、じつのところすべてはただ生じる出来事に過ぎない、と。

とはいえ、いったいどんな根拠から「じつのところすべてはただ生じる出来事に過ぎない」などと言えるのでしょうか。その根拠はこれまでの議論から半ば明らかですが、それは《世界の根底にある物質の次元へ目を向ければ主体も行為も無いことが分かるから》というもの。人間もまた物質から作られており、それは物質の秩序に従う——この点を踏まえれば、人間も根本的には偶々の物理的条件に従って運動する存在だと思えてきます。

例えば、作中でV2の開発のために重要な役割を果たすドイツのラスロ・ヤンフ教授は〈人

間〉の概念を解体する狂気の中で、

「生命の先へ進むのだ。無機物の世界へ。そこではもろく崩れさることはなく、死ぬこともない――そこにあるのは〈力〉であり〈無時間性〉なのだ」（2巻、二四六頁）

と述べます。説明すれば以下のようになるでしょう。じつに、水素原子や酸素原子は安定的な存在であり、それらがブロックのように組み合わさって人間が出来上がります。そして、そうした原子たちが集まり物理法則に従って運動することで、例えば私たちがふだん「人間の行為」と見なしている現象が生まれます。すなわち、私たちが「行為」と呼ぶ現象の正体は、主体性を欠く原子たちの複雑な運動であるのです。ヤンフ教授はこの世の一切を原子の運動の組み合わせと見る視点に立っています。この視点から世界を眺めれば、行為や主体はいずれも幻想であり、すべては「ただ起こるだけ」だと思えてきます。

一切を原子という物質の運動の組み合わせと見て、行為や主体が幻想であることを認める視点――これは自由についての根本的な問題を提起する視点であり、本書の関心からして一度は経由する必要があります。本章の議論をまとめましょう。第一に、物質の秩序や物理法則の次元まで「下降」すれば、〈正義〉や〈報い〉の概念が場をもたない世界が見えてきます。第二に――直前の議論ですが――原子たちの運動の次元まで「下降」すれば、行為も主体も無い、一切が「ただ起こるだけ」の世界が見えてきます。ここで、この世の現象がすべて原子の運動から組み立てられているとすれば、すべてはただ生じる〈出来事〉であることになるでしょう。とはいえ本当に行為や主体は幻想なのか。一切が原子の運動の組み合わせであれば、いかにして自由をもつ人間は存在しうるのか。

これが自由をめぐる根本的問題です。じっさい――次章で哲学のテクストを取り上げて再確認しますが――すべてが原子の運動の組み合わせであるならば、本当に主体や行為が実在しうるのかが疑われます。いったい主体や行為はどのような仕方で「実在」するのか。いや、そもそもそれらは何かしらの意味で「実在」しうるのか。この点を次章で考察しましょう。

6 神経科学の視点が〈自由〉の否定につながる理由

本章の締め括りとして――予告していた話題ですが――《なぜ脳が行動の原因であれば自由がなくなると言えるのか》へひとつの答えを与えたい。押さえるべきは、V2が物質から成る複雑な機構であるのと同様に、脳も物質から成る機械だ、という点です。それゆえV2に〈主体〉や〈行為〉の概念が当てはまらないのと同様に、いささか意外かもしれませんが、タンパク質や脂質から成る神経細胞が電気的に活動する脳に対しても〈主体〉や〈行為〉の概念は適用されません。脳の中ではすべて「ただ起こるだけ」であるので、そこに自由はありません。

神経科学の視点に立てば〈責任〉の概念が廃棄されるべきものに思われる――という理屈を前章で確認しましたが、こうした考えの背後にある発想も以上のようなものです。あるひとの行動がそのひとの脳の活動の結果だとしましょう。この場合、脳の活動はいろいろな物質的条件のもとで「ただ起こるだけ」のものであり、そこから生じる行動についても「それはそのひとのせいだ」と言うことはできません。ポイントは、V2という物質機構の責任を問うことが無意味であるのと同様に、脳という物質機械の活動やその結果についても責任を問うことは無意味だ、というところです。なぜなら、「ただ起こるだけ」のことについて、どこかにその責任の主体を見つけてそれを責めようとすることは馬鹿げているからです。

もちろん、以上の議論を聞いたとしても、今後も私たちはひとのある行為（例えば犯罪行為）を責め続けるでしょう。ただし――この点は核心的に重要ですが――《私たちがひとを責めるとき、私たちはそのひとをたんなる物質機械とは見なしていない》という点は看過すべきでありません。じっさい、あるひとを物質機械と見なす場合、その行動は一定の物質的条件のもとで「ただ起こるだけ」のものになります。そして、このような観点に立てば、私たちはひとを責める根拠を失います。

では人間は物質機械なのでしょうか。ひとが自然の一部であり、原子の組み合わせからできているとすれば、私たちの各々が物理法則に従って運動する物体であることは避けられない、と論じることができます。とはいえこの場合、人間の行動は「ただ起こるだけ」の自然現象の一部となり、その責任を問うこともできなくなるでしょう。はたして〈責任〉や〈主体〉や〈行為〉の概念を捨て去ることなど可能なのでしょうか。次章ではこうした点を論じていきます。

第5章

それでも自由は存在するのであるが……

1 《自由の存在は完全には否定されない》という命題へ向けて

ここまで——少し乱暴な比喩を用いれば——料理をいったん食卓に並べたうえで、それをひっくり返しぶちまけるような仕方で話が進んできました。すなわち、第1章と第2章ではオコナーの小説やグリコ・森永事件を題材として〈選択〉や〈報い〉や〈責任〉や〈正義〉などの概念の「人間生活における重要性」が指摘されましたが、第3章と第4章では人間の物質的側面の考察を通じてこれらの概念の土台が掘り崩されました。なぜこうした行ったり来たりの議論を行なうのかと言うと、前章でふれたように、〈自由〉と〈主体〉に関連する概念が一筋縄ではいかないからです。それは単純に語ることのできない複雑なアスペクトをもち、議論に右往左往の運動を要求します。

ここまでの話を一文でまとめると次のようになるでしょう。〈選択〉や〈報い〉や〈責任〉や〈正義〉などの〈自由〉と〈主体〉に関わる概念は、人間生活の内部では不可欠の重要性をもつのだが、自然の物質的側面へ着目すれば適用対象をもたないたんなる虚構と思われてくる、と。〈自由〉と〈主体〉に関わる概念のこうした二面性（人間の観点から見れば重要だが自然の観点から見れば虚構的だという両面性）は、これからの議論においてさらに鋭い切り口で考察されることになります。

前章の終盤で、一切を原子の運動の集まりと見れば、一切は「ただ起こるだけ」となり、行為や主体が幻想や錯覚と理解される、という点を指摘しました。ここでたいへん「困った」ことに、人間はじっさいに原子の集まりでしょう。そして人間の振る舞いはたくさんの原子の複雑な運動の組み合わせでしょう。だがそうなると《人間の主体性はじつのところ錯覚であり、一切はただ起こるだけなのだ》というのが真相のように思えてきます。はたして、〈選択〉や〈責任〉は適用対象のないたんなる虚構だ、というのが最終的な真理なのでしょうか。前章で取り上げた霊媒が述べたように、「AはBをなしうる」というのはすべて幻想であり「物事はただ起こるだけ」というのが究極の真理なのでしょうか。本章はこの問いへ「必ずしもそうでない」と答えることを目指します。

本章の目標は、人間の自由は完全に否定し切られるものではない、という点を指摘することです。なぜなら――これが何を意味するかは本章全体を通して解説されますが――自由は私たちが生きて何かをするさいの「前提」だからです。それゆえ、私たちが生きて何かをする限り、そこに自由が「ある」ことになります。自由なしに例えば何かを述べたり語り合ったりすることはできません。それゆえ、自由を論じるさいにも、自由の存在は「前提」されています。――こうした抽象的な命題を本章はなるだけ具体的に論じていきたい。

本章の議論は以下の順序で進みます。はじめに、本章の指摘へ向かう足掛かりとして、自由をめぐる根本的な問題を定式化します（第2節から第4節）。これは世界のひとつの見方——あとで確認するように《一切はただ生じるだけであり自由な行為など存在しない》という見方——を提示するものであり、安易な解決を拒む問題です（第5節）。この問題のために自由の存在は危機に瀕しますが、このように「追い詰められる」ことによって逆に〈自由の存在の否定し切れなさ〉が明らかになります（第6節）。最後に《私たちは自由な主体であらざるをえない》という点をテッド・チャンの短編小説「あなたの人生の物語」に即して具体的に確認しましょう（第7節と第8節）。ギリギリのところで自由の存在が肯定される、という逆転劇が本章全体の流れだと言えます。

2　出来事と行為の区別

前章では、物質の秩序や物理法則の次元まで「下降」すれば、〈正義〉や〈報い〉や〈主体〉の概念が場をもたない世界が見えてくる、という点が指摘されました。これは一切が「ただ起こるだけ」の世界であり、この世界から振り返れば「AはBをなす」という主体的行動はたんなる錯覚——すなわち「ただ起こるだけ」の世界のうちへ私たちが投影する幻影——のように思われてきます。だが、はたして《人間が主体的に行動する》という事態は錯覚に尽きるのでしょうか。

この問いへ答えるには、問題の要点をいまいちど明確化する必要があります。そして問いのポイントを整理するには〈行為〉と〈出来事〉の概念を用いることが役に立ちます。じつに

――意外かもしれませんが――自由をめぐる根本問題は〈行為〉と〈出来事〉といういささか「地味な」概念で定式化することができます。ひょっとすると〈責任〉や〈正義〉などと比べて〈行為〉と〈出来事〉という対概念はそれほど哲学的な問題性を感じさせないかもしれませんが、面白いことに、自由の問題のエッセンスを抽出するさいには「行為／出来事」の区別へ訴えるのが便利なのです。本節と次節では、自由をめぐる問いをその最も切り詰められた形で再定式化します。

はじめに区別の説明です。本書で「行為（action）」は「すること（doing）」を指し、「出来事（event）」はいわば「たんに起こること（mere happening）」を意味するのですが、《このふたつがじっさいに区別される》という事実は具体例で確認できます。例えば次の（i）から（iv）のうち、どれが「すること」であり、どれが「たんに起こること」でしょうか。

（i）Xが Yを殴って怪我をさせる。
（ii）木の葉が風に舞う。
（iii）ある男が社長を監禁する。
（iv）台風が家屋を破壊する。

答えは明白です――すなわち（i）と（iii）が行為の事例であり（ii）と（iv）が出来事のケース。押さえるべきは、たんなる出来事は決して行為ではなく、そして行為は決してたんなる出来事ではない、という点です。例えば「木の葉が風に舞う」というのは出来事であって、決して行為ではありません。では行為と出来事はどのような基準で峻別されるのか。

「行為／出来事」の区別は、本書がこれまで取り上げてきた諸概念と密接に関連しています。例えば《責任を問えるか否か》が、行為と出来事を区別するひとつの指標になります。先の例に戻ると、XがYを殴って怪我をさせるという事態においてはXの責任を問えますが、台風が家屋を破壊するという事態において〈台風の責任を問うてそれを責めること〉はどう考えても馬鹿ばかしい。一般に、責任を問いうるのは行為だけであり、たんなる出来事について責任を追及するのはナンセンスです。

あるいは〈主体〉の概念を用いて「行為／出来事」の区別を特徴づけることもできます。例えばある男が社長を監禁するという事態においてはその男が行為主体ですが、木の葉が風に舞うという事態においては木の葉は主体ではありません（そして風も主体ではない）。《木の葉が風に舞う》というのは「ただ起こっている出来事」です。台風のケースも同様であり、たしかに「台風が家屋を破壊する」という文では「台風」が主語の位置に立ちますが、そこに台風という主体が存在するわけではありません。台風が家屋を破壊するという事態では、誰かが何かを「している」というよりも、むしろ激しい自然現象が「ただ起こって」います――それゆえそこには行為の責任を負う主体が存在しません。

加えて「すること」と「たんに生じること」の区別は、〈自由〉の概念そのものに関連しています。なぜなら、X氏は複数の可能性の中から「Yを殴る」という行為を自由な意志で選択したからこそ、彼はその行為の主体だ（そしてその責任を負う）と言われうるからです。このように、私たちが所有する概念の中で、〈自由〉は〈行為〉・〈主体〉・〈責任〉と結びついています。そしてこれらは「たんに起こること」とは区別された主体的な「すること」へ適用されます。

このように私たちは行為と出来事を区別します。まとめると、出来事においては自由な行為の主体が存在せず、そこでは一切はただ生じるのみなのだ、と言えます。ただし――重要な注意ですが――以上の指摘は決して「行為／出来事」がクリアな区別だということを意味しません。例えば次は《行為かたんなる出来事か》がはっきりしないケースです。

（ⅴ）アリが餌を運ぶ。
（ⅵ）犬がボールで遊ぶ。
（ⅶ）ご飯が美味しいために私が食べ過ぎる。

簡単な解説は以下。（ⅴ）について《アリの振る舞いは行為なのか、それともたんなる自然の運動なのか》は難しい問題です。たしかに例えば木の葉が舞うこととアリが餌を運ぶことのあいだには何かしらの違いがあります。とはいえ私たちはアリの行動の責任を問うたりしません。それゆえ、アリは人間と同じように「行為」する、とはなかなか言えません――同じことが（ⅵ）の犬についても指摘できます。じっさい犬の行動の責任を問うこともナンセンスであり、少なくとも「人間が行為する」と言えるのと同じ意味で「犬が行為する」とは言えません。もちろん犬は、石ころなどのたんなる物質の塊と異なり、何かしらの意味で「行動」します。とはいえ、〈行為〉が〈責任〉や〈主体〉と関連する場合には、「犬は行動するが行為しない」と言えそうです。

例えば、一方でひとは自分が何をしているか分かったうえで行為を選択しますが、他方で犬は（言語という〈意味づけ〉のための手段をもたないので）人間と同じ仕方で選択を行なうことがありません。より具体的には、ひとは「盗む」という記述を通じて自分の行動へ〈窃盗〉の意味を与え、この意味づけのもとで他人のものをとることを選んだりしますが、犬はこうしたことを行なうことができない（その理由は、繰り返し述べるとおり、意味づけの手段をもたないからです）。そしてこの違いのために犬は〈犯罪〉の選択主体たりえず、さらには〈責任〉などと関連する行為の主体たりえません。

ポイントは、たしかに犬（やその他の動物）は人間との「親密な」関わり合いをもちうるが、それでもそれは――擬人化しないかぎり――人間と同じ仕方で「行為する」とは言えない、という点です。先に「犬は行動するが行為しない」と言われましたが、この文言はかかる区別をクローズアップするものだと言えます。

加えて（ⅶ）は〈行為〉と〈意図〉の関係にかかわる話です。一方で、《食べ過ぎているひとは誰か》と言えば、それは他ならぬ私です。他方で、私は食べ過ぎることを意図しているわけではないので、それを「私の行為」と断定することは難しい。（ⅴ）から（ⅶ）にかんして押さえるべき点は次です。すなわち、《それは行為か出来事か》がはっきりしない事例が存在する、と。

とはいえこうした曖昧な事例の存在は、いまから見る議論の当否に影響しません。というのも、自由をめぐる問題のエッセンスは――先ほど述べたように――〈行為〉と〈出来事〉の概念を用いて抽出されるのですが、そのさいにボーダーライン上のケースは言及されないからです。すなわち、「出来事」であることが明白な事柄から出発して、《人間は何も「する」ことはなく、人間は主体でなく、自由も責任もない》と結論されます。節を変えてその議論を確認しましょう。

3　自由の根本問題

いまから自由をめぐる根本問題を定式化しますが、その出発点は人間を「素材」の観点から観察することです。人間は——自然科学の努力によっていまや周知となっていることですが——水素原子や酸素原子などのミクロな物質の集まりです。すぐ後で見るように、この事実からは《人間の行為など存在せず一切はたんなる出来事だ》という結論が導き出されます。そしてこれは「問題だ」と言えます。なぜならここでは《人間は物質からできている》という当たり前の前提から《人間は行為の主体でない》という異常な結論が導かれているからです。じつを言えばこの結論には一定の真理が含まれるのですが、それでもその理屈をそのまま受け入れることはできません。

では問題を厳密に定式化します。便宜的に四つのステップに分けて説明します。

——はじめに人間存在を細かな素材において観察する。先にも述べたように、人間を微小な材料の側面から見れば、そこにはいろいろな原子（例えば水素原子や酸素原子や窒素原子）、あるいはこうした原子が組み合わさってできる水分子やアミノ酸などが見出される。人間の身体の活動はこうした原子や分子の複雑な組み合わせから成るのだが、ここでは次の主張が可能だ。

すなわち、原子や分子が相互作用する世界では一切は「たんなる出来事」だ、と。じっさい原子や分子が何かを「する」ことはない。したがって、人間をミクロな材料の側面から見れば、人間において生じることは「たんに起こること」だと言える。

第二に、原子や分子などの物質が集まって細胞の部分——すなわち核やミトコンドリアなどの細胞小器官——ができるが、こうした細胞の諸部分が織り成す運動もすべて「たんなる出来事」である。すなわち細胞の内部で生じることはどれも「行為」ではなく「たんに起こっている」に過ぎない。これは第一のステップからただちに導かれることだとも言える。なぜなら、原子や分子の次元で一切は「たんに起こること」であるので、それらを組み合わせてできる細胞の運動も「たんに起こること」だろうからだ。

第三に、いま述べた細胞の諸部分が集まって筋細胞や神経細胞やグリア細胞ができあがるのだが、こうした細胞たちが引き起こす活動もすべて「たんなる出来事」である。じっさい——ひとつ前のステップと同様の理屈だが——細胞小器官の活動がすべて「起こること」である以上、その組み合わせである細胞の活動も「起こること」以外にはありえない。

第四に、神経細胞やグリア細胞が集まって脳ができあがり、それとつながる神経系が筋細胞たちへ信号を送ったりして人間の行動は生じるのだが、これまでの理屈から言えばこれも「たんに起こること」だと言える。じっさい人間がものを考えることも身体を動かすことも、突き詰めれば、物質の運動の組み合わせに過ぎない。それゆえ、それがどれほど複雑になろうとも、「たんなる出来事」であることには変わりがない。

けっきょく、《人間が物質からできている》という事実を認めるならば、人間の織り成す諸々の活動はすべて物質界の「ただ生じていること」の一部になる。一切はたんに起こっているのであり、そこに自由な行為の主体などは存在しない――。

以上が自由をめぐる根本問題です。私たちは第3章と第4章で〈人間の物質的側面へ注目することによって正義・報い・責任・主体などの概念の土台を掘り崩す考え方〉を見てきましたが、こうした考え方の根底にあるのが「行為／出来事」をめぐる以上の議論です。物質的自然の世界へ「下降」すると、一切がたんなる出来事であり、「する」というものが無くなる――これが自由の根本問題を形づくる理路です。こうした自然の世界には行為が存在しないので、〈主体〉・〈選択〉・〈責任〉・〈罪〉・〈報い〉・〈正義〉などの諸概念すべてが適用対象を失います。《神経科学の視点から行動を見れば人間の責任の無さが判明する》という第3章の議論の根底にも、物質の世界へ目を向けて〈行為〉の非存在を主張する理路が潜んでいます。

4　客観的視点と日常的視点

前節では「自由の根本問題」――すなわち、人間が物質的な自然の一部だとすれば、人間にかんする一切のことは物体の織り成す出来事の海にのみ込まれ、そこに「すること」を見出す余地はない、という議論――を見ました。

この議論は「問題的」です。すなわちこの議論は、決して何らかの最終的な判断を提示するものではなく、むしろさらに踏み込んで考察されるべき問題だと言えます。なぜなら《行為は存在せず、自由も責任も無い》という結論は、決してそのまま受け入れうるものではないからです。私は本章の終盤で《それでも私たちは自由な行為の主体だ》と指摘するでしょう。とはいえ結論が受け入れがたいものだからこそ却って、それを批判する前にしっかりと議論のポイントを摑んでおきたい。

議論の要点を明確化するひとつのやり方は、アメリカの哲学者トマス・ネーゲルがその著書*で採用するものです。この人物は「視点」や「観点」をキーワードにして自由をめぐる問題の核心を抽出します。ネーゲルの指摘のひとつは次。すなわち、自由の根本問題には《行為や人間をどのような視点から見るか》が関係する、と。

* Thomas Nagel, *The View from Nowhere*, Oxford: Oxford University Press, 1986.（中村昇、山田雅大 他訳『どこでもないところからの眺め』春秋社、二〇〇九年。ただし引用は筆者訳）

ネーゲルは、例えば次に引用するように、自由や行為をめぐる問題が発生する端緒を「客観的な視点」なるものに置きます。

> 行為が客観的な視点から、すなわち外側の視点から見られるとき、奇妙なことが起こる。行為のいろいろな特徴のうちで最も重要ないくつかが、客観的な観点から見れば姿を消すと思われるのだ。そこではもはや、行為の出発点は行為者という個人であり、行為はその個人のものである、ということはない。むしろ行為は世界（行為者はその一部である）の中で生じる出来事の流れのひとつの要素になる。(p.110)

ここでは、物体の運動を見るさいに取られうる「客観的な視点」のもとで人間の行為を眺めれば、それも物体の織り成す出来事の一部に見える、と指摘されています。じっさい、行為には〈主体性〉や〈有責性〉などの重要な特徴がありますが、一切を〈たんなる物体〉と見る視点のもとではこれらはすべて消滅し、一切の事象は物理的な運動という出来事になるでしょう。このように人間の行為の非存在を主張する議論には「視点」なるものが関係しています。

ネーゲルの議論は《人間の行動を見る視点には少なくとも二種類のものがある》と教えてくれます。そしてこの区別は本書の関心にとって重要です。それぞれの視点を特徴づければ以下のようになります。

第一に、人間の行動を「行為」と捉え、人間を「主体」と見なす視点です。こうした視点のもとでは、人間は自分の行為に責任を有しえます。これはある意味で「日常的な」視点だと言えますが、これは唯一の見方ではありません。すなわち私たちは日常の観点から一歩退いて、人間行動を「客観的に」見ることもできます。後者の視点では、行動は「出来事」になり、人間は「たんなる物体」の一種になります。この視点のもとでは〈行為〉・〈主体〉・〈責任〉などの概念が溶解します。ネーゲルは、第二の見方を（日常の観点から一歩退いたものであるので）「外側の視点」と呼び、そして第一の見方を「内側の視点」などの表現で指示したりします(p.110)。

こうしたふたつの視点の区別は、自由をめぐる根本問題の要点をはっきりさせてくれます。この問題は、私たちに対して人間行動の「客観的な」見方を突きつけたうえで、「一切をたんなる出来事とするこの見方にかんしてあなたはどう思うのか」と挑戦しているのです。たしかに人間を物質的自然の一部と見る「客観的な視点」は可能な見方です。そしてこの見方は《人間は物質からできている》という当たり前の考えと結びついています。では客観的に見られた世界こそが「真相」なのでしょうか。すなわち、すべては「たんに起こること」であり「すること」は無いのだ、というのが究極的な真理なのでしょうか。〈行為〉や〈主体〉や〈責任〉は錯覚あるいは幻影に過ぎないのでしょうか。

5 出来事を組み合わせて行為を構成できるか？

哲学者の中には《人間は物質からできているのだが、それでも人間は自分の行為の主体だ》と主張するひともいます。これは、世界と人間をいったん客観的な視点のもとで見たうえで、その見方の内部で私たちの〈主体性〉や〈有責性〉を肯定する、という道行きです。例えば専修大学で長らく教鞭をとっていた大庭健《たけし》はその著書『「責任」ってなに？』*でこの方向へ進むのですが、その議論には無視できない欠点があります。そしてこの欠点を押さえることは自由の根本問題の要点のさらなる明確化に役立ちます。以下、大庭の議論を見てみましょう。

＊　講談社現代新書、二〇〇五年

大庭の主張の核心は、ミクロな「たんなる出来事」が多数集まれば、いわば相転移（例えば液体である水が気体である水蒸気へ転ずるなどの現象）のようなことが起こって、そこに「行為」が生まれうる、というものです。彼は、微小な物質が互いに反応し合う複雑な出来事にかんして、〈ミクロ〉と〈マクロ〉の関係を次のように説明します。

［…］膨大な数のミクロの反応の強めあい・打ち消しあいによって、たえず目下の状態からの逸脱（ゆらぎ）も起こっている。こうした、いわば綱引きのもとで、あるゆらぎが引き金となって、あるタイプのミクロな反応が雪だるま式に強めあって、雪崩をうったようにマクロ状態が変わる。このマクロな変化は、それまでのマクロ状態の来歴によって因果的に決まってはいない。そのかぎりでいえば、このマクロ状態の変化は、「偶然」のようにも思える。しかし、因果的に決まっていないからといって、「デタラメ」なのでもない。マクロ状態の変化は、環境に対応しながら、ある機能をうまく充足する状態へ向かう変化になってもいる。（七〇頁）

ここでは、微小な物質のミクロの反応が互いに強め合ったり弱め合ったりするときに「雪崩」のような急激なマクロ変化が生じうる、と述べられています。大庭は、こうした変化は先立つ状態によって決められているわけではないが「デタラメ」でもない、と論じます。そしてこの哲学者は、この種のマクロ変化のうちに「たんなる出来事ではない行為」が見出されうる、と考えます。

大庭によれば、神経細胞の相互作用においても問題の「相転移」が生じます。曰く、私たちの心理を支える脳状態についていえば、こうなる。個々の神経細胞のミクロな反応は、因果的に決まった仕方で生じている。しかし、マクロな脳状態の変化は、因果的に決まってはいない。ただ、因果的に決まっていないからといって、マクロな脳状態はデタラメに推移する、ということにはならない。マクロな脳状態が、個々の神経細胞のミクロな過程を制約し、その制約のもとで、ミクロ過程の強めあい・打ち消しあいが進行し、雪崩をうったようにマクロ状態が変わる。（七一頁）

大庭は、個々の神経細胞の反応は「たんなる出来事」だ、と認めます。とはいえ彼は、こうした物質機構が多数集まってネットワークをなし、そのあいだで強めあいや打ち消しあいの相互作用が生じるときには、雪崩のような脳状態変化が生じうる、と主張します。そして、こうした急激な変化――大庭によれば、先立つ状態によって決められてもいなければデタラメでもない変化――が「決断」であり、そこから生じる行動が「行為」と呼ばれる、ということです。

大庭が試みているのは〈物質的自然の内部で、物理的なアイテムだけから自由な行為を構成すること〉であり、この道行きはそれなりの理由をもちます。というのも――大庭自身もこう考えているかもしれませんが――私たちが何かしらの意味で自由に行為する以上、物質の世界の中にも自由な行為は見出されうると思われるからです。とはいえ大庭の企ては成功しているとは言えません。なぜなら次の点が指摘可能だからです。

大庭の議論の問題は《肝心な箇所の説明が見当たらない》という点です。彼によれば神経細胞の反応という「たんなる出来事」が多数集まると「行為」が生じるのですが、いったいどのような仕方で集まればこの相転移は生じるのか。《出来事の集まりが行為に変じる》という錬金術は、大庭の説明を見る限り、いまだブラックボックスの中です。この哲学者の文章において出来事が行為に転じるクリティカルなステップは「ミクロ過程の強めあい・打ち消しあいが進行し、雪崩をうったようにマクロ状態が変わる」という箇所ですが、これは自由な行為の発生の説明としては抽象的過ぎるでしょう。十分な説明には《出来事がどのような仕方で集まれば自由な行為になるのか》の具体的な記述が必要です。

私の考えでは、大庭は「行為／出来事」の区別を見逃しています。主体性が伴う行為と無主体的な出来事とはまったく異なる事象であり、「たんに起こること」をどれほどたくさん集めたとしても得られるものは「たんに起こること」です。それゆえ、物体の運動を複雑に組み合わせても、そこから自由な行為を生み出すことはできません。〈出来事〉と〈行為〉は異なるカテゴリーであり、前者から後者を構成することはできないのです。

以上の指摘は《私たちは日常生活で人間の行為をどのように理解しているのか》に関連します。じつに——自分がふだんやっていることを反省すれば気づかれますが——日常において私たちは、決して物体の運動の中でとりわけ複雑なものを「行為」と見なしているわけではないでしょう。むしろ人間の行為をはじめからそれとして（すなわち行為として）把握します。日常的な観点において、行為は決してたんなる出来事から構成されるものではありません。それははじめから行為として把握され、この意味で「派生的な」構成物ではなくむしろ「原初的な」根本物です。かくして〈出来事〉のカテゴリーから〈行為〉を作り出す道行き（すなわち大庭が採った道行き）は、私たちのふだんの行為理解に反する側面をもちます。大庭の議論がうまくいっていると言えない根拠はこのあたりにあります。

まとめましょう。

大庭の議論は《たんなる出来事の組み合わせから行為ができることがある》と主張するものだと解釈できます。そしてこの点でそれは「行為／出来事」の根本的区別を無視しているという欠点を含みます。逆に、本章の第3節で定式化された自由の根本問題は《たんなる出来事を組み合わせてもたんなる出来事しか得られない》というドライな事実を直視します。世界をいったん物質の運動の集まりと見てしまえば、そこに自由な行為を取り戻す術《すべ》はありません。とはいえそれならば、人間は物質的な自然の一部なので、けっきょく行為も主体も自由も存在しないのでしょうか。

6　それでも私たちが自由な行為の主体であること

ここまでの議論によって《人間は主体的に行為する》という命題は危機に瀕しています。前節で指摘したように、「たんに起こること」をどれほど複雑に組み合わせても「すること」を構成することはできません。だがこうなると、人間の行為の主体性は本当に幻想や錯覚のような気がしてきます。なぜなら、人間が自然の一部であり、私たちのそれぞれが物質からできているという点も否定しがたいからです。はたして《一切はたんに生じるだけ》というのが世界の実相なのか。主体も行為もなく、ただ無主体的な出来事が起こるだけ、というのが世界の究極の真理なのか。

私たちはそれでも主体的な行為者だ――というギリギリの真理は、行為の可能性がいわばコーナーポストへ追いつめられるこの段階で却って明らかになります。じつにここまでの議論で私たちは「一切はたんに生じるだけだ」と結論しそうになっています。とはいえ〈結論する〉というのも行為の一種ではありませんか。あるいは、自由と主体をめぐって議論する、《一切はたんなる出来事かもしれない》と疑う、というのも行為の一種でしょう。そもそも――立ち止まって反省すれば気づかれるように――《自由はあるのか》を考えているとき、私たちはつねに〈考える〉という行為の主体です。すなわち、《行為は存在するのか》と考え出すとともに、私たちは行為しており、そしてこのような仕方で（すなわち自らの行為を通して）行為が存在する場に自らを置いているのです。

前段落の指摘によって話が急展開しました。いまやあるひとが「一切はたんに生じるだけだ」と主張することの不条理が判明します。なぜなら、そのひとが何かを主張する限り、そのひとは自らの行ないでもって「主張する」という行為が存在することを認めているからです。もしかすると、このひとは次のように反論するかもしれません。すなわち、自分の行動はたんなる出来事だ（例えば自分の口から発せられる「一切はたんに生じているだけだ」という音声はたんなる自然現象に過ぎない）、と。とはいえ――ここで〈反論すること〉も行為だという点は措くとして――仮にそうだとすれば、そのひとの行動はたんに生じているだけなので（すなわちそのひとの口から発せられる音声は空気振動というたんなる物理的現象に過ぎないので）、相手にする必要がないことになるでしょう。けっきょく、「一切はたんに生じているだけだ」という主張が有意味な主張である限り、それは〈行為〉であることを避けられません。それゆえ「一切はたんに生じているだけだ」と主張するひとは、自らの行為によって主張の内容を裏切ってしまっているのです。

以上の議論が何を言っているかは今後の諸章で明らかになっていきますが、ここではそれが《私たちはふだんどんな概念を使ってしまっているのか》という問題にかかわる点を強調しておきたいと思います。

本章のはじめに述べたように〈起こること〉と〈すること〉は概念的に区別されますが、私たちは例えば「行為など存在しない」と主張するときでさえ、自分のやっていることへ〈行為〉の概念を当てはめてしまっているのです（いや、正確に言えば「自分のやっていること」と言われた時点で〈行為〉の概念は使われているのですが）。こうなると「行為など存在しない」という主張は何かしらの矛盾を含むことになります。そしてこれが《行為の存在は完全に否定し切れるものでない》という本書のテーゼの第一の根拠なのです。

7 宿命論の物語

前節で《人間の自由は完全に否定し切れるものではない》という本章のテーゼが確認されました。じつに〈何かの存在を否定する〉というのも行為であり、自由の存在を否定しようとするとき、ひとは〈行為〉の存在する場に身を置いています。すなわちその場合、たんに起こっているだけの出来事とは区別された、主体的な「すること」の存在を認められている。そしてそのひとは同時に主体的行為と結びつく自由の存在も認めています。

人間は、生きている限り、たえず何かを「して」います。私たちは互いに語り合い、ときに対立し、ときに協力し、このようにして〈行為〉の存在する場に生きる——この点を踏まえれば、行為と結びつく自由は人間的生の「前提」だと言えます。なぜなら、それなしには、そもそも私たちがこのように生きていることが成り立ちえないからです。

以上の指摘がじっさいにそうであることは小説を通じて具体的に確認できますが、ここではアメリカのSF作家であるテッド・チャンの短編「あなたの人生の物語」*を取り上げましょう。

小説家および作品のプロフィールを確認しておくと、**チャンは中国からの移民の親をもち、一九六七年生まれ。もともと科学者になることを目指して大学に入学しましたが、最終的に作家になります。「あなたの人生の物語」は一九九八年に公表された短編であり（やや長いので「中編」とも言える）、SF界の「権威」であるネビュラ賞をとった作品でもあります。

* 公手成幸訳、『あなたの人生の物語』（ハヤカワ文庫、二〇〇三年）所収、一七三–二七八頁

** 以下の記述は山岸真「解説」（『あなたの人生の物語』所収、五〇七–五一七頁）を参照した。

同作は〈時間〉をキーコンセプトとする宿命論の物語だと言えます。とはいえいったい時間が宿命論とどう関わるのでしょうか。まずは作品の内容をかいつまんで見てみます。

言語学者ルイーズ・バンクスは政府の会議に招かれた。宇宙から飛来して地上に着陸した何かしらの装置——これは「ルッキンググラス」と名づけられるが——の中にいるエイリアンの

言語を調査するためである。この宇宙人は「一個の樽が七本の肢に接合されて宙に持ちあげられているよう」な姿であり、それゆえ「七本脚《ヘプタポッド》」と名づけられた（一八六－一八七頁）。地球にやって来た目的は不明であり、そうしたことも含めていろいろと明らかにせねばならないことが多い。それゆえ言語学者が呼ばれたわけだ。

調査チームのメンバーに物理学者のゲーリー・ドネリーがいる――ちなみにこの男性とルイーズはこの初めての出会いから数年後に結婚することになる。ふたりが調査するルッキンググラスの内部には二体のヘプタポッドがいる。ルイーズがコミュニケーションをとろうとするとそれらは「はためき音」のようなものを出す。いろいろ続けていくうちに調査チームはヘプタポッドとそれなりに意思疎通できるようになった。

ここからどうなるか。核心的な部分だけ紹介すれば以下。調査の結果、ヘプタポッドはふたつの言語体系をもつ、ということが明らかになった。そして「A」の体系は人間にとって比較的容易に理解できるものだが「B」のそれは違う。なぜなら言語体系Bはヘプタポッドに固有の世界認識の仕方と結びついているからだ。じつに、一方で人間は世界を過去から未来へ向けて因果的に生成するものと見るが、他方でヘプタポッドは過去・現在・未来を「同時に」見る。言語体系Bはそうした「同時的認識様式」に準じている。人間の「逐次的」言語は文を綴《つづ》る過程で、例えば陳述の失敗（すなわち「決して」のあとに否定が後続しないなどの誤り）を起こしうるが、ヘプタポッドの体系Bにはその種の間違いが生じえない。なぜならそれは――その筆記行為は人間にとっては逐次的なものに見えるが――文全体の「眺め」のもとでそれを「ひとまとまりで」書くからである。

ルイーズが体系Bを学ぶにつれて、彼女の世界の見方は変化してきた。すなわち過去・現在・未来を「同時的に」見ることができるようになってきたのである。その結果、もともと時間の推移に応じて移ろうものであった彼女の記憶は、過去と未来の順序にとらわれないものになった。いまや彼女は未来を「思い出す」のである。

その後、エイリアンは去って行った。来訪の目的も退去の理由も分からずじまいだった。ゲーリーと結婚した後のある日、ルイーズはまだ生まれていないわが子のことを「思い出す」。ゲーリーが彼女に「こどもはつくりたいかい？」と尋ねる。ルイーズはほほえんで「ええ」と答える。その子が二五歳で亡くなってしまうという哀しい別れを「思い出す」にもかかわらず、である。

以上の物語が〈時間〉をキーコンセプトとする点は、すぐに読み取ることができます。じつに――このあたりの細かな説明は割愛するが――例えば特殊相対性理論がひとつの解釈のもとで提示する世界観によると、因果的生成は根本的な意味で「幻」であり、現在のみならず過去や未来の出来事はすべていわば「並んで」存在しています（これは相対的同時性の概念から引き出しうる帰結です）。そしてチャンの小説はこうした世界観を背景のひとつとしていると理解できます。ヘプタポッドは、並んで存在する過去・現在・未来をまとめて「一気に」眺めます。このエイリアンにとって、人間の「逐次的な」世界認識は恣意的な仕方で不完全なものだと感じられるでしょう。

他方で先に私は「あなたの人生の物語」を宿命論の物語だと述べましたが、これはどこから出てくる事柄でしょうか。押さえるべきは、未来が過去と並んで存在することは宿命論を帰結しうる、という点です。例えば作中でルイーズは、わが子が生まれる前に、ある会話でこの子が「ったくもう」と愚痴るのを思い出しますが（二〇七頁）、この未来はすでに存在する以上（すでに存在するからこそ思い出せる！）、それはもはや変えようがありません。このように未来の既在はその〈変えられなさ〉を含意し、その結果、《ひとはすでに変えようのない未来を生きる》という宿命論を導きます。同じ事例をもう一度繰り返せば、ルイーズの子が生まれる前すでに、その子がある会話（高校生の頃のある会話だが）で「ったくもう」と言うことは決まっている、ということです。

チャンの小説から本書が引き出すことを詳論する前に、哲学一般の文脈で重要になる事柄を強調させてください。おそらく本書を繙《ひもと》く読者の多くは、いわゆる因果的決定論――すなわち《宇宙の初期状態が定まればその後に生じる出来事はすべて自然法則によって決定される》という世界観――は宿命論を導き出す、という理屈を聞いたことがあるでしょう。もちろん《因果的決定論は宿命論を含意するか》は未決の論点です。とはいえ、それはそうとして次を押さえておくことは哲学的に重要だと言えます。すなわち、宿命論を導き出しうるものは決定論だけではない、と。じつに、前段落で見たように、未来の既在も宿命論を導き出すことがありえます。因果的決定論が行なうのとは異なる仕方で自由の存在を脅《おびや》かすものがある、という点は自由と主体の哲学に取り組むさいに留意すべき事柄のひとつです。

8 選択は避けられない

チャンの「あなたの人生の物語」は、著者自身の意図に沿うかどうかは別として、ひとがつねに〈行為〉の存在する場に生きていることを示します。すなわち、〈選択〉や〈主体〉や〈自由〉の木々から成る概念の森を私たちは決して完全には出ることができず、たんなる〈出来事〉の砂漠に暮らし続けることはできない、ということ。本章の第6節で理論的に確認されたことを、チャンの小説は人生の具体相において証示します。

以下、この点をじっくり確認しますが、まずは小説の冒頭。そこでルイーズは、いまだ生まれていないわが子のことを「思い出し」ながら、その子に向けて次のように語りかける。

あなたのおとうさんがわたしにある質問をしようとしている。これは、わたしたちの人生におけるもっとも大事なひとときであり、わたしは注意をはらって、あらゆる詳細を心に刻もうとしている。あなたのおとうさんとわたしは夜のお出かけ、ディナーとショーの夕べからひきかえしてきたばかりで、時は真夜中をまわったあたり。満月をめでようと、わたしたちはパティオに出た。そのとき、わたしがあなたのおとうさんに、踊りたいって言ったら、彼はいやがらずに受けてくれて、わたしたち、三十代の夫婦がいま月明かりのなか、幼子がたわむれるようにゆったりとした調子で前後に身をゆすっているところ。わたしは夜の冷えこみなど、これっぽっちも感じてはいない。と、そのとき、あなたのおとうさんがこう言う。

「こどもはつくりたいかい?」（一七五頁）

これは――先に紹介したあらすじを踏まえて言えば――ゲーリーがルイーズに《こどもをつくるか》と尋ねる場面です。じつに、小説の全体を読めば明らかになりますが、同作はこの「こどもはつくりたいかい？」という質問へ主人公が答えるまでのわずかな時間のうちに彼女が自分の人生を「思い出し」ながら連ねる言葉から成ります（あるいは少なくともそのように読むことができる）。すでに言語体系Bを習得しているルイーズは、過去と未来をいわば「時間順序にとらわれず」思い起こします。すなわち、ゲーリーとの出会いやエイリアンの言語の解明に奮闘する日々などの過去、あるいはいずれ夫と離婚することやわが子が事故で死んでしまうことといった未来を、並列の仕方で想念するのです。

ルイーズはわが子が自分よりも早く亡くなってしまうことを知っています。彼女はその子の山岳事故を知らせる電話がかかってくる未来の時点を次のように「思い出し」ます。

［…］その時点では、あなたのおとうさんとわたしはせいぜいが年に一度かそこら話をする程度の間柄になってて。それでも、その電話を受けたあと、わたしが最初にするのはあなたのおとうさんに電話をかけることなんだけど。

彼とわたしは身元を確認するためにいっしょに車で出かけ、長い沈黙の道のりをすごすことになる。死体保管所はどこもかしこもタイルとステンレススティールでできていて、冷蔵庫の低いうなりと防腐剤の臭気がしているのが心に浮かぶ。用務員がシートをひらいて、あなたの顔をさらして見せる。あなたの顔はどこかしら変だけど、それがあなたであることはちゃんとわかる。

「はい、娘です」とわたしは言う。「わたしの娘」

その時点で、あなたは二十五歳になっているでしょう。(一八三－一八四頁)

わが子とこのような悲しい別れがある――そのことをルイーズはゲーリーが

「こどもはつくりたいかい?」と尋ねる時点(現在の時点)で知っています。それゆえ彼女は、こどもをつくったとしても例えばその子に見守られながら老後を過ごすという未来は閉ざされている、ということも知っています。ではどうすればいいのか。彼女はいずれ離婚することになる夫の問いへどう答えるか。

ルイーズの応答は小説の末尾で語られます。

ヘプタポッドたちとともに仕事をしたことで、わたしの人生は変わった。あなたのおとうさんに出会い、〈ヘプタポッドB〉を習得し、その両方があいまって、いまここ、月明かりを浴びるこのパティオで、あなたという存在を知ることを可能にしている。[…]

そもそものはじめから、わたしは自分の運命を知っていたし、当然のものとしてそのルートを選びもした。けれど、わたしがめざしているのは歓喜の極致なのか、それとも苦痛の極致なのか? わたしは最小と最大のどちらを成就するのだろうか?

それらの疑問が浮かぶのは、あなたのおとうさんがこうたずねてくるとき。

「こどもはつくりたいかい?」

で、わたしはほほえんで、こう答える。

「ええ」
そして、わたしは身にまわされていた彼の両腕をほどき、わたしたちは手をつないで家のなかにはいって、愛を交わし、あなたをつくるの。（二七七‐二七八頁）

第一に押さえるべきは、ルイーズがいわば彼女の知る運命に殉じている、という点です。引用に「そもそものはじめから、わたしは自分の運命を知っていたし、当然のものとしてそのルートを選びもした」という文がありますが、これはひとつに《ルイーズは先に自分の運命を知っており、そのうえでその運命に沿う形で選択を行なってきた》ということを意味します。彼女は運命に逆らおうと努めたりしません。彼女は――ヘプタポッド式の世界認識を身につけたためにそうなったのかもしれませんが――自分の行動を自分の知る運命の側に合致させるよう選択しており、もはや《将来の出来事を自分の力で変えることができる》とは考えなくなっています。

とはいえ――ここからが重要ですが――《それでもルイーズは選択している》という事実は見逃すことができません。じっさい引用において彼女は、夫の問いかけを受けていろいろと考え、そのうえで「ええ」と答えます。読み手によってはルイーズをいわば運命の奴隷と解釈するひともいるでしょうが、それは正しくありません。仮に「運命の奴隷」という特徴づけに何かしらの正当性があるとしても、正しくは次のように言われるべきです。すなわち、ルイーズは運命の奴隷であることを選んでいる、と。けっきょく宿命論的な人格ですら、人間である限りは、行為の選択の主体であらざるをえないのです。

《なぜルイーズを自由な主体と見なすべきか》については一歩踏み込んで説明できます。問題の小説は主人公の一人称的な視点で叙述されますが、そこから《ルイーズはものを考えている》という事実が読み取れます。言い換えれば、主人公には〈思考〉すなわち「考えること(thinking)」という能作が認められる、ということ。他方で、〈思考〉はたんに起こることではありえずむしろ本質的に「すること」だという点に鑑みると、ルイーズは――少なくとも思考していると見なされる限りで――行為主体であらざるをえません。*したがって彼女には、〈行為〉や〈主体〉と関連する〈自由〉もまた帰《き》されることになります。逆に、仮に彼女が思考していないのであれば、小説の「語り」を有意味な言語と捉えるべき根拠は失われるでしょう。けっきょく、「あなたの人生の物語」がそれとして読まれる小説である限り、ルイーズは自由な行為主体であることを避けられないのです。

＊　ここで《では事故や病気でいまや思考する状態にないひとはもはや主体ではないのか》という問いが生じうるかもしれません。たしかに思考しないひとは行為主体ではないのですが、それでも彼あるいは彼女は「可能的には」思考するひとです（たとえテクノロジーの進歩がそれを実現する段階に届いていないとしても）。そして、この〈可能的に思考する〉という点で、そのひとはあくまで「ひと」であって他の存在から区別されると言えます。要するに、行為主体や思考主体でなくても、ひとはひとだと言えるのだ、ということです。

あるいは、できる限り正確を期せば、次のように言われるべきかもしれません。すなわち、少なくとも読者である私たちはルイーズが行為を選択していると考えざるをえない、と。じっさい、主人公が世界をどのように体験しているかは、もはや私たちには確証が得られず（なぜならヘプタポッド式の世界認識を身につけている読者はいないので）、もしかするとルイーズは「人間であることを止めている」と言われるべき境地にいるかもしれません。その一方で、私たちの世界の捉え方においては、主人公は自らの行為を選んでいます。なぜなら、「こどもはつくりたいかい」というゲーリーの問いかけを受けて過去と未来を想起し、それについてさまざまなことを考えて「ええ」と答えたのは他ならぬルイーズだからです。

以上のように、選択や行為が消滅しそうなコーナーポストのギリギリで《それでも私たちは何らかの次元で自由な主体であらざるをえない》という事実が明らかになる、という連関がチャンの「あなたの人生の物語」には見出されます。最後に同作を踏まえて第6節の議論を振り返りましょう。

私たちはさまざまな根拠から《行為や選択は存在しない》と考えることができます。例えばルイーズも未来を知ることによって《将来どうなるかを選ぶことはできない》と考えるようになりました。とはいえ、ここで立ち止まって〈考えること〉の行為性へ目を向ければ、行為や選択の存在は決して否定し尽くされないことが分かります。なぜなら行為や選択を否定する思考は、それ自体で一種の行為であり、ひとつの選択だからです。ルイーズはいろいろ考えながら運命に殉じていますが、そのさいに彼女は選んでいます。少なくとも私たちはそう理解するしかできません。

ここまで話が進めばピンチョンの『重力の虹』が提示する世界観が絶対的でないことも明らかになります。もちろん——ただちに必要な注記を加えますが——これは同作の世界観が無意味であることを意味しません。じっさい、人間の次元から物質の次元へ下降して、一切を「たんに起こること」と捉えるという思考には無視できない価値があります。なぜなら、この思考を通して私たちは〈人間〉という概念を相対化できるからです。じつに、「人間」という意味の私たちは本当は存在せず、一切はたんなる出来事なのかもしれません。人間の存在はかくも不安定な土台のうえに据えられています。

しかしながら《一切はたんなる出来事なのだ》と言い切って、そこで話を済ませることもできません。なぜなら、そのように言い切るさい、語ることや考えることという〈行為〉が現出するからです。かくして私たちはいわば「どっちつかずの」状態にいることになります。こうした「どっちつかずさ」をより深く探求すること――これに次章および次々章で取り組みましょう。

第6章

自由や主体を「物理的に」説明できるか？

1　本書の全体的な立場の提示に向けて

前章では、ひとが「一切は起こることであり、人間が何かをするというのは幻想だ」と主張することには自己矛盾が含まれる、と論じられました。なぜなら、このように主張することそれ自体が行為の一種であり、このひとはその主張で以て行為の存在を認めてしまっているからです。それゆえ私たちは、生きて何かを「する」限り、行為と結びつく自由の存在も認めていることになります。

この議論に対して次の反論があるかもしれません。すなわち、この議論は《人間はどうしても自分が自由に行為していると思ってしまう》という事実を指摘しているだけであり、じつのところ行為の自由は人間の抱く錯覚あるいは幻覚に過ぎないのではないか、と。要するに、前章の議論は私たちの「思い込み」の事実を指摘するに過ぎないのではないか、ということ。これは重要な反論です。

私は、このように反論するひとも《行為が実在すること》を認めてしまっている、と応答したい。じっさい、このひとは反論をしているのですが、そのさい自分の〈反論する〉という行為を錯覚や幻覚だとは考えていないでしょう。それゆえ彼女あるいは彼は、少なくともひとつの行為が実在することを肯定しています。より一般的に以下のような指摘をすることも可能です。一切の行為を錯覚あるいは幻覚と見なすことはできない——なぜならそう見なすひとも決して自分の〈見なす〉という行為を錯覚や幻覚とは見なしていないのだから、と。

ポイントは、「する」というのは人間存在にとって最も根本的なもののひとつだ、という点です。それは文字通り「最も」根本的であり、例えば夢の中でさえひとは何かを考えたり判断したりすることによって行為しています（なぜなら〈思考すること〉や〈判断すること〉も行為の一種だから）。たしかに——本章の終盤でふたたび立ち戻る話題ですが——行為を客観的な視点から眺めて《これは原子の運動から生じておりじっさいにはたんなる出来事に過ぎない》と反省することはつねに可能です。とはいえ、このように反省するさい、ひとは反省という行為の存在を認めてしまっている。結局のところ《一切はたんに起こることだ》というのは私たちが主張しうる事柄ではないのです。

以上はこの本の決定的な「転回点」たる議論だと言えます。なぜならその議論を通して、（たんなる出来事から区別された）行為およびそれに関連する主体的な自由の否定し切れなさが確かめられたからです。では、本書はここからどこへ向かうのでしょうか。

本章と次章では《この議論が提示する立場が全体としてどのようなものか》を整理することを目指します。なぜなら、問題の議論はひとつの命題——《自由の存在は決して否定し切れない》という命題——を強固にサポートするものですが、この議論がより広くどのような立場へつながるのかはさらに解説を要する事柄だからです。自由の哲学では近年「唯物論」（後述）の枠組みを前提した考え方が多く提示されていますが、本書の立場はそれらと重要な点で区別されます。では本書の立場の特徴は何か。

本書の立場を整理して提示すること――これが本章と次章のゴールです。そしてそこへ向かう一歩として、本章では日本の分析哲学界の重鎮・戸田山和久の著書『哲学入門』*を取り上げたい。なぜならこの哲学者は私とは異なるスタンスで自由を論じているからです。それゆえ、同書の議論を私の観点から吟味することは、それと対比される仕方で本書の立場を明確化することにつながるでしょう。本章では戸田山批判が展開されますが、その意図は〈本書の立場をビビッドな形で提示するため〉です。

* ちくま新書、二〇一四年

本章の議論は以下の順序で進みます。はじめに『哲学入門』の議論が目指すところを詳しく確認し（第2節）、次に戸田山がじっさいに展開している論証を見る（第3節と第4節）。そのうえで、その論証の一部に見出される問題点を指摘し（第5節）、本書の立場――すなわち私自身の立場――を説明します（第6節）。戸田山が〈物体〉を基礎とする統一的な世界観を提示しようとするのに対して、私は世界をひとつの見方で「固定」しようとはしない、というコントラストを理解すれば本章の趣旨をつかんだと言えます。

ちなみに本章と次章はセットになっています。次章の最後で〈自由と主体の哲学にとっての小説の重要性〉が指摘されるでしょう。これまで繰り返し文学的作品が取り上げられてきたのは理由のないことではなかったのです。

2 「哲学の中心問題」とは

戸田山和久の立場と私のそれはどう異なるのか――。

戸田山はあたかも〈主体〉や〈責任〉という概念が〈物体〉のそれから作り出されるような仕方で語るが、私は決してそのような語り方をしない、というのが私たちのあいだの決定的な違いです。たしかに戸田山の議論の多くは私にとっても示唆に富むものであり、その大半について私は必ずしも反論しません。とはいえ彼の主張のひとつの部分は、すなわち〈出来事〉から〈行為〉や〈自由〉を構成しようとする部分は、「うまくいっていない」と言いたい。なぜなら、戸田山がその試みに失敗しているだけでなく、そもそもそれは無理な企てだからです。以下、この点をじっくり説明しますが、本節では『哲学入門』の目標を確認したいと思います。

戸田山は同書を「哲学の中心問題にダイレクトにとりくむ」ものと規定します（一二頁）。すなわち「哲学の中心問題」へ取り組むのが『哲学入門』の課題です。ではその中心問題とは何か。それは科学の成果と向き合うさいに生じる問題であり、《どんなものも物質からできている》といういわゆる「唯物論的な」世界観が引き起こす問題です。戸田山によれば「唯物論(materialism)」は、

この世はようするに、物理的なものだけでできており、そこで起こることはすべて煎じ詰めれば物理的なもの同士の相互作用に他ならない［…］（一四頁、ただし太字強調は原著者による）

という考え方であり、科学が教えるところの世界観です――とはいえ、これは哲学的な問題を引き起こす。なぜなら、もし一切が物質からできているのであれば、例えば〈自由〉や〈価値〉や〈道徳〉がどのような仕方で存在するのかが分からなくなるからです。《唯物論の枠組みのもとでこれらがどのようにして存在するのか》を説明すること――これが戸田山にとっての「哲学の根本問題」です。

同じ点を敷衍《ふえん》しましょう。戸田山は例えば言葉の〈意味〉や行動の〈目的〉といった唯物論と折り合いの悪そうなアイテムを「ありそでなさそでやっぱりあるもの」と呼び――ちなみに「やっぱりあるもの」と言うのは彼が最終的にこれらの存在を肯定したいから――そのうえでそれらを「存在もどき」と総称します。曰く、

［…］「ありそでなさそでやっぱりあるもの」とは、大雑把に言えば、**日常生活を営む限り、あるのが当然に思われるが、科学的・理論的に反省するとホントウはなさそうだ、ということになり、しかしだからといって、それなしで済ますことはできそうにないように思えてならないもの**、のことである。こうしたものたちを、ここではとりあえず、人生に大切な「**存在もどき**」と呼んでおこう。（一七頁、ただし太字強調は原著者による）

ここで戸田山は、一方で〈価値〉や〈責任〉は科学的に反省すれば「存在しない」と判定されそうだと指摘しつつ、他方でそれらは人生においてたいへん重要なものであるので決して単純に「存在しない」と断じられないと主張します。ではいったいぜんたい、唯物論の世界観を前提するとき、こうした「ありそでなさそでやっぱりあるもの」はいかにして存在するのか。

戸田山はまず次の点を強調します。哲学はこれまで〈自由〉や〈価値〉や〈目的〉などの「存在もどき」を物理の領域を超えた何かとして説明してきた、と。すなわち従来の説明は《物質の世界以外に人間の「精神的な」世界が存在しており、後者の世界は自然科学とは異なる仕方で探求されるものだ》と述べます。こうした説明は、世界を物質界と精神界の二つに分けるので「二元論」と呼ぶことができますが、戸田山はこの二元論を「ダメなやり方」と批判する（一七頁）——この哲学者によれば「存在もどき」は物質だけから説明されねばなりません。

ではなぜ「二元論」は「ダメ」であり、〈自由〉や〈責任〉は物質だけで説明されねばならないのか。戸田山は二元論について、このやり方は「無駄」であり「不健全」であり「中途半端」であり「思考放棄」的であり「退屈」であり「反動的」であるがゆえに「ダメ」だ、と主張します。曰く、

だいいち、世界を二つの交わらないパーツに分けておくのは無駄だし不健全だ。「世界」あるいは「この世」と言うからには、それは一つの統合されたものである方が望ましいし、世界観は一枚の絵であるべきだ。それに、モノの世界とココロの世界を分けておき、意味

は、自由は、ココロの世界の話だからねえ、科学じゃわからんのよ、科学は関係ないのよ、こっちは哲学の領域なのよと言って二つの世界をすれ違わせておくなら、もう何もまじめに考えるべきことが残らないでしょ。さらに、哲学側がいくら二つの世界を分けておきたがっても［…］科学のココロの世界への侵食が止むわけではない。二元論的な考え方は、無駄かつ中途半端なだけでなく、思考放棄で退屈で、しかも反動的だ。（一八－一九頁）

戸田山は「世界観は一枚の絵であるべき」と考え、その点で世界を「モノの世界とココロの世界」に区別する二元論と袂《たもと》を分かちます。かくして彼の本の目標は次のように定められる——すなわち、物体の運動や相互作用だけから〈意味〉や〈自由〉を作り出す、と。戸田山はこの目標を「**存在もどきたちをモノだけ世界観に描き込む**こと」と表現したりもします（一九頁、ただし太字強調は原著者による）。

以上より『哲学入門』の目標が確認できました。それは、〈意味〉や〈目的〉や〈自由〉などの唯物論と折り合いの悪そうなものをこの枠組みの内部で説明する、という目標です。これをいかにして達成するか。戸田山は——形式的に言えば——はじめに唯物論の内部で〈機能〉というものを定義し、この概念によって〈意味〉を説明し、そこから〈情報〉や〈表象能力〉の考察へ向かい、そのうえで〈目的〉や〈自由〉や〈責任〉を論じる、という具合に「積み上げ式」で進みます。こうした議論の根本的なステップは〈機能〉の説明にあるので、次節では《どのような仕方で戸田山が物体だけの世界の中で〈機能〉を説明するのか》を確認しましょう。

3 物質の運動を組み合わせて機能は説明できるか？

戸田山の議論を追う前に強調せねばならないのは、原子という物体だけからなる世界には根本的には機能というものは場をもたない、という点です。例えば心臓は〈血液を循環させるポンプの機能〉をもつと言われますが、この器官の振る舞いを水素原子や酸素原子の運動の組み合わせと捉えなおせば、そこにはたんなる〈出来事〉しかなく〈機能〉など見出せません。

この指摘の意味は次の点を検討すればよりはっきりします。すなわち、仮に神が世界を原子の運動の組み合わせとして完全に記述した本を書くとして、その叙述の中に〈機能〉にあたる表現は登場するだろうか。答えは「否」です――なぜなら、そこではたんなる運動が語られるだけだからです。原子という物体の相互作用の描像の中に〈血液を循環させるポンプの機能〉などは描き込まれていません。

押さえるべきは、この文脈で「機能（function）」という語がある意味、限定的な意味で使われている、という点です。目下の文脈ではたんなる物質は機能を欠きます。例えば負の電荷をもつ粒子同士は反発しますが、〈等電荷のものは反発し合う〉という物質の特性は「機能」の一種ではありません。なぜならこうした物質の運動にかんしては〈目的〉を見てとることがナンセンスになるからです。他方で生物の器官の機能については有意味に〈目的〉を見てとることができます（心臓のポンプ機能は効率のよいエネルギー代謝などの目的をもつと言えるでしょう）。要するにここでの〈機能〉は〈目的〉と関連するそれです。

では戸田山はいかにして機能を「モノだけの世界観に描き込む」のか。この哲学者は機能というものが「いまそこにないもの」や「いまそこで現実化されていないことがら」に関わると指摘し、こうした関係性が生物の世界に多く見られると述べます（一一三頁）。この点を説明するさいに戸田山が持ち出す具体例のひとつが「抗体」です。曰く、

たとえば、「インフルエンザウイルスの抗体」という言い方を考えてみよう。この抗体はある特定の型のインフルエンザウイルスに結合してやっつけることを機能としている。そのウイルスがいまそこになくても、あるいは今後決して出会うことがなくても、その抗体はインフルエンザウイルスの抗体だ。（一一三－一一四頁）

インフルエンザウィルスの抗体は、問題のウィルスが近くに無い場合にも、それをやっつける機能を有している――戸田山が機能は〈いまそこにないもの〉と関わると言うのはこうした意味です。もうひとつ例を挙げてみましょう（次もこの哲学者が提示する例ですが）。例えばエリマキトカゲの襟《えり》は遭遇しうる敵を威嚇するためのものであり、これもまた現実化されていない事柄に関わっています。このように自然の中には〈いまそこにないもの〉と関わる〈機能〉が見出されえます。

戸田山は、「生きもの」の世界の中にさまざまな機能が見出されることから、《物体だけの世界の中に機能は存在しうる》と主張します。この主張には――後で説明するように――妥当な部分と必ずしも正しくない部分が含まれますが、その指摘は後回しにしましょう。まずは戸田

山の行なっていることを正確に押さえたい。

戸田山によれば、機能は自然の世界の中に見出されえます。そして彼は、こうした〈機能〉の概念を出発点として〈意味〉・〈表象能力〉・〈目的〉・〈自由〉・〈責任〉などの概念が自然の中で説明できる、と論じます（その詳細の一部は後で取り上げます）。それゆえ《自然の中に機能が見出されうる》という主張が戸田山の議論の最重要ステップだと言えるのですが、彼はこれをさらにどのように説明するか。

ここで戸田山が取り組むのは〈機能〉の概念を物理的な概念から構成することです。すなわち彼は、形式的には《Sの器官AがBという機能をもつ》という事態を「物理的なもの」だけから説明しようとします。具体的には、彼はこの事態を「進化論的な」分析で説明しようとする――すなわち、

> SにAが存在しているのは、Sの先祖においてAがBという効果を果たしたことが、生存上の有利さを先祖たちにもたらしてきたことの結果である（八五－八六頁）

この分析は、Sの先祖がAのBという効果のおかげで生き残って子孫を残すことができたと言える場合に「AはBという機能をもつ」と言える、と述べるものです。例えば――戸田山自身も同様の例を提示しますが――あるひと（S）の心臓という器官（A）は血液を循環させるポンプ（B）の機能をもっていますが、その理由は目下の分析によると《そのひとの祖先が心臓のポンプ機能のおかげで効率よくエネルギー代謝を行なえて子孫を残すことができたから

だ》などと言えます。これはたいへん分かりやすい分析です。

ところで、この分析は〈機能〉を物理的なものだけで説明できているのでしょうか。戸田山は「イエス」と答えます。なぜなら、曰く、この分析は物体の「因果関係」のみを用いているからです。この点を戸田山は次のように論じます。

［例えば人間の心臓の機能の分析にかんしては］先祖の心臓が血液を循環させた→先祖が生存上の有利さを得た→私に心臓がある、という普通の向きの因果だけが含まれていることに注目しよう。つまり、本来の機能概念が通常の向きの因果関係だけをつかって定義されているわけだ。というわけで、モノだけ世界観にかなった定義になっている。（八六頁）

ここでは、問題の分析は物理的な因果関係だけを用いるので、それは機能というものを唯物論的な世界観（すなわち「モノだけ世界観」）に描き込むものだ、と言われています。こうした議論にかんして押さえるべきは、物体にかかわる概念（ここでは〈因果〉の概念）だけから〈機能〉の概念を作り出せるかのように戸田山が語っている、という点です。私はそのような仕方で語りませんが（それゆえここにおいて私は戸田山と立場を異にします）、私の戸田山批判は次々節でまとめて提示します。

4　自分の行為に責任を負う主体の生成

〈機能〉の概念を手に入れた戸田山は――先に触れたように――そこから出発して〈意味〉・〈情報〉・〈表象能力〉・〈目的〉などを積み上げ式に説明していきますが、本書のテーマである〈自由〉に関わる話題が論じられるのは〈責任〉の概念が説明される段階です。その箇所で戸田山は、アメリカの哲学者ダニエル・デネットの発想を引き継いで、〈主体〉の概念について重要なことを述べます。以下、確認しましょう。

問題の箇所で問われるのは《いかにして物体の相互作用から主体が生まれるのか》です。戸田山は――ここがデネットに依拠するところですが――この問いへ「物語（narrative）」という語を用いて答えます（三五四頁）。〈意味〉や〈情報〉を運ぶ言葉を有する存在は、自己にかんする物語を紡ぐことができ、それによって自己を主体として語り上げる。このようにして主体は生成する。これは無視できない真理の含まれる指摘です。

いま触れたように戸田山は《自分の行為に責任をもつ主体が言語実践を通じて生まれる》と考えるのですが、その点を一歩踏み込んで「進化論的に」説明する箇所が次です。

洗練された言語は、「何でそういうことをやったの？」と尋ねたり、それに答えて理由を述べたりする実践を生み出したろう。この実践は、自分の行為の理由・動機をモニターしつづけるという課題をわれわれに突きつける一方で、理由や動機を分類するレディメードのカテゴリーを提供することでその作業を軽減しもした。つまり、われわれは言語の中に「同情」「復讐欲」「正義感」「義務感」などの語彙があるのを利用することで、自分がどういう理由・動機で行動したのかをより簡単に分類してモニターできるようになったわ

けだ。（三六六頁）

ここでは〈責任ある主体の進化〉が語られています。互いに「なぜそれをしたのか？」と尋ね合い、相互の行動を理解し合う能力をもつことは、生存に有利に働きます（というのもその能力は他者の行動の予測などに役立つので）。それゆえ、自然選択を通じてこうした能力は強化されていきます。その結果、私たちの先祖は自分の行動を観察してその動機や理由を説明するという課題を背負い込むことになりますが、そうした必要性に応じて「同情」や「正義感」などの語彙が生まれました。なぜなら、こうした語彙によって、自分の行動の理由を説明する労力が減るからです。そしてこうした進化の過程の結果、「同情を禁じえなかったから手助けしたのだ」や「正義感から手を出しました」などと、自分の行動の理由や動機を説明する私たちのような存在が生まれたわけです。

以上が〈主体〉の概念にかんする戸田山の議論ですが、その一部に対しては自然な疑問が生じます。すなわち、《責任ある主体は、いま述べたプロセスを通じて生まれた》と述べるのは不正確なのではないか、と。なぜなら「何でそういうことをやったの？」と尋ね合う最初の段階で、互いに会話する存在はすでに責任ある主体でなければならないからです。じっさい、例えば《質問を恣意的に無視すれば責められる》や《質問へのある答え方をした後は、そう答えた主体として継続的にその答えに責任を負う》などの〈責任〉や〈主体〉に関わるルールのないところでは、尋ね合いのコミュニケーションはそれとして成立しないでしょう。要するに、会話は〈責任〉や〈主体〉の概念を前提する、ということです。だがそうであれば、責任や主体の無いところからこれらはいかに生じうるのか。

――こうした疑問を踏まえて戸田山批判へ進みましょう。いま述べた問いへの答えは次節全体を通して与えられます。

5 〈物体〉に関わる概念を組み合わせるだけでは生み出されえないもの

私は《人間は進化の所産だ》という命題も正しいテーゼとして認めます。加えて《人間の行動は前節で記述された仕方で進化してきたかもしれない》という説も受け入れます。じっさい、そうでしょう。人間は、客観的に捉えれば、進化の過程の中で生まれたひとつの動物種です。戸田山の議論の中で私が「不正確だ」と見なす唯一の点は、彼が〈機能〉や〈責任〉が、〈物体〉に関わる概念だけから生み出されるかのように語るところです。この哲学者はそうした構成あるいは導出を試みていますが、その作業は――いまから説明するように――成功していません。

一般的なことを言えば、レベルの異なる二種類の概念について、一方をいじることによって他方を作り出すことはできません。じっさい、原子たちの運動をどれほど複雑に組み合わせても、〈行為〉どころか〈機能〉の概念すら生み出すことはできません。たしかに私たちは原子の運動の複雑な組み合わせを〈血液を循環させるポンプの機能〉と同一視することができます。とはいえ、これは私たちがあらかじめ〈機能〉の概念を有しているからであり、決して〈物体〉や〈物質的運動〉の概念を組み合わせて〈機能〉を作り出せるからではありません。

この点を踏み込んで説明すれば以下のようになります。戸田山が物体にかんする〈因果〉の概念から〈機能〉のそれを構成しようとする点はすでに見ました。すなわち――再確認すると――この哲学者によれば《Sの器官AがBという機能をもつ》は次で分析されます。

SにAが存在しているのは、Sの先祖においてAがBという効果を果たしたことが、生存上の有利さを先祖たちにもたらしてきたことの結果である。（八五－八六頁）

はたしてこの分析は、本当に物体に関わる概念しか使っていないのか。〈先祖〉という概念に注目しましょう。「Sの先祖」と言うからには、それは〈生物〉の一種でしょうし、それゆえ何かしらの〈器官〉をもつでしょうし、その器官には〈機能〉が伴うでしょう。言い換えれば、問題の分析は《先祖たる生物が何かしらの機能をもつ器官を働かせて活動していた》という状況を前提しています。そしてこの状況は、たんなる物質が運動するという事態とは異なります。

けっきょく、戸田山が問題のやり方で〈機能〉を語ることができるのは、すでに〈機能〉の存在が認められた文脈――これは〈生物〉や〈器官〉の存在が認められた文脈でもある――の内に身を置いているからです。それゆえ、たんなる物質の運動から機能を構成する、ということは実行されていません。戸田山の「分析」は、暗に機能の存在を前もって認めています。

この戸田山批判に対して「いや、〈先祖〉という概念を物質の運動だけから定義できれば、元来の課題は達成される」という応答があるかもしれません。とはいえ〈先祖〉の概念を〈物体〉や〈運動〉や〈因果〉から組み立てることは無理なのです。例えば〈先祖〉を〈因果的につながった、よく似た物質の集まり〉などと定義すれば、ある岩を何かしらの石の「先祖」と見なすなどの不条理に陥るでしょう。ポイントは、〈先祖〉はすでに生物のレベルの概念であって、たんなる物体の次元のカテゴリーでない、というところです。それゆえ〈先祖〉という概念は「モノだけ世界観」を超えたアイテムなのです。

〈物体〉に関わる概念と〈生物〉に関わるそれはレベルが異なる、という点はたいへん重要であるので今一度説明します。例えば――ふたたび神の話をしますが――仮に世界を原子の運動のレベルで完全に記述する神がいるとして、もしこの神が世界を他のレベルで記述できないならば、彼あるいは彼女には知りえないことがあります。それは例えば《何がいつ生まれたか》や《何がいつ死んだか》です。この知識を形成するためには〈生物〉のレベルの概念が必要になります。それゆえ原子の運動の知識をどれほど積み上げても、〈生物〉のレベルの概念が皆無であれば、《何がどう生きているか》を語ることはできません。

要するに、物質の運動それ自体のあいだには生死の区別はなく、この区別は〈生物〉の次元ではじめて語られうる、ということ。たしかに私たちは生や死の物質的側面を探求することができますが、それが可能なのは探求に先立って《これは生きている》や《これは死んでいる》などの判断を物質的探究とは独立に行ないうるからです。

以上が〈機能〉にかんする戸田山の語り方をめぐる批判ですが、〈責任ある主体の進化〉についても同様のことが言えます。戸田山の語り方では、物質が複雑に組み合わさってできた生物が互いに「何でそういうことをやったの？」と尋ね合うという過程を通じて、〈主体〉や

〈責任〉の概念が適用対象を持たない場から行為主体が生じました。

とはいえ——前節の最後に指摘したように——尋ね合いのコミュニケーションは〈責任〉や〈主体〉を前提します。じっさい、「何でそういうことをやったの？」という質問がそれとして成り立つには、自分の回答に責任をもつ主体が存在しておらねばなりません。会話することはすでに〈行為〉・〈主体〉・〈責任〉のかかわる事象です。それゆえ戸田山は《主体や責任のないところからいかにしてこれらが生じうるのか》を説明できていません。そして、そうした構成や導出は不可能なのです。

6　世界を一枚の絵で描き切ることはできない

私は以上のような仕方で戸田山の議論を批判するのですが、この点を押さえれば本書の立場を把握することも容易になります。〈物体〉に関わる概念を組み合わせて〈主体〉や〈責任〉などが構成できると考える戸田山は「世界観は一枚の絵であるべき」と述べますが、私はそう考えません。

これまで考察したとおり、〈物体〉の概念のレベル、〈生物〉の概念のレベル、〈責任ある主体〉の概念のレベルなどは互いに異なっています。それゆえ世界の語り方は多様であらざるをえません。私の考えでは、世界は決して「一枚の絵」で描き切れるものではない。ある絵が「自分こそが世界を真に描写している」と言い張ろうとしても——今から見るように——つねに別の絵が「いや、むしろこう描くべきだ」と割って入ります。世界のさまざまな可能的描写のなかで、《世界と自己をどのように描き出すか》をたえず選び取りながら生きること。これが人間存在の実相なのです。

世界は決して「一枚の絵」で描き切れない、という事態は〈出来事〉と〈行為〉のコントラスト、あるいは〈物体〉と〈主体〉のコントラストによってさらに具体的に例証できます。以下はこの点にかんする一歩踏み込んだ解説です。

例えば前章で世界を原子の運動という〈出来事〉および〈物体〉のレベルで語り尽くす試みを考察しましたが――そこで確認されたとおり――そうやって「一切はただ生じるだけだ」と言おうとしても、《このように言うことは主体的行為ではないか》と気づかないわけにはいきません。かくして、世界を〈出来事〉と〈物体〉の一枚絵で描き出そうとしても、ただちにそれをはみ出す描き方の可能性が現出する。世界をたんなる出来事の描写で「固定する」ことはできない、ということ。

看過してはならないのが《逆もまた然《しか》りだ》という点です。たしかに――たったいま再確認したように――「一切はただ生じるだけだ」と言うことは一種の行為であるので、そのように言うひとはこの世に少なくともひとつ行為が存在することを認めています。とはいえこのひとはこの行為をあらためて客観視することができます。すなわち、〈そのように言う〉という行動をいまいちど物質の観点から眺め、《これもまた原子の運動の集まりとして生じているに過ぎない》と考えることができます。

ポイントは、〈行為〉と見なされたものはつねに〈出来事〉として再記述される可能性がある、というところです。それゆえ私たちは〈行為〉や〈主体〉のレベルの描写に安住することができません。むしろ〈行為〉のレベルの記述はいつだって〈出来事〉の叙述へ反転する可能性を具えます。じっさい、例えばチャールズ・ホイットマンの殺人行為が神経科学の観点から「当人のコントロールを超えてただ生じたことかもしれない」と疑われたように（第3章参照）、一切の行為は《それはただ生じているだけかもしれない》という疑問に付きまとわれています。

ただし、いま述べたことには重要な続きがあります。たったいま、「一切はただ生じることだ」と言うことがいったん行為と見なされたとしても、この行為についてふたたび「これもじつはたんに生じていることにすぎない」と疑うことができる、と論じられました。しかしながら――議論が再度反転しますが――そのように疑うことはひとつの行為であり、そのように疑うひとはやはり少なくともひとつの行為の存在を認めていることになります。ここから一種の「イタチごっこ」、すなわち〈行為〉と〈出来事〉のシーソーゲームが始まります。そして、行為と出来事のあいだで行なわれるこうした「行ったり来たり」から逃れる術《すべ》はありません。けっきょくのところ、〈物体〉や〈出来事〉の概念を基礎にしても、あるいは〈主体〉や〈行為〉の概念に訴えたとしても、世界を一枚の絵として描き切ることはできないのです。

要点をまとめましょう。

ある行為を出来事と見なせば、この「見なす」という行為が存在することになるが、《この行為もまた原子の運動として生じるだけだ》と疑われ……という〈行為〉の描像と〈出来事〉の描像が繰り返し反転する空間――ここが私たちの到達しうる最も根底的な場です。注意せねばならないのは、この根本空間は決して「行為」とも「出来事」とも言えないような何かがあるような無記的な場所ではない、という点です。じっさい私たちは《一切は究極的には行為でも出来事でもない》という達観的世界観に立つこともできません。私たちはむしろつねに居心地の悪い動揺の中にいます。すなわち、人間として生きる限り、何かしらのことを「行為」と認めねばならないにもかかわらず、それもまた客観視して「出来事」と見なしうる、という「どっちつかず」の状態を逃れられません。私たちが生きている場所は、この意味で「出口なし」だと言えます。

かくして私たちはいわば「思考の行き止まり」まで辿り着きました――ではいったいここからどこへ向かって進めばいいのか。押さえるべきは、以上のような出口のない「どっちつかず」の中で、それでもなお私たちは《自分がどのような存在か》を語ろうとする、という点です。

はたして自分はどのような存在なのか。自然の流れに翻弄されるだけの存在なのか。自分の決断で人生を切り開きうる存在なのか。こうした問いに、すなわち《自分は何者なのか》という問いに私たちは関心をもたざるをえません。それゆえ私たちの各々は、世界と自己をどのように描き出そうとも決して絶対的な一枚絵を生み出すことはできないと自覚しつつも、「しかし、自分は世界と自己をこのように描き上げたいのだ！」と独自の絵を提示しようとします。そして――次章から見ていくように――こうした努力から世界と自己にかんする魅力的な語り方が多数生まれてきました。

本書のここからの目標は、世界と自己を自分の仕方で描いてきた作家たちの独特な絵を閲覧していくことです。本書の立場はいわば「存在論的多元主義（ontological pluralism）」であり、世界や自己の存在の語り方が根本的に多様であることを認めます。この観点からすれば、本章で取り上げた戸田山もまた世界と自己を独自の仕方で描き出そうとした作家のひとりだと言えます。すなわち、この哲学者は〈物体〉との連続性を強調する仕方で人間を描き出そうとした、と。とはいえ——ここが重要ですが——戸田山の選んだような「唯物論的な」語り方は、世界と自己をめぐる唯一の語り方ではありません。そして、じっさいに、この哲学者のものとは種類の異なる魅力的な語り方が多数存在しています。

物体の出来事の中へ埋没しうる危険の最中において、私たちのうちの少なからぬ者は、自己を〈行為する主体〉として語り、自分の人生の軌跡をたんなる自然の過程から浮かび上がらせる——こうしたひとたちの努力こそが本書がこれから見ていきたいものです。じつに人間を自由な行為者として語る仕方も決して一枚岩ではなく、あるひとは自己を「道徳的正しさを目指す存在」として語り、別のひとは自分をいわば「運命に抗《あらが》う者」と見なすような物語を紡ぎます。

次章では、〈行為〉と〈出来事〉のシーソーゲームが演じられる場に身をとどめながら、自由と物語の関係について踏み込んで考察したい。それによって《自由がなぜ重要なのか》の理解がさらに深まるでしょう。

第7章

物語の哲学へ

1 自由が立ち上げる物語

本書の立場は、〈物体〉や〈生物〉や〈主体〉を互いに区別されたレベルの概念と見なし、世界や自己の語り方の多様性を認める「存在論的多元主義」だ――と前章で説明されました。すなわち本書の提示する視座は例えば、人間を物体として語ることもできれば、主体として語ることもできる（さらには生物として語ることも可能）、と考えます。それゆえ、一切を物体のレベルで語る唯物論の見方が根本的で「特権的な」世界観だ、ということはありません。前章で見たように、機能（という生物のレベルの事柄）や責任（という主体のレベルの事柄）を物体のレベルの内部で語ろうとしても、うまくいきません。機能を語るさいには、あるいは責任を語るさいには、あらかじめしかるべきレベルに身を置く必要があります。要するに唯物論は可能な世界観のひとつに過ぎないのです。

ちなみに私は存在論的多元主義を「立場」や「視座」と呼ぶことがありますが、その理由はこれに同意しない言説も存在するからです（この意味の相対性を明示化するために「立場」などの表現を用います）。じっさい、世界を一枚の絵で描く企てはいろいろなところで試みられており、本書が提示する視座は決して唯一絶対ではありません。とはいえ、私たちはみな——多くは自覚せぬ仕方で——すでに存在論的多元主義を生きている、というのも事実です。じっさいそうではありませんか。私たちは人間を物体として語ったり主体として語ったりしているではありませんか。この意味で「存在論的多元主義」はたんなる立場ではありません。それはむしろ、私たちの生の現場を指し示す名称だと言えます。

存在はつねに多様に語られうる、という点を押さえれば第5章の指摘——「すること」の存在は決して否定し切れないという指摘——に追加の限定が必要なことが分かります。すなわち、一切を物体の運動のレベルで語り尽くそうとしても何かしらの行為の存在を認めざるをえないが（なぜなら〈語り尽くそうとすること〉も行為の一種なので）、この行為がふたたび客観的な視点から「たんに起こること」として記述しなおされる余地は残る、と。

前章の最後で論じたように、私たちは〈出来事〉と〈行為〉のあいだのシーソーゲームの最中にあり、そこから脱出することができません。シーソーが一定の仕方で傾くとき私たちは自己を「主体」として語りますが、そこからシーソーの傾きが変わって自己が「物体」や「生物」と捉えなおされる可能性はつねに開かれています。押さえるべき点は次。《自分はどんな存在なのか》を語るときに、確定的な結論へ至ることのできない不安から逃れる術はない、ということ。

《人間とは何か》が問われるのも、こうした根本的な動揺の中においてです。それゆえ、人間を一定の仕方で規定しようとすれば、ただちにそれとは別の捉え方が声をあげるでしょう。本書の今後の議論もこうした抗争——すなわち多様な世界観や人間観がひしめき合い、それぞれが「われこそは！」と自己主張する抗争——の内部で展開します。そして、前章の最後に触れたように、人生を物質的自然から浮かび上がらせるような仕方で語るひとびとの言葉を追っていきたい。なぜならそうした語りこそが〈自由〉の概念の本来的適用であるからです。

じつに、人間を「自由」と見なすとき、私たちは決して彼女あるいは彼を物体の連関の一部とは見ていません。むしろ〈自由〉は人間の行為を、そして人間それ自体を、たんなる物質的過程から浮かび上がらせます。そしてそうすることでこの概念は、個人を生み出し、人間の物語を紡ぎ出します。

かくして〈自由〉と〈物語〉の重要な関係がうっすらと見えてきましたが、本章はこの点を踏み込んで考察します。すなわち本章は、人生を自然の出来事の中から〈物語〉として浮かび上がらせる〈自由〉の概念の力を確認します。

これまでの議論が示唆するように、私たちは物質的自然の過程に埋没する可能性から完全に逃れることができません。とはいえ私たちは、そんな不安の最中でも、自分の意志で行為を選択し、自分を人生の作者にすることができます。それと同時に私たちは、自己を主体として語り、自らを人生の物語の主人公にすることもできます。本章はこうした人間のあり方、あるいは生き方を記述することを目指します。結果として《私たちは何者なのか》の探求における小説の意義が示されるでしょう。小説と哲学とが重なり合う地平が如実に現れる、ということです。

本章の目標にとって、ある哲学者の議論を参照することは役に立つでしょう。それはアメリカで活動するロバート・ケインであり、彼は自由を論じる文脈で〈物語〉の概念に訴えます。ケインは――後で詳しく説明するように――私のやりたいこととはいささか異なるニュアンスの議論を展開しますが、その点を細かく見ることも本書の立場をビビッドにすることに寄与するはずです。以下、自由の哲学者のうちで現在最も著名な者のひとりと述べても過言でないこの人物の論考を取り上げながら、〈自由〉と〈物語〉の関係の理解を深めていきます。

本章の議論は以下の順序で進みます。はじめに自由にかんするケインの重要な洞察を確認し(第2節と第3節)、そのうえで本書の視座の要点を鮮明にするためにこの哲学者の議論の問題的な側面を批判します(第4節)。最後に以上を踏まえて、自由や主体的行為を考察するさいに「小説」という物語を取り上げることの重要性を説明します(第5節)。最後の点――自由と主体の哲学にとっての小説の意義――を摑むことは、次章以降の議論を追うさいの足がかりです。なぜなら、次章以降(すなわち本書の第二部)においては、私たちにとって重要な小説群に軸足を置きながら《私たちは何者なのか》が探求されるからです。

2 「自己形成的行為」という自由の発露の場

ロバート・ケインは自然主義の立場――すなわち一切を自然の内部に見る立場――から自由を論じており、人間の選択や決断について物理学的な説明が存在すると考えます。それゆえ彼のやろうとしていることは私のそれと核心的な点で対立するのですが、それでも「自由な行為」にかんする彼の議論は示唆に富んでいます。本節と次節ではケインの議論に含まれる重要な示唆を抽出したい（そしてケインと私が袂を分かつ点は次々節で説明したい）。

ケインは有名な論文で*「自己形成的行為（self-forming action）」をキーコンセプトとして自由な行為を論じます。ケインによれば人間の自由は、例えばたんに手をあげたりさげたりする場面などではなく、難しい選択に向き合って決断する場面でこそ、その真価を発揮します。以下、彼の議論を追いましょう。

* Robert Kane, "Responsibility, Luck, and Chance," (*Journal of Philosophy*, 96, 1999, reprinted in G. Watson (ed.), *Free Will*, second edition, 2003, Oxford: Oxford University Press: 299-321)

ケインは具体的な話から始めます。自己形成的行為は、典型的には以下のような道徳的決断のケースに現れます（p.307）。

ひとりのビジネスウーマンが街路を足早に歩いている。彼女は自分が半年かけてアレンジメントした会議へ向かっている。この会議で俎上にのせられるプロジェクトは社運のかかったものであり、失敗すれば彼女のキャリアに大きな傷がつくだろう。彼女は「大丈夫、きっと成功する」と自分に言い聞かせる。

そのとき彼女は、傍《かたわ》らの路地でひとりの男性が数人のごろつきに囲まれ暴行を加えられているのを発見する。ひどいやられようだ（いわば「タコ殴り」にされている）。放っておくと男性はただでは済まないにちがいない。

ビジネスウーマンは迷いに迷う。いざこざの関わり合いになれば会議に遅れてしまうのではないか。だが命の危機に陥っているひとを見捨てていいものだろうか。警察に電話すればあの男性を助けることができる。とはいえ自分にとっては会議も重要だ、いや、会議の方が重要だと言った方が正確かもしれない。けれども自分のキャリアのために困っているひとを無視するような人間になっていいのだろうか……。

これは「難しい選択（hard choice)」の一例です。すなわち、各々の選択肢がそれぞれ異なる基準でアドバンテージを有しており、その結果、ひとつの正しい選択肢が存在しないような選択の場面です。じっさい、自分のキャリアを優先するならば男性を見捨てることも許容可能な選択肢ですが、道徳的なひとでありたいならば男性を助けるしかありません。ここで重要なのは、《キャリアと道徳のいずれの基準で選ぶべきか》は客観的に答えることができない、という点です。それゆえ問題のビジネスウーマンは、唯一の正答が分からない中で、《助けるか否か》を決めねばなりません。はたして彼女はどうするか。

ケインはストーリーを次のように続けます。

いったん路地を通り過ぎたのだが、次の瞬間、ビジネスウーマンは文字通りきびすを返す。そして、スマートフォンで手早く警察に通報した後、ごろつきたちに「すぐに警察が来るよ！」と叫ぶ。――彼女は道徳的であることを選んだわけです。

ケインがビジネスウーマンのこうした行為を「自己形成的行為」と呼ぶのは次の理由からでしょう。すなわち、こうした選択にさいしてひとは《自分がどんな人間か》を問われ、行為の決断を通じて自分という人間のあり方を作り上げることになる、と。じつに道徳的なひとも決してはじめから道徳的だったわけではありません。むしろ、道徳的行為を選ぶという主体的決断を通じて、道徳的なひとに「成る」のです。一般に、人生においては何度か（ひとによっては何度も）、《自分がどんな人間か》が問われる場面があるのですが、そのさいにどう行為するかに応じて、ひとは道徳的なひとになったり不道徳的なひとになったりします。

こうした「自己形成的行為」についても論ずべき点が多いのですが、ここでは次のケインの主張に注目したい。それは、キャリアと道徳のどちらを優先すべきかという問題に直面したビジネスウーマンが迷った末に道徳を選ぶ、などの自己形成的行為こそが自由の働く場面なのだ、という主張です。これはある意味で理解しやすい主張だと言えますが、踏み込んで説明すれば以下のようになるでしょう。

ケインによれば、私たちの日常的行動の大半はかならずしも自由の行使を必要としていません。例えば《朝ごはんに何を食べるか》や《何を着て外出するか》などはたいていの場合いわばルーチン化され、「自由のもとで選ぶ」と記述される大掛かりな過程なしに遂行されます。例えば私について言えば、いわば「惰性」で毎朝白米を食べているのであり、決して朝が来る度に白米を自由意志で選びなおしているわけではありません。この点に鑑みれば――ケインの考えだが――私たちは日常の多くの行動においては「自動機械（automaton）」に近いと言えます。そしてそのおかげで何を選ぶかをいちいち迷わずに済み、日常をスムーズに過ごしえているとも言えます。

このようにケインの考えでは、自由は日常のたんなる反復のうちに活躍の場をもちません。それはむしろある意味の「非日常」を本来的な居場所とします。人生においてはときに（ひとによってはしばしば）習慣的なルーチンでは対処できない選択を迫られますが、ここにおいて自由の威力が発揮される――要するに、悩みに悩んで自分の道を選ぶことこそが真の意味で「自由な選択」と呼ばれるべきものだ、とケインは考えているのです。

3　人生の物語の作者になること

自分のあり方を決めるような「難しい選択」こそが自由の力の発露の場だ――これがケインの主張ですが、その説得性は複数の角度から確かめることができます。例えば第1章の冒頭で《自由は人間を犬や猫などのその他の存在から区別するものだ》と述べられましたが、この指摘はケインの主張と合致するでしょう。じっさい、犬や猫においては（擬人化して語らない限り）《自分が何者か》を決めるような決断の場面が生じることはありませんが、人間にはそれがあります。犬や猫（あるいはその他の動物）は本能や反射に導かれて生きており、自分の生き方を選び取ることはありません。これに対して人間は、あるいは少なくとも行為主体として語られる人間は、自分の生き方を自分で選ぶことができます。「自由」にはいろいろな意味がありえますが、本書が追究してきた〈自由〉はこうした〈主体〉や〈生き方〉のレベルに属するものです。

自己形成的行為には、あとひとつだけ看過してはならないポイントがあります。前節で、ビジネスウーマンの直面するタイプの選択では客観的に正しい選択肢があるわけではない、と指摘されました。例えばキャリアを大事にする基準と道徳に価値を置く基準については《どちらがより良い基準か》を決める何かが存在するわけではありません。とはいえ――ここが大事ですが――客観的に正しい答えがあるわけではないにもかかわらず、主体は決していいかげんに選ぶわけにもいきません。すなわち《正答が無いのだから主体は思いつきで選択肢を選んでよい》などということは成立していません。

この点へ目を向ければ、ある問いが生じます。正答が無いにもかかわらず、難しい問題はなぜ悩ましいのか。いったい難しい選択の決断において何が起こっているのでしょうか。その決断に何が「賭け」られているのでしょうか。はたして、何が懸かっているために、難しい選択にさいしてひとは悩みに悩むのでしょうか。

この問いへの答えはすでに触れられています。難しい選択で目指されていることは決して〈正しい答えを選ぶこと〉ではありません。その選択においては、正答ではなく、人生が選ばれるのです。ビジネスウーマンは《自分が何者か》を賭けて、男性を助けることを選びました。その結果、彼女はキャリアを棒に振ったかもしれませんし、さらにそれについて誰も同情しないかもしれません。とはいえ彼女は自分の意志によって自分の人生の物語を紡ぎました。そして〈キャリアを優先して困っているひとを見捨てたりはしないひと〉になったのです。

《なぜ難しい選択はひとを悩ませるのか》への答えはここにあります。すなわち、そこでは当人の人生が賭けられているために、いいかげんに選ぶわけにはいかないのだ、と。この点を踏まえれば《人生とは何か》の理解も深まります。人生のうちには、それを生きるひとに対して、どんな人生を生きるかを選ぶ瞬間が訪れます。そうした場合、一般的には、選択肢のどれを選んでも「間違い」とされることはありません。とはいえ、それによって《自分が何者か》が左右されます――この点を踏まえれば、難しい選択では「正しさ」よりも重いものが賭けられている、と言えるかもしれません。

この文脈で押さえねばならないのは次の点です。すなわち、人生に難しい選択の場面があるからこそ、却ってひとは自らの人生の「作者」たりうるのだ、という点です。例えばビジネスウーマンは、他の誰も代わりに決めてくれない中で、自らを道徳的な人物にする行為を決断しました。じつに、人生とは自分を超えた客観的基準に延々と導かれているものではなく、それは根本的には当人が自ら作り上げていくものです。もちろん有限な人間存在が自分の生の一切を創造することはできませんが、それでも自分を選び取る決断の瞬間はあります。私たちはそれぞれ自分の人生に責任を負っており、この点でその他の動物などと異なる——こう語ることには十分に根拠があります。

こうした点をケイン自身も指摘します。この哲学者は「小説（novel）」・「作者（author）」・「ストーリー（story）」などの〈物語〉に関わる表現を動員して次のように述べます。

> 小説の作者のように、私は、あるストーリーを書き、ひとりのひと（すなわち私自身）をかたちづくる、というプロセスのうちにいる。これは荷が重い作業だ。とはいえ、とりわけ人間的な作業でもある。（Kane 1999: 321）

人間は、自己形成的行為を通じて、自らの人生のストーリーを自らの手で書き綴っていきます。そして《自分をどのように描き出すか》を各人は選ぶことができます。話がここまで進めば、次のテーゼは必ずしも比喩ではなく受け取られうるでしょう。主体として行為することは、人生の物語を書くことだ、と。人間は決して自然の出来事に埋没した存在ではありません。むしろ人生は、ストーリーという筋に沿って自然の中から浮かび上がり、たんなる出来事の連鎖とは異なる物語の軌跡を描きます。そして、個々人の生が他人のどれとも異なる輪郭を得るさい、自由はその力を発揮します。すなわち、自由な主体的選択によって個々の人生は文字通り「個々の」物語になる、ということです。

〈自由〉と〈物語〉の関連がはっきりしてきました。この点は、本章の最後にあらためて考察します。次節ではそれに先立って、ケインと私がどの点で袂を分かつかを説明します。それによって本書の立場がより鮮明になるでしょう。

4　物体のレベルの物語

ケインが自然主義の立場から自由を論じることはすでに指摘しました。とりわけこの哲学者は、主体の自由な決断について物質のレベルでの「説明」が存在する、と考えますが、この考え方には無視できない問題がある、と言いたい。以下、はじめにケインの議論を確認したうえで、《そのどこが問題なのか》を指摘します。

まずケインは、ビジネスウーマンの後日談として、次のようなエピソードを展開します。

この女性は次の日——このストーリーの舞台は未来なのだが——その時代の神経科学者のところを訪れる、と仮定しよう。神経科学者はビジネスウーマンに、彼女が選択したときに彼女の脳の中で何が起こっていたのかを話す。［…］その話によれば、選択の前には、彼女の神経プロセスのうちに、ある非決定的状態が存在していた。この非決定性は、彼女の意志における葛藤が引き起こしていたものである。そして、こうした非決定的状態のために、はたして彼女は助けに戻るのか、それとも見捨てて行くのか、という点は不確実（そして非決定的）だった。（Kane 1999: 307）

押さえるべきは、ケインがビジネスウーマンの選択の自由を〈物体〉のレベルの道具立てで語ろうとしている、という点です。この哲学者によれば、神経プロセスのうちにある非決定的状態が自己形成的行為の物理的な基盤です。はたしてケインは自己形成的行為を具体的にどのようにして〈物体〉で説明するのか――この箇所はしっかり批判すべきですので、少々長くなりますが該当部分をすべて引用します。

さらに、神経科学者の話のうちには、互いに連結し合ったふたつの再帰的神経ネットワークが登場する、と仮定しよう。このネットワークはフィードバックループにおいて刺激を情報として伝達する。一般的に言えば、人間の考量的思考が含むと期待されるタイプの、脳内の複雑な認知的処理の役割を担うのが、このネットワークである。さらに、各々の再帰的ネットワークは非線形であり、そのためにカオス的な振る舞いの可能性が許容される（最近の研究者が主張するように）。実に、人間の脳が創造的な仕方による問題解決（例えば実践的考量におけるそれ、など）を行なうことができるのも、こうしたカオスの可能性がサポートする可塑性と柔軟性のおかげである。さて、ふたつの再帰的ネットワークのうち、一方の側のインプットはビジネスウーマンの道徳的な動機であり、そのアウトプットは助けに戻ることである。他方の側のインプットは彼女の仕事上の野心であり、そのアウトプットは会議に向かうことである。ふたつのネットワークは互いに連結している。かくして、《彼女が道徳的に行為するか否か》を不確実にするような非決定性が、自己利益を追求したいという彼女の欲求の側から生じることになる（逆も然りである）。かくして、先に述べたように、彼女の意志における葛藤から非決定性が生じるわけである。そして、自己利益へ向かう欲求を克服しようとする彼女の努力が勝利したとき、次の出来事が生じた。それは、ふたつの神経回路のうちの一方が活動閾値《いきち》に達し、その結果、もう一方の回路のせいで生じていた非決定性が乗り越えられる、という出来事である。(Kane 1999: 307)

ここではケインは《ふたつの神経ネットワークの相互作用が一種の非決定性を引き起こし、この非決定論的な活動の結果としてビジネスウーマンの決断が生じた》と主張しています。ちなみにここで提示される自由の説明はいわば〈ふたつの神経ネットワークの並行的情報処理〉を含むので、「並行処理モデル (parallel processing model)」と名づけられています (cf. Kane 1999: 312-313)。

こうしたケインの「説明」を私がどう批判するかは、本書のここまでの議論から予測可能であるかもしれません。私は、神経ネットワークへ言及するケインの言葉は自己形成的行為の「説明」にはなっていない、と考えています。なぜなら、〈物体〉と〈自由〉や〈行為〉とはレベルの異なる概念であって、両者のあいだには説明という関係が成り立たないからです。この点を踏み込んで説明すれば以下のようになります。

第一に押さえるべきは次。すなわち、よくよく考えればケインの「説明」は、自己形成的行為はじっさいには「行為」でなく「出来事」なのだ、と指摘する効果をもつ、と。じっさいケインの「説明」を聞くと、ビジネスウーマンの選択は、彼女が「したこと」ではなく、彼女の脳状態から「起こったこと」のように思われてきます。すなわち、神経ネットワークがバチバチと活動した結果、〈道徳を優先する〉という脳状態が生じた、というわけ。この場合、物質の塊であるニューロンが相互作用して、その結果として一定のネットワーク状態が生起したのであり、ここには「起こる」と呼ばれるべき出来事しか存在しません。要するに、「すること」は消滅し、ビジネスウーマンの振る舞いは「起こること」の流れに同化されてしまうのです。

第5章でも指摘した点ですが、「起こること」を集めて「すること」を作り出すことはできません。あるいは少なくともいまだそれに成功したひとはいません。じっさい《たんなる出来事をどのように組み合わせれば主体的行為が生じるのか》はまったく分からないと言わざるをえない。しかるに、神経ネットワークで情報が刺激として伝達される過程にも「起こること」しか登場しないので、ここから自由な選択が生じると「説明」することには無視できない問題があります。ケインの議論はそうした「説明」に成功していませんし、そうした「説明」はそもそも不可能だと思われます。

とはいえ、説明でなければ、ケインのやっていることは何であるのか——この問いに対する正確な回答は次でしょう。すなわち、この哲学者はふたつの物語を、すなわち二種類のレベルの物語を提示しているのだ、と。具体的には、ビジネスウーマンの行動ははじめ〈主体〉や〈行為〉のレベルで語られましたが、そのあとで〈物体〉や〈物質的因果〉のレベルで語りなおされました。存在はつねに多様に語られえます。それゆえ、ビジネスウーマンの行動についても、それを客観的視点から眺め〈出来事〉のレベルで語ることが可能です。要するに、物体のレベルの物語もあるのだ、ということです。

ここで見逃してはならないのは、ひとつの行動は〈主体〉や〈物体〉などの複数のレベルで語られうるが、主体の物語を物体の物語で「説明」することは可能でない、という点です。言ってみれば、レベル間の「還元」はできません。ケインはそれを試みていますが（そして前章で取り上げた戸田山もそれを試みましたが）、〈主体〉の概念と〈物体〉のそれは独立しており、後者を組み合わせて前者を作り出すことはできません。じっさい、主体の物語と物体の物語を並べて提示することは、主体を物体で説明することとは異なります。ケインが行なっているのは前者であって、後者――すなわちあるレベルの概念を別のレベルの概念だけで作り上げること――はそもそも不可能だと言えます。

〈主体〉や〈行為〉や〈自由〉の概念と、〈物体〉や〈出来事〉や〈物質的運動〉のそれとは（さらには〈生物〉や〈機能〉のそれとは）次元が異なる――こうした概念のレベルの複数性のために、世界は避けがたく多様な絵で描かれることになります。かくしてケインが付け加える「神経科学的な」絵はたしかにひとつの可能な描き方ですが、それは多数の絵の中の一枚に過ぎません。そして一切を説明する一枚の絵（例えば一切を還元する唯物論的な絵）を描くことは不可能なのです。本書はこれからいろいろなタイプの絵を、すなわちさまざまな種類の小説を、見ていきますが、どれも唯一絶対のものではありません。こうした多元性の中で「これぞ」と言える物語を書き上げること、これが世界と自己をめぐって私たちの行ないうることです。

5 自由と主体の哲学にとっての小説の意義

私たちは世界と自己を〈物体〉のレベルでも〈主体〉のレベルでも（そしてその他のレベルでも）語りうる――そして、ときに物体の物語が紡がれ、ときに主体の物語が綴られます。こうした物語の複数性の中で本書がこれから取り上げていくのは、自由な選択と主体的行為の次元の物語です。言ってみれば、人間を物体の次元で語る理論的な物語ではなく、人間を人間の次元で語る「小説的な」物語を取り上げる、ということ。なぜなら、主体の存在様式をさまざまな仕方で描き出す小説群を読み解くことによって、《自由とは何か》や《人間とは何か》にかんして根本的な洞察が得られるからです。

次章からは文字通りの「物語」が、すなわち作家たちの小説が俎上にのせられます。なぜなら、幾人かの作家は《私たちは何者なのか》を問いながら小説を作り出しており、彼ら／彼女らの仕事から《自然の中からいかにして自由な主体としての人間を浮かび上がらせるか》についての洞察が引き出されるからです。もちろん哲学書において小説から議論を立ち上げることは――先例がないわけではないが――何かしらの正当化が必要でしょう。本章の残りの箇所ではこの点を踏み込んで説明したいと思います。

第一に押さえるべきは、《私たちは何者か》という問いへ主体の物語を紡ぐことで答えるということは小説の眼目のひとつだ、という事実です。例えば第1章でフラナリー・オコナーの「善人はなかなかいない」を読んだざいにも確認しましたが、小説は《主体が何を選ぶか》を語ることで《人間とはどのような存在なのか》の可能性を示します（オコナーの小説では、おばあちゃんが自己欺瞞的で邪悪な存在として描かれました）。個々の小説家は自身の描きたい世界観や人間観を有します。しかもそれは多種多様です。かくして私たちは、複数の小説を読んでいくことによって、《主体としての人間がどのような仕方で自然の流れから浮かび上がりうるのか》の諸々のバージョンを知ることができるのです。

自由の哲学の近年の流れは――例えば前章で取り上げた戸田山が典型的ですが――主体や行為を考察するさいに、いわば「科学的な」語りへ焦点を合わせる傾向がありますが、本書のスタンスはこの流れに対するアンチテーゼです。たしかに人間を「唯物論的な」観点から語ることには無視できない意義があるでしょう。とはいえそれは〈自由〉や〈責任〉をそれとして語る観点ではありません。これらを適切に語るには、いわば「人間を主体的行為者と語る」観点に立たねばなりません。そしてそうした観点に立つ営みのひとつが小説（少なくとも多くの小説）なのです。

この点は重要なので別の角度から敷衍しておきましょう。〈自由〉は〈主体〉や〈責任〉とレベルを同じくする概念であり、〈物体〉の次元で自由を論じることは必ずや不整合や曖昧さや牽強付会《けんきょうふかい》や説明不足を招来します。例えばケインは「ふたつの神経回路のうちの一方が活動閾値に達し、その結果、もう一方の回路のせいで生じていた非決定性が乗り越えられる」という言い方で自由な決断を分析しようとしましたが、それはたんなる出来事を語るにとどまっています。一般に、いわば「ひとをひととして描く」次元に身を置く場合のみ、自由や主体をそれとして語ることができます。ここで「人間を〈行為を選択する者〉として描き出す私たちの実践にはどのようなものがあるか」と問うならば、その答えのひとつは「小説だ」となるでしょう。

本書の提言のひとつは次のようにまとめられます。科学の語りからいったん離れて、小説の語りを参照枠としたうえで人間を論じてみよう、と。そうすることで——次章から見ていくように——科学的言説を通しては得られなかった、自由にかんする洞察が得られます。近年の哲学の「科学主義的な」傾向が不可避的に語り落とすものを、小説という人間の物語に即して語りあげること。これが次章以降で取り組まれることです。具体的には近代文学の始まりである明治時代の小説群を取り上げます。なぜ明治なのか。この点は次章の冒頭で説明されることでしょう。

第二部

小説から哲学へ

自由と主体をめぐる解釈的－歴史的探究

第8章 主体の様式《モード》——坪内逍遥

1 明治の小説家たちが切り拓いた〈語りの空間〉

幾人かの作家は《私たちは何者なのか》を問いながら小説を作り出している——と前章の終盤で指摘しました。例えば明治の文学者・坪内逍遥は、当時日本で行なわれつつあった「小説」という営みを〈人間を描くもの〉と規定します。『小説神髄《しんずい》』*の有名な一節において彼曰く、

小説の主脳は人情なり、世態風俗これに次ぐ。（五〇頁）

ここでは《小説において描くことが目指されるものは第一に「人情」であり、第二に「世態」や「風俗」だ》と言われています。この「人情」は——後で見るように、現代の慣例的用法よりも広く——人間の心理を指しますが、いずれにせよ注目すべきは次。すなわち、逍遥が小説の使命を〈人間にかかわるものを描き出すこと〉と捉えている、と。ここでは《私たちは

何者なのか》が問題になっていると言えます。

＊　岩波文庫、一九三六年、二〇一〇年改版

本章から小説を体系的に取り上げる、とすでに予告しました。ではどのような小説を読んでいくのかと言えば、私たちにとってとりわけ意味のある一群の作品をピック・アップしたい。すなわち、私たちが現在行なうような仕方で世界を語り始めた原初の時代の作品群を、そして日本語で自己を語る営みの歴史の中で決定的な時代の作品群を、つまり近代初期、明治の作品群を、取り上げたい。この選択が恣意的でないのは、明治の小説家たちが切り拓いた〈語りの空間〉の中に現代の私たちが生きているからです。それゆえ、明治時代の作品群を考察することは、同時に私たち自身を考察することでもあります。

本章から文学史上著名な作家たち――坪内逍遥、二葉亭四迷、山田美妙、尾崎紅葉、森鷗外、幸田露伴、樋口一葉、川上眉山、泉鏡花、広津柳浪、島崎藤村、田山花袋、国木田独歩、夏目漱石――を取り上げるので、議論はある意味で「明治文学史」の様相を呈します。じっさい、明治の文学にまったく詳しくないひとにとっては、本書第二部の叙述は〈文学史の勉強〉という副次効果も具えるでしょう。とはいえ、考察はあくまで哲学の視点から為される、という点には注意してください。本書は、自由と主体の哲学へ資する限りで明治の小説家たちを取り上げます。そしてそれによって、現代に生きる私たちが自己を主体として語る仕方の可能性を抽出したいと思います。

本書の第二部で行なわれる探求――明治の小説に即した〈主体〉の物語の探求――は、今後行なわれうるより大きな仕事の出発点でもあります。なぜなら明治の語りを考察することの成果は、大正や昭和のそれの考察を経由して現在の語りの考察へ接続しうるし、あるいはそれ以前の語り方（例えば江戸時代や平安時代のそれ）の探求にもつながりうるからです。《私たちがどのような仕方で世界と自己を語るか》の解明は、ロングスパンの解釈的－歴史的研究を要求しないわけにはいきません。とはいえこの大きなプロジェクトに取り組むには、まずもって決定的な時期の語りの探求を、すなわち現代の「直接的」起源である明治の語りの探求を行なう必要があります。なぜなら私たちにとっては、その探求が始点となり、自己自身をより奥へ奥へと見通していくきっかけとなるからです。

明治の作家たちは、世界と自己にかんする新たな語り方が求められているという転換期において、手引きの無い中でそれぞれが「これぞ」と考える語り方を提案しました。各々が自らのこだわりに導かれ、そのこだわりのもとで先行者を批判し、そしてオルタナティブとして自身の作品を「これはどうだ」と提示する――要するに、明治の作家たちの仕事はそれ自体で「選択」であり、自由な主体的行為だ、ということです。彼ら／彼女らは、主体的に、主体の物語を紡ぎました。こうした自由な実践をこれから追っていきます。

第二部の探求で何が明らかになるかをあらかじめ形式的に述べておきましょう。

坪内逍遥が日本で近代小説の実践を始めてすぐに、二葉亭四迷・山田美妙・尾崎紅葉そして森鷗外が作品を通して〈世界と自己の衝突〉という問題を提示しました。幸田露伴・樋口一葉・川上眉山・泉鏡花・広津柳浪などはそれぞれの仕方でこの問題へ向き合いますが、島崎藤村と田山花袋とがこの問題へ一定の解決を与えます。とはいえ、この解決は必ずしも満足のいくものではない――この点を国木田独歩の作品が明らかにします。そして明治小説史における自己と主体の探求は夏目漱石においてゴールを迎えます。漱石は、哲学的な観点からは、「アイロニー」を鍵概念として〈世界と自己の衝突〉の問題にたいして深い意味の「解決」をもたらしたと言うことができます。

このように本章（第8章）から第14章にかけて、明治文学史を自由と主体の哲学の観点から考察しながら、《私たちは何者なのか》が考究されます。その議論を読解することで、読者の各人も自己の存在のエッジにこれまでになかった彫りを入れることになるでしょう。本書を読むことそれ自体がひとつの自己形成的行為になる――これが実現するように、以下、一歩ずつ着実に探求を進めていきたいと思います。

本章は、坪内逍遥を取り上げ、小説を〈主体のさまざまな存在様式を語る企て〉と特徴づけることを目指します。《小説とは何か》の本書における特徴づけが提示される、ということです。はじめに、逍遥の理論書『小説神髄』を取り上げ、この作家が「小説」をどのような営みと理解していたかを確認します（第2節と第3節）。そのうえで、彼の代表的実作たる『当世書生気質《かたぎ》』を取り上げ、逍遥が〈学生〉という主体の一様式を鮮やかに描き出している事実を見ます（第4節から第6節）。最後に全体を振り返り、哲学書において小説を読んでいくことの意義をあらためて確かめます（第7節）。

本章は第二部のイントロダクションにあたる章であり、明治文学史が取り組む哲学的問題

――すなわち自己と世界との衝突の問題――が登場するのは次章（第9章）です。本章では《小説を読むことで何が明らかになるのか》をあらためて一般的に確認することを目指します。

2 人情という内面心理を描き出す美術としての小説

坪内逍遥から話を始めることは文学史的な根拠をもちます。なぜなら日本の現代的な「小説」概念は、この作家が『小説神髄』で“novel”の翻訳にこれを選んだことに起源を有するからです。* もちろんそれ以前にも〈物語を書く〉という実践はわが国に存在しました。だがそうなると逍遥は、それ以前の〈書くこと〉と、新たな「小説」という実践とをどの点で区別したのでしょうか。はたして小説の新しさはどこにあるのでしょうか。

＊　例えば文学者の安藤宏は「今日われわれの考える近代小説の概念は、坪内逍遥が『小説神髄』（明治一八年～一九年〈一八八五～八六〉）の中で西洋のノベルnovelの訳語として用いて以来、一般化したといわれている」と述べる。（『日本近代小説史 新装版』、中央公論新社、二〇二〇年、一四頁）

結論を先に言えば、逍遥は小説の新しさの核心を「自由」のうちに見ました。すなわち、従来の物語創作は〈読者を道徳的に教育する〉などの効能ゆえに存在意義を認められていたが、小説は道徳などに従属した実践ではない、と。言い換えれば、小説は独自の価値をもつのです。ではそれはどのようなものか。本節と次節で詳しく見てみましょう。

『小説神髄』は小説が「美術」だと述べるところから始まりますが、これは裏返せば《小説は社会的有用性などを本義しない》ということを意味します。例えば曰く、

［…］美術といふものは、他《た》の実用技《じつようぎ》とその質異《こと》にて、はじめよりして規矩《きく》をまうけて之《こ》れを造るべうもあらざるなり。［…］その気韻《きぐらい》を高遠にしその妙想を清絶にし、もて人質《じんしつ》を尚《たこ》うするは是れ偶然の作用にして、美術の目的とはいふ可《べか》らず。（一八頁）

ここでは、たしかに美術作品を鑑賞した結果として人間的な成長が得られることもあるが、これはたまたまの副作用であって、美術の本来の目的ではない、と指摘されています。《美術一般の目的とは何か》はいったん措くとして、第一に注目すべきは逍遥が「美術」と「実用技」を対比している点です。後者は何かしらの「基準（＝規矩）」があらかじめ定められたうえで行なわれますが、前者はそうではありません。では逍遥は美術の本義をどう捉えているのでしょうか。そして彼にとって小説の独自性はどこにあるのでしょうか。

逍遥は美術一般の目的を「只管《ひたすら》人の心目を娯《たのし》ましめてその妙神《しん》に入らんこと」と表現します（一七頁）――ここでのポイントは「只管《ひたすら》」という語です。すなわち、美術には純粋な独立性があり、それはひとの心の目（たんなる身体の目ではない！）をたのしませるという企てに専心するものだ、ということ。ちなみに〈心の目をたのしませる〉という企てには、それを確実に成功させる方法《メソッド》はありません。それゆえ美術に携わる者は、「いかにしてひとの心の目をたのしませるか（あるいはそもそも心の目をたのしませるとはどういうことか）」を問いながら、ひたすら

創作に従事することになります。いずれにせよ美術家の努力はわき目もふらず〈心目を娯ませる〉という目的へ注がれるでしょう。かくして《その作品が社会的に役立つかどうか》などは美術の関心の外に置かれることになります。

以上のように逍遥は美術一般の本義を「人の心目を娯《たのし》ましめ」ることと捉えますが、では小説というジャンルはいかにしてこれを行なうのか。逍遥によれば、それは――本章の冒頭で引用した箇所ですが――第一に「人情」を、そして第二に「世態風俗」を描くことによってです。とはいえ「人情」とは何か。これを説明するさいに作家は前章のビジネスウーマンに関わるような議論を展開します。逍遥曰く、

人情とは人間の情慾にて、所謂百八煩悩《いはゆるひゃくはちぼんのうこ》是れなり。夫《そ》れ人間は情慾の動物なれば、いかなる賢人、善者なりとて、未《いま》だ情慾を有《もた》ぬは稀《ま》れなり。［…］［それゆえ聖く賢い者についても］行ふ所はあくまで純正純良なりと雖《いえど》も、その行ひを成すに先《さ》きだち幾多《いくた》劣情の心《こころ》の中《うち》に勃発《ぽつぱつ》することなからずやは。その劣情と道理の力と心のうちにて相闘《あいたたか》ひ、道理劣情に勝つに及びて、はじめて善行をなすを得るなり。（五一頁、ただし角括弧内の補足は引用者による）

聖く賢いひとは、外から眺めれば、たんにたいていの場合に正しいことを行なっているだけのように見えます。とはいえ――引用が強調するように――その内面には人間ならではの葛藤があります。すなわち、人間の決断においてはつねに、「劣情」と「道理」の戦いがあり、正

しい行為は道理が劣情に勝つ場合に選ばれます。逍遥は、外面に現れないこうした心理の機微の次元を「人情」という語で名指し、《小説はこうした内面を描きとるがゆえに心目をたのしませうるのだ》と主張します。

内面を描き出す――これが逍遥の理解する小説の究極の本義です。そして、この作家によれば、この点で小説は「歴史」や「伝記」と異なります。じっさい、歴史や伝記は「外に見えたる行為の如きは概《おおむ》ね是れを写す」ものですが、それは決して内面の機微に迫ることがありません（五二頁）。おそらく歴史や伝記は、事実から離れるわけにはいかないので、観察のできない内面を語ることには禁欲的であらざるをえないのでしょう。これに対して小説は、虚構を活用して、内面を活きいきと語ることができます。曰く、「人情の奥を穿《うが》ちて［…］老若男女、善悪正邪の心の中の内幕をば洩《もら》す所なく描きいだ」すことが小説の独自性です（五二頁）。これは他のジャンルには行なうことができません。

以上の議論は本書の文脈へさらに引き付けて読むことができます。《聖賢は、その内面で道理が劣情に勝つために、正しい行為を選ぶ》と逍遥が論じるとき、この作家は人間の選択や決断を決して〈物質的因果〉の次元（例えば神経科学の次元）で観察してはいません。むしろ彼の言う「小説」とは、自然の出来事とは異なる心理の次元を認め、人間の行ないをいわば自然の過程から浮かび上がらせる仕方で描こうとする企てです。この意味で、小説は物体や出来事を記述する「科学」とも異なっています。要するに、人間を物体としてではなく何かしらの主体として描くこと、これもまた小説の本義のひとつだ、ということです*。

＊　重要な注意をひとつ。この段落の指摘は「問題的だ（problematic）」と考えるひとがいるだろう。なぜなら小説へ〈主体〉の観念を結びつけることは前時代的な捉え方だという議論がありうるからである。とはいえ本書において〈主体〉が語られ続けることには一定の正当性がある。なぜなら、本書のその原理論のパート（とりわけ第6章と第7章）で、〈主体〉の概念が抹消されえないことを論証によって指摘したからである。それゆえ、〈主体〉を限定的な文脈の内部で消去することなどは依然として可能だが、《もはや私たちは主体を語るべきでない》と主張するには先の論証の瑕疵を見つける必要がある。

3　小説の自立性

以上のように逍遥は、小説はひとの心目をたのしませる美術の一部門であり、それは見通し難い「人情」という内面的心理を描き出すことを本義とするものだ、と論じます。ここで彼が最も強調したいことは何かと言えば、それは《小説は自立した独自の価値をもつジャンルなのだ》という点でしょう。というのも、逍遥の理解では、それまで少なからぬひとが作家の仕事を道徳的な目標に従属させようとしてきたからです。

逍遥は例えば、『八犬伝』の滝沢馬琴《ばきん》は物語へ「勧善懲悪」という道徳的価値を押し付けている、と考えそれを批判します。たしかに――本書の序盤で見たように――《悪しき者は懲らしめられるべし》というのは私たちの自然な期待であり、道徳に適《かな》っています。とはいえこの「勧善懲悪」の原理を鋳型として物語を作ればどうなるか。その場合、逍遥曰く、登場人物は「機械人形《あやつりにんぎょう》といふ者に似」てしまいます（五二頁）。すなわち、各キャラクターが独立の主体として動くのではなく、そのつどの行動があらかじめ定められた「規矩」に導かれてしまいます

（逍遥は『八犬伝』でまさにそうしたことが起こっていると考えます）。それだけではありません。こうした作品をじっくり読むと「偶人師《にんぎようつかい》の姿も見え、機関《しかけ》の工合《ぐあい》もいとよく知られて」どうしても興ざめになってしまいます（五三頁）。これでは心目をたのしませるという小説の目標が達成されません。

問題の核心は何でしょうか。それは、前時代の作家たちが小説の独自性を理解せず、それを道徳的教育――例えば「勧善懲悪」の価値観を教えること――などに役立つ限りで価値があると考えた、という点です。これに対して逍遥は、必ずしも社会的有用性がなくても小説は十分に価値をもちうるし、むしろそうした有用性などないほうが小説の本義が輝く、と考えます。なぜなら、先にも述べたように、それは〈人情という内面を描く〉という独自の業《わざ》に取り組むからです。

逍遥に帰せられる「写実主義」は、こうした小説の自立性の文脈において提唱されます。小説への勧善懲悪の押し付けを批判した後、この作家曰く、

されば小説の作者たる者は専《もっぱ》らその意《こころ》を心理に注ぎて、我が仮作《つくり》たる人物なりとも、一度《ひとたび》篇中《へんちゅう》にいでたる以上は、之れを活世界《かっせかい》の人と見做《みな》して、その感情を写しいだすに、敢《あえ》ておのれの意匠をもて善悪邪正の情感《じょうあい》を作り設くることをばなさず、只《ただ》傍観してありのままに模写する心得にてあるべきなり。（五四頁）

ここでは、外的な価値観にもとづいて登場人物へ善悪を押し付けるのではなく、むしろ各人

物をそれとして（すなわち現実世界のひとのように）「模写する」ことこそが、小説家の仕事だ、と言われています。ここで言う「模写」は先に確認した〈人情という内面を描くこと〉とほぼ同じことですが、何を措いても押さえるべきは次です。すなわち、引用で逍遥は「模写」あるいは「写実」という独自の仕事を指摘することで小説を道徳的目標から解放している、と。小説は決して道徳のためのものではありません。それは自由な、独立の活動なのです。より正確に言えば次。すなわち、物語へ勧善懲悪の訓戒が期待される状況においては、事象に規矩を押しつけることよりも「事象そのものへ！」という運動こそが自由なのだ、と。要するに、「写実主義」は物事を「傍観」し「模写」するが、事実の縛りは必ずしもそれを「不自由」にしない、ということです。

逍遥のこうした小説観は彼の小説――後で読んでいく『当世書生気質』*――の緒言でも提示されます。すなわちこの作家はそこで「小説を以て実用技《ユウスフル・アート》と同視し、美術を以て専らに政事家の機械となさまくする」ことを「実用専門家の妄言《もうげん》」と断じます（一六〇頁）。逍遥によれば、小説は（少なくとも狭い意味の）「実用」に従属しません。繰り返し述べるように、小説は独自のジャンルであって、他のやり方では追求できない何かを目指すものであるのです。

＊　岩波文庫、一九三七年、二〇〇六年改版

4　『当世書生気質』の意義

以上のように逍遥は、道徳的な目標とは独立にある物語創作を「小説」と括り、それを自立したジャンルとして立ち上げます。この文脈で最も重要なのは、この作家がいわば〈自由な語りの空間〉を切り拓いた、という点です。

じつに、彼は――たったいま見たように――自らの小説の方針として「写実」を選び取りますが、この写実主義という立場もまたそれに先んじて彼自身が切り拓いていた自由な場の内部で行なわれる選択の結果に過ぎません。逍遥が「小説」と呼ばれる自律的な語りの様式をぶち上げたおかげで、その後「ロマン主義」や「観念小説」や「自然主義」などのスタイルの選択が可能になりました。逍遥は彼の気質から写実へ向かい、いくつかの作品をものしましたが、彼の不朽の功績は次の点にあると言えるはずです。それは、さまざまな個性が自らの得意を発揮できる〈自由な語りの空間〉を創設したことです。この空間は決してあらゆる作家に写実を押しつけたりはしません。逍遥にとっては写実へ向かうことこそが自由でしたが、他の「自由」もまたありうるのです。

では逍遥は、こうした自由な空間の中で、人間をめぐる物語をどのような小説へ結実させたのでしょうか。この問いが重要なのは、具体的な作品を欠くならばこの作家の「模写」の立場は――どれほど威勢よくこれを「自由だ」と喧伝しようと――看板倒れになるからです。本章の残りの箇所では彼の代表作である『当世書生気質』を読みながら、逍遥の小説が切り拓いた境地を確認したい。その作業に先立ち、同作の文学史的な位置づけを確認しておきましょう。

あらかじめ押さえておくべきは、『当世書生気質』の評価はそれほど高くない、という点です。ではなぜ低評価なのか。その理由は本作がその意図を達成できていないと見なされうるから。より具体的には、『小説神髄』において小説の本義が〈人情という内面を描くこと〉だと述べられたにもかかわらず、『当世書生気質』はそれを実現しているようには見えない、ということ。例えば文学者の中村光夫は『日本の近代小説』*において次のように指摘します。すなわち『当世書生気質』は、

［…］筋立がむかしながらの捨子とりかえ子や兄妹再会を踏襲している点なので、やはり「旧文学」の匂いを強くとどめた作品であり、作者のいう「人情」も通り一遍に描かれているだけであり、作中人物の性格なども「奇癖と平凡とのみを合併」したものにすぎず、人間としての幅も厚味も持たなかった［…］（四二頁）

じっさい——後で確認するように——同作の話の筋は《生き別れた兄妹が再会する》というありきたりのものです。とはいえ決定的な欠点は「人情」の機微を描くに至っていないという点だと言えます。じつに少なからぬひとは、逍遥が小説に課した〈心理の写実〉という仕事を最初に本当の意味で果たすのは続く二葉亭四迷の『浮雲』だ、と考えます。かくしてたったいま言及した中村は、逍遥の「小説革新」について、「外面の華々しい成功にかかわらず、その内容においてこのように不徹底な性格に終わってしまった」と述べます（四二頁）。同作が具えるこの欠点は、本章の第6節で具体的に確認されるでしょう。

＊　岩波新書、一九五四年

では『当世書生気質』に見るべきところはないのでしょうか。答えは「ある」です。すでに逍遥の「小説の主脳は人情なり、世態風俗これに次ぐ」というテーゼには何度か言及しましたが、彼の小説は「世態風俗」を活きいきと描き出すことに成功しています。例えば文学者の安藤宏は、問題の作品について「「人情」すなわち内面心理に充分踏み込めず、「世態風俗」のみの「模写」に流れてしまった」という手堅い論評を行ないますが、*これは逆から言えば《本作は実社会のあり方を模写できている》ということです。そして逍遥による実社会の描写は、今から見るように、人間主体のあり方へ迫る側面をもちます。かくして次のように言えます。『当世書生気質』は（人情を描き出す点で失敗しているかもしれないが）社会のあり方を模写する点で成功している、と。

＊『日本近代小説史 新装版』、三二頁

5 〈学生〉という主体の存在様式

では『当世書生気質』を読み解いていきましょう。同作のストーリーは「ありきたり」だと言えます。そのあらすじは以下。

学業優秀な書生・小町田《こまちだ》はある夜、かつて一緒に暮らしていたお芳《よし》と街で偶然出会う――この女性は幼いころに維新の動乱のため家族とはぐれ、縁があって小町田の家で世話になっていたことがある。お芳はいまや芸者となり「田《た》の次《じ》」を名乗っているが、小町田は（書生であるにもかかわらず！）この女性に恋してしまう。学業と恋愛のあいだで苦悩する書生。彼はけっきょく世間的な価値観のほうを選んでお芳をあきらめることを決意する。

さて、小町田がお芳との関係を相談したことがある学友に守山という者がいるが、このひとは生き別れた妹を探している。そして、いくつかの偶然が重なり合った結果、お芳が彼の妹であることが判明する。かくして物語はハッピーエンドを迎え、小町田・守山・お芳・家族たちが集まって「大団円」の宴会を開く。そして——小町田とお芳がその後どうなるかは分からないが——書生たちは学校を卒業し、各々の道を歩んでいく。

話の筋は以上の通りであり、どうしても「ご都合主義的な」側面は否めません。*その一方でときおり挿入される「世態風俗」の描写はたいへん面白い。以下では、明治の新時代に現れた若者の新しいあり方である「書生」あるいは「学生」を描く箇所に注目したい。なぜなら、その箇所を見ることで、《私たちは世界と自己をどのように語りうるか》の哲学的な理解を深めることができるからです。

＊　この点は逍遥自身も自覚しており、例えばお芳が自分の妹であることを守山が小町田に告げるシーンでこの友人に次のように述べさせる。「何だか小説か仮作《つくりもの》のやうで、我輩も殆《ほとん》ど信じかねた」（二八八－二八九頁）——これは逍遥が自己自身へ向けたアイロニーだと解釈できる。

「学生」というのはごくふつうの言葉ですが、これは捉え方次第で主体のあり方の様式《モード》を表す、いわば存在論的な概念になります。じっさい、時代や文化によって何を「学生」と呼ぶかは異なりますが、〈何者かになるために学ぶ〉という意味の「学生」はあらゆる人間社会に存在します。あるひとが〈学生〉という主体の様式をとるとき、そのひとは現実性よりも多くの可能性を抱えます。すなわち、まだ現に何者でもなく、むしろさまざまなものになることができ、何かしらに現実化することへ向けて自己を研鑽する主体が（存在論的な意味で）「学生」と呼ばれるわけです。

以上はいささか先走った議論ですが、そこには〈本書が小説から読み取りたいこと〉の一般的説明が内蔵されています。自由と主体の哲学に取り組む本書は、小説という主体の物語を読み解くことで、主体のさまざまなあり方——すなわち「存在様式（Seinsmodus）」と呼ばれうるもの——を見ていくことを目指します。ドイツの哲学者ヘーゲルの主著『精神現象学』が精神のさまざまな存在様式を提示するように、本書は小説に即して主体の多様な存在様式を語りたい。『当世書生気質』が鮮やかに描き出す主体の様式は〈学生〉です。

はたして学生は何を選び、何を行なうか。学生はまだ何者でもないので、その行動の少なからぬ部分が社会の決まりや規範からはみ出しています。学生とはある意味で「逸脱への傾向」を具えた存在であり、逸脱を通じて有益な何かを得ることが期待されたりもします。『当世書生気質』のうちでも、例えば「校則」をめぐる学生らしい行動が描かれる。すなわち、書生の任那《にんな》は、学校の寄宿舎へ帰るのが遅くなるであろう須河《すがわ》と宮賀に（ちなみに遅刻のさいには証書を提出する必要がある）「どうせ遅れるならば急いで帰らずに寄席を聴きに行こう」と誘います。以下は牛鍋屋で行なわれたそのやり取り。

任「どうせ後《おく》れた位なら、急ぐべき要《よう》がないではないか。我輩は已《すで》に晩餐《ばんさん》をはつたから、この酒を飲んだら君たちと同伴して寄席《よせ》へでも行かう。」［…］宮「いけないぜ、遅くなると。」須「なにイ、大丈夫ぢゃ。門限は十時ぢゃによつて、少々早う戻ればえいワ、毒くはば皿までぢゃ。行かう行かう。」宮「それぢゃア、そうしよう。」（二八頁）

決まった時刻までに帰宅し勉強に励む、というのがある意味で「真面目な」行動かもしれませんが、学生たちは門限（すなわち締め出されるデッドライン）を計算し、自分が楽しいと思うことをギリギリまで満喫しようとします。なぜなら——彼らや彼女らも気づいているように——そこにもまた勉強が含まれるからです。じつに、学生として生きる時間は人生における実験の時間でもあるので、学生たちは《楽しいことはどこにあるのか》といろいろ試行錯誤せねばなりません。それゆえ逍遥の描く書生たちも、牛鍋屋で肉を食い、洋書で得た最新の知識を語り合います。ここには〈学生〉という主体の様式《モード》の普遍的な特徴が表れています。

以上のような考察が何をしているのか——この点を「メタ的に」説明しておくことは価値があることでしょう。以上はいわば概念的な考察です。すなわち、〈主体〉と〈自由〉の概念の森のうちに〈学生〉という観念を見出し、それと他の木々とのつながり方を透かし見ることでその構造を明らかにする、という具合の考察です。私たちは本書の第一部の原理篇で〈自由〉と関連する概念の木々を見てきましたが、第二部の史的解釈篇では、ある意味で「木を植え替える」と言えるような作業を行なうでしょう。例えば〈学生〉という概念を存在論の茂みに植え込む、ということです。

6 書生の決断を描く

本書の関心からして必ず取り上げなければならないのは、小町田が思い人であるお芳のことをあきらめる場面です。なぜならそれは〈選択〉の場面だから。芸者と親密になって学業をおろそかにしている、という悪いうわさの立った書生は、ある日校長に呼び出され叱責のうえ休学を命じられます。これでは学費を出してくれている親に申し訳がたちません。小町田は父・浩爾《こうじ》からも叱られるのですが、まずその様子を見てみたい。じつに休学を命じられた日、

［…］学校より帰りたりしが、隠しおほすべき事ならねば、父にもその仔細《しさい》を語り聞えて、身の誤《あやまり》を詫《わび》たりしに、浩爾は思《おもい》の外《ほか》痛くは叱らず、ただうつけ者といひたるのみにて、他に一言もいはざりけり。寸鉄《すんてつ》人を殺すとはこれらの謂《いい》にや、なかなかに口やかましく罵《ののし》わめくよりは、人を感ぜしむる力は強かり。（二六五頁）

ここでは、小町田の父が彼を口数多くは罵倒せずただ「馬鹿者《うつけ》」と述べて他に一言もいわなかったが（ひょっとしたら父もかつて一緒に暮らしていたお芳についていろいろと思うところがあったのかもしれません）、それが却って書生を反省させた、と語られます。さてここから小町田はどうするか。校長や父の叱責に促されて世間的価値観のほうを選ぶのか。それとも、そうしたも

のをすべて蹴飛ばして、田の次すなわちお芳を選ぶのか。

この選択が物語の大きな転換点になるのですが、すでに述べたように、小町田は恋愛をあき

らめます。その決断を作者・逍遙は次のように描きます。

［…］人若き時は架空の癖あり、ただひたすらに奇を求めて、身を忘るるに至れる事、ま

ことにおろかなる振舞なり。架空の癖はもとよりして、色恋にのみ限らねども、最も恐ろ

しきは架空の恋なり。［…］佳人才子の奇遇を羨み、そを身の上になぞらえたる、我身の

行のおぞましさよ。さもあらばあれ架空の病は、行はずしては悟るに由なし。行つて後

に非を悟るは、已に後れたるに似たりといへども、智慧浅はかなる凡夫の身にては、これ

を如何ともすべきやうなし。経験は知識の母、蹉跌は覚悟の門。ああ、田の次、我身もろ

とも汝の身は、わがおろかなる架空癖の unfortunate victim（不便な犠牲）でありけるぞや。

今は不実といはるるとも、結句そなたの幸なり。また我ための幸福なり。Pardon me（ゆ

るしてくれよ。）［…］（一六六頁）

ここで小町田はまず、若者には空想癖があり、したがって若者は大恋愛をうらやましがり

《自分もそんな恋の最中にある》と思いがちだが、そうしたものはすべて虚妄である、と断じ

ます。そして彼は、青くさい願望が虚妄であることを悟るには試行錯誤が必要であり、自分も

やってみて（すなわちお芳と逢引し年長者に叱られて）ようやく自分の非に気づいた、と考えます。

こうして小町田は、自らの恋の一切を「架空癖」の結果と捉え、お芳に対しては《自分の架空

癖のせいで迷惑をかけた》と心の中で詫び、彼女のことをあきらめることを決意します。

こうした決心の場面で「人情」という内面を模写できていない、というのが『当世書生気質』の低評価の理由であることはすでに指摘しました。この点の理解をさらに深めるには、先の引用の文体へ着目するのが便利です。逍遥はいわゆる「文語」を採用しており、その結果、その書き言葉は自然な話し言葉から乖離《かいり》しています。じつにこの種の文体は内的心理を写実するには不向きです。例えば、引用中の「今は不実といはるるとも、結句そなたの幸なり。また我ための幸福なり」という小町田の煩悶は、どちらかと言えば「芝居がかった」側面が目立ち、内面のありのままを描写したものとは言えません。かくして〈人情を写生する〉という小説の本義（と逍遥が認めるもの）を初めて実現するのは――次章の話題ですが――いわゆる「言文一致体（話し言葉へ近づけられた書き言葉のスタイル）」の創始者である二葉亭四迷だとされるのです。

とはいえ先の引用は、たしかに人情を描き出すことはできていないかもしれませんが、世態風俗へ迫る力を有しています。なぜならそこでは、いかにも学生が陥りがちな「頭でっかちな」逡巡が写生されているからです。そして私たちはその言葉を追うことで、学生の生態という世態風俗に触れることができます。この点を説明すれば以下。

先に〈学生〉について、それが試行錯誤を本分とすると指摘されました。これは必ずしも、ある制度下で「学生」と見なされるひとびとが一般的に未熟な若者だ、という事実を指すわけではありません。「試行錯誤」という語はむしろ、まだ何者でもないが何者かになろうと努める〈学生〉という存在様式の特徴を記述するものです。例えばすでに何者かであるひとは、世界を捉える自分なりの基準を得ているので、自分がありありと体験している恋愛を「架空癖の結果かもしれない」と疑ったりはしません。すなわち、すでに何者かであるひとは恋愛をまさしくそれと認識する基準を有しているので、あとは《身の丈に合わない恋だ》と得心するか《この身を滅ぼしても悔いはない》と恋をとるかのいずれかしかありません。

これに対して〈学生〉には、自己の見方を更新するために右往左往する特権があります。すなわち、人生の実験期の最中にある学生には、「これは真の恋なのかどうか」と悩む余地があります。そして——ありがちなことだが——小町田のように、本で読んだような理屈をこねくり回して、「これは妄想の産物だ」という言い訳によって自分の気持ちに蓋《ふた》をしたりする。小町田はいずれ後悔するでしょうが、それもまた勉強なのです。

学生とはこのような存在であり、例えば私もまた学生であったときはこのようであった——と『当世書生気質』を読むと感じます。より形式的に言えば、同作は世態風俗としての書生のあり方を写生することによって〈学生〉という主体様式を描き出している、というのがこの作品にかんする私の哲学的評価です。ちなみに、こうした読み方は文学的に必ずしも牽強付会ではありません。例えば文学者の宗像和重《むなかたかずしげ》は同書の新しさについて「その新しさの最も大きな要因が［…］人力車夫と並ぶ新興階級の「書生」に焦点をあて、その千差万別の言行を「気質」として捉えてみせた着眼点にあったことは、疑うことができない」と述べます。*私は哲学的観点から、小説という主体の様式を語る企てにおいて、逍遥は〈学生〉というあり方を描き出した、と言いたい。

＊「解説」（『当世書生気質』、岩波文庫、二〇〇六年所収、三〇九－三二一頁）、三一五頁

もちろん小町田の決心もまた、一歩退いて客観的な視点から見れば――ビジネスウーマンの決断が神経科学的な観点から語られたときのように――〈物体〉の運動と相互作用として描かれうるでしょう。それゆえ逍遥が〈主体〉のレベルで行なった小町田の決心の叙述は、決して唯一絶対のものではありません。とはいえ、《学生とはどのようなあり方の主体なのか》を語ろうとすれば、物体のレベルの記述だけでは不十分です。そのさい私たちは、「科学的な」語り方を離れて、小説の語り（あるいはその他の主体の物語）を採る必要があります。

7 小説が拓いた「語りの空間」

本章で指摘されたことをまとめましょう。

逍遥は「小説」を〈人情や世態風俗を写生する美術ジャンル〉と規定しました――このことの意義のひとつは、人間を「人間」として（すなわち主体として）語る次元を確保したことでしょう。小説はとりわけ自然科学と異なる視角から人間を語ります。それゆえ小説に即して《人間はどのような存在か》を問うことは、自然科学に即してそれを行なうこととは違った成果をもたらします。本書はこの成果を見極めることを目指します。

とはいえ逍遥の「小説」の規定の最大の意義は、それを道徳的目標などに従属しない自立した営みとし、それによって〈自由な語りの空間〉を切り拓いた、という点だと言えるでしょう。

じっさい、「人情を写生する」などと言っても、それが何を意味するかは現実に行なってみるまで分かりませんので、作家たちは《そもそも人情を写生するとは何か》を自問しながら自分が「これだ」と思うことを実行する以外に道を有しません。その結果、小説という語りの空間は、作家たちの選択の空間――すなわち各々の作家が自らの個性に導かれ自己のやり方を選び取るところの「実験的な」空間――になります。かくして（先にも触れたように）、小説においては主体としての人間が描かれますが、小説を書くことそれ自体が主体的行為だと言えます。小説という営みには、作家という主体が《主体とはどのようなものでありうるか》を描く、という興味深い循環があります。

逍遥自身は、こうした選択の空間において、後に「写実主義」と呼ばれるやり方を選び取りました。すなわち、ありのままを模写する、というスタイルです。もちろんこのやり方は本質的に多様である存在の語り方のうちのひとつに過ぎず、逍遥が切り拓いた〈自由な語りの空間〉は彼のやり方へオルタナティブを提示するポテンシャルに満ち溢れています――それゆえ逍遥以後に「写実主義」以外のさまざまなスタイルが現れるのは必然の流れだったと言えるでしょう。とはいえ作家は、書くためには、個別を選び取らねばなりません。逍遥は模写の道を選び、その結果、〈学生〉という主体のあり方を描き出すことに成功しました。

〈学生〉は――言うまでもなく――主体がとりうるさまざまな存在の様式《モード》のうちのひとつに過ぎません。私たちは主体としてさまざまなあり方であることができ、現にさまざまな仕方であります。本書はこうした多様性をそれとして捉えたい。自由と主体の哲学の文脈で敢えて小説を読んでいくことの理由は、まさしくこの点にあります。

第9章

世界と自己の対立——二葉亭四迷・山田美妙・尾崎紅葉

1 文体と世界

科学の言説は人間を物体の次元で記述するが、小説の物語は人間を主体の次元で叙述する——これが哲学的な観点から見るさいの科学と小説の違いのひとつです。それゆえ自由をめぐる探求は、〈自由〉が〈主体〉と次元を同じくする概念である以上、小説の語りへ関心を向けぬわけにはいきません。もちろん小説が人間を語る唯一の仕方ではないのですが、《私たちは何者か》を模索するさいには、少なくともいったんは小説の語りに触れる必要があります。

話の流れをいま一度おさらいしておきましょう。前章冒頭で述べたように、本書は第二部において、私たちの小説的な語りの黎明期の作品群を、すなわち私たちの〈語りの空間〉を基礎づける近代初期（明治時代）の作品群を読解します。すでに近代小説の第一人者・坪内逍遥を取り上げたので、本章はそれに続く三人——二葉亭四迷、山田美妙、尾崎紅葉の作品を考察したいと思います。

まずはこの三人の文学史的位置づけを確認しておきましょう。*

＊　以下の叙述は、前章でも参照した中村光夫『日本の近代小説』の四三－六四頁および安藤宏『日本近代小説史 新装版』の四二－四六頁などを参照した。

外国語学校でロシア文学の知識を得た二葉亭四迷は《日本語で何かを書きたい》と企図し、愛読する『小説神髄』を携えて坪内逍遥のもとを訪れる。そしてこの「春廼舎《はるのや》」と称す先輩作家の協力のもとで『浮雲』を公刊する。この作品は〈話し言葉に近づけられた書き言葉〉たる言文一致体を採用しており、それも関係して大きな成功をおさめる。その一方で尾崎紅葉と山田美妙という（二葉亭より三年四年ほど）若い面々が新しい文学のためのグループを形成しており、美妙はその中で最も早く頭角を現した。彼は短編「武蔵野」を出版し『浮雲』とは異なるタイプの言文一致体小説を世に問うて好評を得る。

とはいえ、この作家の名声は長続きせず、徐々に紅葉のほうが小説家として力を増していく。すなわち紅葉は口語と文語を巧みに併用する雅俗折衷体《がぞくせっちゅうたい》を選び、いくつかの短編で世間に認められる。そして彼は「硯友社《けんゆうしゃ》」――彼自身が学生時代に創設した文学結社であり後に広津柳浪や泉鏡花が参加する――を率いて当時の文学界の（少なくともある領域の）首領的存在になる。紅葉は、さまざまなメディア（新聞や雑誌）で作品を発表しながら、硯友社の仲間へもそうした活躍の場を提供する。彼の晩年の作品『金色夜叉《こんじきやしゃ》』は新聞連載のものであり、その絢爛《けんらん》な文体で描かれる〈欲望渦巻く世界〉はたいへんな大衆的人気を集めた。ただしこの作品は、もっぱらその通俗性のために、文学史上の評価はそれほど高くない。

坪内逍遥に続いて二葉亭四迷・山田美妙・尾崎紅葉を紹介するのは文学史の定石ですが、押さえるべきは《これらの作家が文体の実験期に活動した》という点です。すなわち、すでに逍遥が『当世書生気質』というエポックメイキングな著作を公にしているが、それは海外の最先端の文学と比べるとどうも見劣りがする――もしかすると文語体が表現の幅を狭めているのかもしれない。二葉亭・美妙・紅葉はみな文体の選択から自身の仕事を始めました。そして二葉亭はある種の言文一致体を、美妙は別のタイプの言文一致体を、紅葉は雅俗折衷体を選択しました。一般に異なる文体は異なる世界を描き出します。本章は、「文体」をひとつのキーワードとして、二葉亭・美妙・紅葉のそれぞれの作品を見ていきたい。

本章全体の目標のひとつは「主体」をめぐるひとつの問題を提示することであり、とりわけ、人間を〈主体〉として語るやいなや、人間より強大な「世界」の側が主体を押しつぶそうとしてくる、という関係を摑むことを目指します。じつに真に主体的であることは難しい。なぜなら、世界の一部である人間が主体たらんとすれば、必ずや自己を超えるものとの衝突が生じるからです。それゆえ主体を語る企ては、必然的に、自己と世界の対立を語る営みでもあります。かくして《世界が自己を圧殺しようとしてくる中で、いかにして人間は主体として立ち上がりうるか》を語ることもまた小説の仕事の一部になります。そして――徐々に明らかになるように――この〈世界と自己の対立の問題〉こそが、哲学の文脈で言えば、明治文学史全体が取り組んだ問題なのです。

ちなみに以上の指摘が本章の主張のすべてではありません。例えば以下では、小説という語りの空間が根本的に「多元主義的な」存在論と結びついている、という点も指摘されます。この点を押さえれば本書が（例えば科学の言説ではなく）小説をフィーチャーする必然性もより明確になるでしょう。じつに自由と主体の哲学は、原子や電流などの物理的な存在ではなく、文《ぶん》三《ぞう》や忍藻《おしも》や貫一《かんいち》（後述）というキャラクターへ目を向けたほうがよいと言えるかもしれません。なぜなら小説においては、登場人物の行為や決断が記述されることによって、主体の多様な様式《モード》に光が当てられるからです。

本章は二葉亭四迷の『浮雲』・山田美妙の「武蔵野」・尾崎紅葉の『金色夜叉』を取り上げるのですが、これらはどれも主体と世界の対立を物語るものと解釈できます。以下では、まず『浮雲』と「武蔵野」のそれぞれの内容を追いながら、本章の中心的テーゼのひとつ――《小説の語りは存在論的多元主義の地平で実践される》というテーゼ――を彫琢します（第2節から第6節）。そして最後に『金色夜叉』を取り上げて、世界と主体の対立をめぐる問題へビビッドな輪郭を与えます（第7節から第9節）。

2　言文一致体とリアリズム

二葉亭四迷と山田美妙は言文一致体を創始することで小説の広大な可能性を切り拓いた、というのは文学史の常識的見方です。だが言文一致体という〈話し言葉に近づけられた書き言葉〉を小説で採用するとき、何が生じるのでしょうか。一般に、口語とかけ離れた文語においては、荘厳な語彙や伝統の中で工夫された修辞法が多用されます。逆に言文一致体はこうした要素を大幅に減らします。その結果、言文一致体の小説は読む者に《ここには脚色なしの事実が語られている》と感じさせる効果をもちます。要点を粗っぽく表現すれば次。すなわち、言文一致体の小説は「ありのままの事実」を描き出すのだ、と。

《この言い方のどこが粗っぽいのか》の説明は先送りすることにして、言文一致体がいわば〈ありのまま性〉に関わっている、という点は受け入れやすいと思われます。じっさい本章で取り上げる言文一致体の小説はどれも、現実を脚色なしに描き出そうとする「リアリズム(realism)」の側面をもちます。例えば――これから見るように――二葉亭の小説は人間心理をありのままの次元で描き出し、美妙の小説は冷酷な現実をそれとして淡々と語ります。この点を踏まえると言文一致体の効能は次のように言い表せるでしょう。それはリアリズムの小説を可能にした、と。

以下では(第3節から第6節において)二葉亭四迷の『浮雲』と山田美妙の「武蔵野」をタイプの異なるふたつのリアリズム小説として特徴づけることを目指します。これによって《小説という語りの空間がどのようなものか》の理解がさらに深められるでしょう。

とはいえ、その本題に進むに先立ち注意点がひとつ。一般に美妙ではなく二葉亭こそが言文一致体の真正な開祖と見なされます。だが同時期に言文一致体を試みた二人の大作家のうちの一方だけが第一人者と見なされるのはなぜでしょうか。その理由は、明治から昭和初期にかけて活躍した文芸評論家・内田魯庵《ろあん》がある評伝*の中で説明しています。

＊「二葉亭四迷の一生」、内田魯庵『新編 思い出す人々』(岩波文庫、一九九四年)、所収

魯庵曰く、たしかに美妙も二葉亭と同時期に言文一致の小説をものしているが、両者はタイプが異なる。すなわち、美妙は江戸の戯作などの「国文」の文章に多く触れていたためにこの手の趣味を含む言文一致を創始したが、国文にあまり接しておらずロシア語の文学に親しんでいた二葉亭は却って「国文の因習を脱して思い切って大胆なる言文一致を試みる事が出来た」（二〇頁）。言い換えれば、従来の語り方をいろいろな点で引き継いだ「美妙型」の言文一致体と、そうした語り方の軛《くびき》を逃れた「二葉亭型」の言文一致体がある、ということだ。そして後者のタイプこそがわれわれのあいだで広まっているものに近い。かくして「美妙の功労を十分に認めるとしても、また創始者たる名誉は二人の中のドッチとも定められないとしても、今日の言文一致の宗とするは美妙よりはむしろ二葉亭である」と言える（二一頁）。

じっさい――本章の以下の箇所で確認されるように――現代の私たちの多くも「武蔵野」よりも『浮雲』のほうに自身の語り方との類縁性を見出すでしょう。それゆえ、私たちが過去を振り返って《言文一致体の宗祖は誰か》と問えば、「それは二葉亭だ」と言わざるをえません。言文一致体を試みた作家が複数存在する中で、その功績が二葉亭四迷に帰せられる理由は以上の点にあります。

では二葉亭と美妙のそれぞれの作品を見ていきましょう。

3　『浮雲』における〈世界に翻弄される主体〉

明治二〇年から二二年にわたって分冊で出版された『浮雲』は、お勢《せい》という年下の女性に恋をする男性・内海文三《うつみぶんぞう》の煩悶を物語る作品ですが、はじめにストーリーを確認したい。

父を亡くして家が貧窮に陥った文三は、裕福な叔父の家に住まわせてもらいながら、学校に通い勉学に励む。成績優秀で卒業した彼は官吏の職を得る。しばらくして叔父の娘であるお勢が塾生活を止めて実家――すなわち文三も住む叔父の家――に帰ってくる。文三はお勢のことが好きになり、叔母のお政《まさ》（お勢の母親）もふたりの結婚に前向きになる。だがある日突然、彼自身にはよく分からない理由で、文三は官吏をクビになる。そこから叔母の文三に対する態度は冷たくなる。それにくわえて文三の仕事仲間であった本田昇《ほんだのぼる》（彼は世渡り上手であり役所の集団馘首《かくしゅ》をうまく逃れた）がお勢にアプローチを開始し、叔母も昇のほうを気に入っていく。お勢の気持ちがどうなのかは分からないが、文三から見ると彼女も昇に惹かれているようだ。文三はお勢と話し合うことにするが、ここで作者の筆は止まり、男女のその後が分からないまま本作は幕を閉じる。

『浮雲』はしばしば「未完のまま中絶」したと言われますが、*そのように言うべきかどうかは捉え方次第です。例えば二葉亭自身が続きを構想していた――すなわち、お勢は本田昇に遊ばれたうえ捨てられ、文三はさまざまな不幸のためにアルコール中毒になって精神病院に入る、と予定されていた――という事実に鑑みると、同作は未完だと言えるでしょう。とはいえ、文学者の十川《とがわ》信介が注意するように「読者の側から言えば、発表されたテクストがすべてであり」、**『浮雲』は現に〈文三がお勢と話し合おうと思う場面で終わるテクスト〉として存在しています。この観点から言えば、たしかに文三とお勢がこの先どうなるかは気になりますが、この小説は行く末をオープンなままに終焉した完成品だと捉えられます。

* 中村光夫『日本の近代小説』、四七頁
** 「解説」(『浮雲』、岩波文庫、二〇〇四年所収、三四一－三五二頁)、三五一頁

さて『浮雲』は、本書の関心から言えば、〈理解のできない世界に翻弄される主体〉を緻密に描き出した作品だと言えます。主人公・内海文三は、作品全体を通して、周囲に翻弄されます。そして彼は、そのように振り回されながら、何かを積極的に選び取ることなくむしろ心内で身悶えし続けます。文三は例えばお勢を強引に自分のものにしようと決意したりしません。またクビにされても文句を言おうと決心したりもしません。文三は降りかかる災難をひたすら心の内側で処理します。とはいえ、世界は繰り返し文三の理解を裏切ってくる――この意味で彼は「世界から疎外されている」と言えます。〈世界から疎外された主体〉さらに言えば〈世界に抑圧される主体〉という人格の様式《モード》を描くこと、これが『浮雲』の行なっていることのひとつです。

4 世界は文三の意図や願望にまったく無関心で……

たったいま『浮雲』が〈世界に翻弄されて煩悶する主体〉を描くと言いましたが、じっさい文三が心内でのたうち回る様子はさまざまなシーンで描写されます。例えば彼から免職されたことを聞いた叔母・お政は、その場でさっそく下女のお鍋《なべ》に《文三が職場に持っていくために

準備した弁当は開けて食べてしまって》と伝えますが、その場面は次です。

「文さんのお弁当は打開《ぶちあ》けておしまい
お鍋女郎は襖《ふすま》の彼方《あなた》から横幅の広い顔を差出《さしいだ》して「へー」とモッケな顔付
「アノネ内《うち》の文さんは昨日《きのう》御免におなりだッサ
「へーそれは
「どうしても働《はたらき》のある人《しと》は　フフン違ッたもんだヨ
ト半《なかば》まで言切《いいき》らぬ内　文三は血相を変《かえ》てツと身を起しツカツカと座舗《ざしき》を立出でて我子舎《わがへや》へ戻り　机の前にブッ座《すわ》ッて歯を囓切《くいしば》ッての悔涙《くやしなみだ》　ハラハラと膝へ濫《こぼ》した　暫らくあッて文三はふり落ちる涙の雨をハンカチーフで拭止《ぬぐいと》めた……が　さて拭っても取れないのは沸返《わきかえ》える胸のムシャクシャ　熟々《つらつら》と思廻《おもいめぐ》らせば廻らすほど悔《くや》しくもまた口惜《くちお》しくなる　免職と聞くより早くガラリと変る人の心のさもしさは　道理《もっとも》らしい愚痴の蓋《ふた》で隠蔽《かく》そうとしても看透《みす》かされる（『浮雲』、岩波文庫、二〇〇四年、七三－七四頁）

お政は《文三は出勤しないのだから彼に弁当は不要》という道理に従って下女に「食べて」と言うのですが、文三はこれを屈辱だと感じます。そして部屋へ帰って《叔母はいったい何のつもりだ？》と自問し《彼女は職を失った自分を見下しており、この差別的態度をそれらしい道理で隠しつつ機会を見て自分をいじめようとする》と心の中で納得します。文三は決して行動で以て反撃しようとはしません。彼はとにかく鬱々と考えます。それによって彼は自分を苦しめる世界を理解しようとします。

見逃してはならないのは文体に関わる事実、すなわちたったいま引用した文章の文体と前章で見た『当世書生気質』のそれとが異なっているという点です。逍遥の描く小町田は例えば「今は不実といはるるとも、結句そなたの幸なり」と硬い文語で苦悩しましたが、こうしたスタイルの副作用として、読み手がこの人物の視点に立つのはいささか難しい。これに対して、二葉亭の『浮雲』は文三の心理を口語に近い言葉で表現するので、読者は思わず主人公の立場に身を置いてしまう――例えば先の引用の「熟々《つらつら》と思廻《おもいめぐ》らせば廻らすほど悔《くや》しくもまた口惜しくなる」というくだりを追えば、読者もついつい悔しくなってきます。

前章で〈人情を写生する〉という小説の本義（と逍遥が指摘したもの）を初めて実現したのは二葉亭だと述べられましたが、そうした成功の主因は登場人物の内心を言文一致体で描いたことに求められるでしょう。

ところで文三はなぜクビになったのでしょうか。さしたる理由が作中で明かされることはありませんが、文学者の堀啓子によれば、明治のその時分には役所による突然の「免職」や「非職（すなわち身分はそのままで職務だけ免ぜられて俸給を大幅に下げられること）」が頻繁に行なわれていたらしい。曰く、「免職が人生を狂わせる、というテーマがきわめてタイムリーに受け止められたのは、当時、じっさいに多くの人々が各地で、「さしたる理由もなく」「突然の免職」という事態に直面していたためである」。* この点を踏まえ堀は、『浮雲』が広く読まれたことの原因を「リアルに世相を反映していたため」と指摘します。** 理不尽な免職や非職が吹き荒れる社会の中で、文三の被った苦難は他人事でなく受け止められた、ということです。

＊　『日本近代文学入門』（中公新書、二〇一九年）、三七頁
＊＊　『日本近代文学入門』、三八頁

職を失う、職が得られない、というのは世界と主体のいわば「断絶」を具体化する典型的な事柄だと言えます。そもそも文三は、学生時代には世間の期待に応えるかのように学業に専念し、その努力の結果として卒業証書を得て仕官の口を手にしたのでした。そして親孝行のために郷里の母親を東京へ呼び寄せようとしていた矢先に、訳の分からない馘首。何の咎《とが》があってこのような目に遭わねばならないのか。現代にもたくさんの文三がおり、私もその一人であるような気がします。どれだけ業績を積んでも大学に常勤教員として採用されない――世界が私を拒んでいるかのような心地です。

この点に関連して『浮雲』の面白いところは、本田昇という世渡り上手を登場させることで文三の直面する理不尽に「ひねり」を加えている点です。この男は――文三と違って――道理に合わなくても頭を下げることができるし、出世のためならば阿諛追従《あゆついしょう》も厭《いと》いません。現実の世界において地位を得たいのであれば、昇のやっていることのほうが圧倒的に「正しい」。そして文三が入っていくことができないのは、昇の生きるような渡世の世界です。文三にとって現実は下劣なルールで運営されており、彼はどうしてもそれにのっかることができません。その結果、免職の憂き目に遭ったりするのですが。

このように文三は〈自己にとって理解不可能な世界〉を生きており、それゆえ彼は周囲に翻

弄され続けます。例えば本田昇はお勢へちょっかいをかけ、この女性もまんざらではない様子ですが、こうした出来事が文三をイラつかせます。あるとき文三はさすがに怒って昇に「二階の部屋（文三の自室）から出ていけ、降りろ」と言いますが、そこから話は次のように進みます。

「［…］それじゃ仕様がない降りよう、今何《なに》を言ッても解らない、逆上《のぼせあが》ッているから
［…］
昇も些《すこ》しムッとした趣きで立止ッて暫らく文三を疾視付《にらみつ》けていたが　やがてニヤリと冷笑《あざわら》ッて
「フフン前後忘却の体《てい》か
ト云いながら二階を降りてしまッた　お勢も続いて起上《たちあが》ッて不思議そうに文三の容子《ようす》を振反《ふりかえ》ッて観《み》ながら、これも二階を降りてしまッた
跡《あと》で文三は悔しそうに歯を喰切《くいしば》ッて拳《こぶし》を振揚げて机を撃ッて
「畜生ッ
梯子段の下あたりで昇とお勢のドッと笑う声が聞えた（一七八－一七九頁）

文三は真剣に怒っているのに、昇もお勢もそれとして受け取ってくれません。むしろ梯子段を降りた男女は二階から机をドンと叩く音を聞いて「変なのー」と笑います。二葉亭はこうした場面を語ることで主体のあり方のひとつの様態を抽出しているのだと言えるのですが、それは予

告したとおり〈世界から疎外された主体〉です。文三にとって、世界はあたかも彼の意志や意図を無視するかのように進行します。彼の思いはつねに世界から裏切られます。文三が心の内へとひきこもって鬱々と考えを巡らせることの原因は、世界が彼に耳を貸さないことにもあります。

世界と主体の対立は山田美妙の短編「武蔵野」においても語られます。この作品においては――すぐ後で見るように――何かをしようとしたひとがあっけなくその思いを断たれます。世界は決して主体の意志や意図をその通りに受け入れる存在ではありません。それはむしろ無慈悲なところがあります。そしてこうした世界の「無慈悲さ」には先述のリアリズムのトピックが関連しています。以下、美妙の小説を取り上げながら、文体・〈世界から疎外された主体〉・リアリズムというバラバラの話題を統合していきたい。

5　唐突に容赦がない「武蔵野」

明治二〇年に読売新聞に掲載された山田美妙の短編「武蔵野」はときに彼の「出世作」とされますが、*そこでは二葉亭と異なる言文一致体が試みられています。さっそくその冒頭を引くと次のようなものです。

あゝ今の東京《とうけい》、昔の武蔵野。今は錐《きり》も立てられぬ程《ほど》の賑《にぎ》わしさ、昔は関《せき》も立てられぬほどの広さ。今仲《なか》の町《ちょう》で遊客《うかれお》に睨付《にらみつ》けられる鳥《からす》も昔は海辺《うみばた》四五丁の漁師町でわずかに活計《くらし》を立てゝいた。今柳橋《やなぎばし》で美人に拝まれる月も昔は「入《い》るべき山もなし」、極《ごく》の素寒貧《すかんぴん》であッた。
(『いちご姫・蝴蝶 他二篇』、岩波文庫、二〇一一年、七頁)

ここでは、物語の舞台である「昔の武蔵野」が「今の東京」と対比され、かつての武蔵野の寂しさが現在の賑やかな都との対照のもとで強調されています。押さえるべきは、たしかに文末の「いた」や「あッた」などはこの作品が言文一致体の一種で書かれていることを示すが、『浮雲』と比して同作には修辞への強い拘《こだわ》りが見てとられる、という点でしょう。こうした工夫のために美妙は却って現代の言文一致の宗祖の座を二葉亭に譲ることになるのですが、これはこの作家の文体が劣っていることを意味しません。美妙の文にはそれ自体の長所を具えています。ではその長所は何か。

* 十川信介「解説」、(山田美妙『いちご姫・蝴蝶 他二篇』、岩波文庫、二〇一一年所収、四六一―四七三頁)、四六三頁

美妙の文体の卓越性を説明する仕方は複数あると思われますが、当時の批評家の代表格・石橋忍月《にんげつ》――『浮雲』を高く評価したことでも有名な人物――は「シルレルの文は内より發《はっ》し、ゲエテーの文は外より應《おう》ず」と指摘して次のように述べます。

予今山田美妙齋氏の文を見るに大《おおい》にシルレルに類するの傾きあるが如し。氏の文は外より

応ずるより寧《むし》ろ内より發する者多きが如し。氏は外物の刺劇に假《か》らずして、專《もつぱ》ら思考力想像力を以《も》ッて其文を構造するが如し。(『石橋忍月評論集』、岩波文庫、一九三九年、五三頁)

忍月が指摘するように——加えて今から見るように——美妙は内的な想像力を駆使して、いわば今・此処《ここ》とは異なる世界を描くタイプの小説家です(これは例えば二葉亭が自分の生きる「現在」を語ったのと対照的です)。そして、今・此処とは異なる世界へ読者を誘い込むためには、文章上の工夫が不可欠だと言えます。例えば「武蔵野」は南北朝時代という遠い昔を語りますが、これを読ませるためには過去と現在を接続する工夫が必要となります。冒頭のかつての武蔵野と現在の東京の対比は、そのための修辞的な装置だと解することもできます。

さて「武蔵野」は、ふたたび本書の関心からすれば、〈世界から疎外された主体〉を描くと言えます。評論家の橋本治は山田美妙の作品について「唐突に容赦がない」と述べますが、*じっさい「武蔵野」も主体の意志を挫《くじ》く残酷な世界を描きます。世界は主体の期待に応じず、あたかも彼あるいは彼女を拒絶するかのごとし——まずはあらすじを確認しましょう。

* 『失われた近代を求めて 上』(朝日選書、二〇一九年)、八六頁

足利軍と南朝を支える新田軍とが争う頃、若い武士とその義父が新田方に加勢しようと武蔵野の山野を進んでいた。だが彼らはたまたま足利方の軍隊に行き会ってあっけなく命を落とす。他方で二人の武士を送り出した二人の女性(若い武士の妻とその母)は家で新田軍の敗北のうわ

さを聞きたいへん心配していた。そして武芸におぼえのある若妻は、いてもたってもいられず、夫のところへ行かんと鎖帷子《くさりかたびら》を装備して家を飛び出す。娘が戦場へ向かったことに気づいた母は彼女の身を案じるが、そこへ旅の武士が訪れる。彼は彼女の夫と義理の息子が死んだことを伝える。加えて彼は来る途中で鎖帷子をつけた女性が熊に襲われて死んでいるのを見たと言うが、それで母は娘の死を知る。

これはたしかに「唐突に容赦がない」と言われうる小説であり、先述の橋本治は「へんてこりんな小説」とも評しています。* とはいえリアリズムというトピックと結びつければ同作の容赦のなさも理解可能です。「武蔵野」では、例えば主君への忠義のために立ち上がった武士が戦場に辿り着く前に死ぬという冷酷な出来事が描かれていますが、こうしたことは実際の世界で頻繁に起こっているでしょう。突然の死――これはどう考えても「不条理」ですが、それはリアルな世界の一部です。

* 『失われた近代を求めて 上』、八五頁

6 「ありのままの世界」のさまざまなバージョン

徐々に要点が明らかになってきました。主体の意図や願望に対する世界の無関心というのはリアリズムの重要な部分です。以下、『浮雲』と「武蔵野」の比較を通じて、小説という語り

の空間の本質のひとつへ迫りましょう。

美妙の描くキャラクターは、二葉亭の文三と比して、勇敢であり行動的です。例えば若い武士の妻――名を「忍藻《おしも》」と言う――は乱世のゆえに薙刀《なぎなた》の訓練を積んでいたが、彼女が夫を助けることを決断する場面は以下のように描かれます。

この儘《まま》でやゝ少焉《しばらく》の間忍藻《おしも》は全く無言に支配されていたが、その内に破裂した、次の一声《ひとこえ》が。

「武芸はそのため」。

その途端《とたん》に燈火《ともしび》は弗《ふつ》と消えて跡へは闇が行亘《ゆきわた》り、燃《もえ》さした跡の火皿が暫時《しばらく》は一人で晃々《きらきら》。

（二六頁）

夜の暗がりの中で沈思する女性は徐々に自分の運命を意識するようになります。いま自分の夫は危機に瀕している。自分は薙刀に長けている。いったい何のために戦いの練習をしてきたのか。忍藻は《自分が戦闘訓練をしていたのはこの機会のためだ》と考え、家を飛び出し夫のところへ向かいます。そして、「唐突に容赦がない」展開ですが、途中で獣に襲われて死にます。「忍藻御《おしもご》は熊に食われてよ」（三四頁）という村人の会話が小説の最後の言葉です。

文三が理解不能な世界と向き合って鬱々と考え続けるのに対して、忍藻は決断のうえで行動し、その意図にそぐわない仕方で死にます。ここには「消極的／積極的」の違いがありますが、それでも〈世界によって拒絶される〉という共通点があります。一般に人間を主体として語ることは、〈主体〉が自立した何かを意味する以上、世界と主体の衝突を語ることでもあらざるをえません。そして、世界は強大である以上、主体は何かしらの「挫折」を定められていると言えます。この点を踏まえると、内面へ逃避する文三と、決断して死ぬ忍藻とは、〈世界から疎外あるいは抑圧されて挫折する主体〉のふたつの典型的な様式《モード》を代表していると理解できます。

「武蔵野」における美妙の言文一致体は、人間にとって「冷淡な」世界をそれとして描き出すことに寄与しています。例えば彼は死体の転がる武蔵野を次のように語ります。

この様な処《ところ》にも世の乱《みだれ》とて是非《ぜひ》もなく、この頃軍《いくさ》があッたと見え、其処此処《そここここ》には腐れた、見るも情《なさけ》ない死骸《しがい》が数多く散ッているが、戦国の常習《ならい》、それを葬《ほおむ》ッてやる和尚《おしよう》もなく、ただ処々《ところどころ》にばかり、退陣の時にでも積まれたかと見える死骸の塚が出来ていて、それには僅《わずか》に草や土や又は敝《やぶ》れて血だらけになッている陣幕などが掛かッている。（七－八頁）

ここでは死んで物言わなくなった人間たちが写生されています。美妙の筆致は――敢えて印象批評を述べれば――冷徹に観察的であり、その冷やかさが語りの内容を生々しくもリアルに提示します。ここで看過してはならないのは、美妙が描き出すリアルな世界は、二葉亭が内面の煩悶の記述を通じて提示するリアルな世界とタイプが異なる、という点です。『浮雲』の世界は悶々としているが血腥《ちなまぐさ》さはなく、「武蔵野」の世界は血と死が充満するも粋な諦めがあります。このように「リアルな世界」と言ってもそれは一様ではありません。かくして次の点が指摘できます。すなわち、世界をありのままに描くというリアリズムの姿勢は決して〈単一の客観的世界を正確に写し描くこと〉ではない、と。

ではリアリズム小説は何をしているか。この点を理解するには事態を逆に考えるほうがよいでしょう。例えば美妙については《彼が想像のもとで描く世界はその観察的な文体によって何よりもリアルなものになっており、ドライな筆致が読む者をして肉塊散らばる野原をそこにあるかのように感ぜしめる》と考えるほうがよい。ここにも科学的言説と小説のひとつの違いがあります。世界の唯一の客観的なあり方を写し取ろうとする科学の言葉と異なり、小説におけるリアリズムはむしろ世界を「ありのまま」の相のもとに語らんとする姿勢のことです。こうした姿勢のもとでは、世界が語りに先立つことはなく、世界は語りと共に立ち上がります。かくして小説の世界では「ありのままの事実」なるものもまた、それをありのままに語らんとする文体を通じて私たちの前に姿を現します。

それゆえ「リアルな世界」という言葉はひとつですが、その内容は一様でありません。じっさい先にも強調したように『浮雲』の描くリアルな世界と「武蔵野」の描くそれはまったく異なる表情をもちます。本章の序盤で「言文一致体の小説は「ありのままの事実」を描き出すのだ」という言い方が粗っぽいと言われたのはこういうわけです。むしろ正確に言えば次のようになるでしょう。すなわち、言文一致体の小説は「ありのままの事実」のさまざまなバージョンのひとつを描き出すのだ、と。

以上の点を指摘することで私は何を言いたいのか。究極の要点は、小説という語りの空間が本質的に「多元的」だ、という点です。事物を「ありのまま」に写し描こうとするリアリズムの小説家ですら、それぞれの選択のもとで自分にとっての「ありのまま」を語り、それによって異なるリアルな世界を語りあげます。なぜそうなるかと言えば、主体を語るという小説の営みがそれ自体で主体的行為（すなわち個々の作家の選択にもとづく行為）であるからです。けっきょく――ここは意見が分かれうるところですが私自身の考えを強く打ち出せば――小説は決して〈世界を一枚の絵で描き切ること〉を目指す営みではありません。それはむしろ、存在論的な多元性あるいは多様性の空間の中で、それぞれの作家が「これぞ！」と考える世界を「これでどうだ」と提示する営みなのです。

7 尾崎紅葉と『金色夜叉』の敗北

ここまでの指摘をまとめましょう。

言文一致の文体は、世界を装飾なしに語ることにおいてリアリズムという〈世界をありのままに描こうとする姿勢〉と軌を一にするが、かかる姿勢のもとではもっぱら世界と主体の衝突がクローズアップされる。なぜなら主体の意志や願望に無関心な世界こそが、そして彼女あるいは彼の思いをどこかの段階で挫く世界こそが、「リアル」であると言えるからだ。他方で「ありのままの世界」という言葉はひとつでも、その描かれ方にはバリエーションがある。小説は存在論的な多元主義のもとで主体と世界を物語る営みであり、『浮雲』や「武蔵野」などはそれぞれ「ありのままの事実」の異なるバージョンを切り出しているのである。

以上を踏まえて、本章は最後に尾崎紅葉の『金色夜叉』を取り上げます。というのもこの作品も〈世界と自己の対立〉を主題のひとつとしているからです。さらに言えば、紅葉自身が世界と対決して敗れ去る作家だと言えるのですが、彼の挫折は晩年の作『金色夜叉』においてその深淵を極めます。とはいえ――ぜひとも強調したい点ですが――以上は決して紅葉が価値の低い作家だということを意味しません。むしろ彼はある意味で華々しく散るのであり、その生の軌跡は（文学的な評価は別として）哲学的に興味深い示唆を含みます。以下、確認していきましょう。

はじめに文体について。紅葉は地の文が文語であり会話は口語といういわゆる「雅俗折衷体」で有名ですが、はたしてこうした文体の選択の意図は何でしょうか。彼自身が語るには、文体をめぐって「色々気を揉みぬいた末」に「我にも判断のならぬかゝる一風異様の文体を創造せり」とのこと。* このように彼自身が《自分でも是非を判断できない文体だ》と述べているので、そこに実験の意図があったことは明らかです。とはいえ紅葉の雅俗折衷体の選択はより広い文脈から意味づけすることもできます。

* 『二人比丘尼 色懺悔』（岩波文庫、一九四五年）、一〇頁

考えるべき問いは次。すなわち、すでに二葉亭や美妙などが言文一致体の小説をものして成功を収めているにもかかわらず、なぜ紅葉は文語の要素の含まれる雅俗折衷体を採用したのか、と。これにかんしては文学者のドナルド・キーンが面白い仮説を立てており、それによると、

［…］このころ、維新いらいの西欧への無批判的な従属を脱して古い日本への復古を目ざそうという動きが各界に起こり、無意識的にもせよそれに影響された［…］。（『日本文学史 近代・現代篇一』、中公文庫、二〇一一年、二一四頁）

ということ。言い換えれば、明治初期以来の欧化主義へのバックラッシュとして生じた日本再評価の流れの中で、紅葉も（無意識的にかもしれないが）古典調の雅《みやび》な文体を小説に取り戻そうとした、となります。私はキーンの仮説の正しさを判定する材料を持ち合わせていませんが、いずれにせよ《紅葉は言文一致体の平明さに抗して古文の典雅さを保持しようとした》というのは確かでしょう。じっさい後で見るように紅葉の文体は、二葉亭のそれと比せば圧倒的に、また美妙のそれと比しても段違いに、壮麗であり高尚である古典の風味をたたえています。そして文章の優雅さを守ろうとする紅葉の努力は、表現が平明さを志向していた当時においては「反時代的」と言えるものでした。

もちろん紅葉はいろいろな点で成功した作家です。しかしながら――次が注目したい事柄ですが――例えば先述のドナルド・キーンはこの小説家の最後の作品である『金色夜叉』を手厳しく評価します。曰く、

『金色夜叉』は、社会学者にとっては面白い研究対象かもしれないが、きらびやかな雅文調描写によってはもう感動しなくなっている現代読者にとっては、もはや空疎なものでしかない。（『日本文学史 近代・現代篇一』、二三八頁）

ここでは、紅葉が好んだ「きらびやかな雅文」が後の時代には表面的な虚飾と捉えられるようになる、と指摘されています。ひょっとすると『金色夜叉』は、発表当時の世俗的人気とは対照的に、時代によって乗り越えられるべき作品であったと言えるかもしれません。このように紅葉の作家生活にはある種の「敗北」の様相が伴います。最終的に敗れ去る作家、というのが紅葉にかんしてありうる評価のひとつです。

とはいえ以下の議論は「ひねり」をもうひとつ具えます。たしかに紅葉は「敗北した」と言えるかもしれません。以下ではそれを肯定的に捉えたいと思います。世界と戦えば負けるのは必定であるが、じつに負け方の中に輝く何かが存することがあるのです。こうした〈主体性の輝き〉については第二部全体を通じて考究されることになるでしょう。

8 世界との戦いに主体の勝利はない

『金色夜叉』* のストーリーは有名です。

* 『金色夜叉 上』、岩波文庫、一九三九年、二〇〇三年改版、『金色夜叉 下』、岩波文庫、一九三九年、二〇〇三年改版

早くに父母を亡くした間貫一《はざまかんいち》は、父と縁のある鴫沢《しぎさわ》の家に世話になっており、学業に励み

間もなく学士号を得るところである。彼と鴫沢家の娘・宮《みや》は恋人の関係にあり、娘の両親もふたりの関係を認めている。だがある日、銀行の御曹司である富山唯継《とみやまただつぐ》が宮に求婚し、富豪生活に惹かれる娘はこの結婚に前向きになる。裏切られたと感じた貫一は、拝金主義的な世界に復讐するため、敢えてお金のみが道理である世界へ飛び込む。すなわち彼は、勉学と出世の道を捨て、高利貸しになる。金銭の理に準じて、かつての学友の知人からも容赦なく取り立てを行なう貫一はまるで「夜叉」のようである。彼は次第に金力を得るが、その一方で充実感はない。とはいえそんな彼も、たまたま出会ったお金で困っている男女を助けることになり、徐々に心の闇を晴らしていく。そして、あるとき宮から貫一へ手紙が届き、そこには後悔の念と赦《ゆる》しを願う気持ちが綴られていた。ここで話は終わる。

本書の関心のもとで見逃すことができないのは、貫一が文三や忍藻には思いもよらないことを試みる、という点です。じつに彼は世界に反抗しようとします。すなわち、貫一は世間を覆う拝金主義の空気によって憂き目をみるのですが、それを機縁として自らも《お金が第一》という価値観を生きることを決意します。ところでなぜこれが「反抗」と言えるのかを説明すれば、じつに学校を辞め高利貸しになることを決めたとき貫一が次のように考えただろうからです。すなわち、自分が身を捧げる拝金主義は、決して世界から押し付けられたものではなく、むしろ自らの意志で選び取ったものだ、と。言い換えれば貫一は、世界の奴隷としてではなく、拝金主義を主体的に生きんとします。そして、このようにして彼は世界をいわば「出し抜こう」とします。

以上のように『金色夜叉』の主人公はまっとうな生き方を捨てていわば「修羅道」に進むこ

とを決意するのですが、決心のシーン（これは同時に貫一が宮を見限るシーンでもある）は必ず引いておかねばなりません。


「ああ、私はどうしたらよかろう！　もし私《わたし》が彼方《あっち》へ嫁《い》ったら、貫一さんはどうするの、それを聞かして下さいな。」

木《き》を裂《さ》く如く貫一は宮を突放《つきはな》して、

「それじゃ断然《いよいよ》お前は嫁《ゆ》く気だね！　これまでに僕が言っても聴《き》いてくれんのだね。ちえ、腸《はらわた》の腐《くさ》った女！　姦婦《かんぷ》!!」

その声とともに貫一は脚《あし》を挙《あ》げて宮の弱腰《よわごし》を礑《はた》と蹴《け》たり。地響《じひびき》して横様《よこさま》に転《まろ》びしが、なかなか声をも立てず苦痛を忍びて、彼はそのまま砂の上に泣伏《なきふ》したり。［…］

「宮、おのれ、おのれ姦婦《かんぷ》、やい！　貴様のな、心変《こころがわり》をしたばかりに間貫一の男一匹はな、失望の極《きょく》発狂して、大事の一生を誤ってしまうのだ。学問も何ももう廃《やめ》だ。この恨《うらみ》のために貫一は生きながら悪魔になって、貴様のような畜生の肉を啖《くら》って遣《や》る覚悟だ。［…］」

（上、九〇－九一頁）


貫一は宮を「姦婦」と呼んで蹴り飛ばします。女性を暴力で圧倒しようとするその男性的行為も含めて、文学者の杉本秀太郎《ひでたろう》は貫一を「男の自尊心にだけこだわりつづけ、意地を張っているつまらない男に見え」ると評しており、*それはまったく正当な指摘だと言えます。その一方でこの場面について、貫一は宮にのみ復讐しようとしているわけではない、という点を摑むことは重要です。この男性は「貴様のような畜生の肉を啖って遣る」と言いますが、これは(宮を含む）無数の貪欲の徒への宣戦布告と解することができます。すなわち、自分も拝金主義の世界に飛び込んで、そこで生きる者たちに自分と同じ辛酸を嘗《な》めさせてやる、ということです。

＊「解説」、『金色夜叉（下）』（二四九－二六五頁）、二五八頁

かくして貫一は高利貸しになり、自分をどん底へ突き落とした世界への逆襲を企てるのですが、この戦いに勝ち目はありません。なぜなら、個々の主体が自ら選んだ拝金的生き方のもとで他人を打ちのめせば打ちのめすほど、世間にはびこる拝金主義の「正しさ」が裏打ちされてしまうからです。

具体的に考えてみましょう。例えば貫一は、何かしらの事情で連帯保証人となった男性・遊《ゆ》佐《さ》――このひとは貫一の学友の知人と判明する――を執拗《しつよう》な取り立てでもって追い詰めますが、この男性が高利貸しへ反撃し切れないのは《借金は必ず何かしらの仕方で返済されねばならない》という世間の理《ことわり》のためです。要するに、金の理屈のおかげで貫一は優位にある、ということ。こうなると主人公の置かれた状況は「皮肉な」ものだと言わざるをえません。というのも、金の亡者にやられっぱなしにならないために貫一は敢えて他人を金銭的苦しみに陥れるのですが、彼のやっていることはけっきょくこの世の拝金主義のいわば「手のひらの中で踊る」ことだからです。

ここで押さえるべきは、主体が世界の中に存在する以上、世界は主体が文字通り「反抗」できる何かではない、という点でしょう。世界は無慈悲に主体を圧倒してくるので、彼女あるいは彼は世界にやり返したくなります。とはいえ——ここが重要ですが——世界に対して「反抗」しようとする主体は、その手段や資源を世界のうちに求めざるをえません。その結果、自らが「世界への反抗」と見なす仕事に成功すればするほど、世界の側に存する理の正しさが証明されます。それゆえ貫一は、金を手にすればするほど、自分のやっていることに虚しさを覚えます。そして彼は「ああ、こんな思をするくらいなら、いっそ潔《いさぎよ》く死んだ方がはるかに勝《まし》だ」と嘆くことになります（上、二二七頁）。

9　貫一と紅葉の照応

はたして貫一はこうした無間地獄からいかにして抜け出すのでしょうか。救いは彼自身の意図を超えたところからやって来ます。

貫一はあるとき仕事で栃木県の温泉地を訪れるのですが、そこでたまたま一組の若い男女に出会います。このふたりは金銭問題に直面しており、女性が身請けに応じれば難局はさしあたり乗り切れるらしい。とはいえ彼女は嫌な相手に身を任せるくらいなら死んでしまったほうがいいと考えており、男性のほうも「情婦《おんな》の躰《からだ》を売ったお陰で、ようよう那奴《あいつ》らは助っているのだ」などと噂されるのは耐え難いと言います（下、二二二頁）。そしてふたりは毒を飲んで心中しようとしている。こうした不幸な成り行きに貫一はかつての自分を重ね合わせるのですが、話を聞いた彼はついに「ふっきれた」決断を下します。

二人の男女にたいして貫一謂《い》いて曰く、

今は死ぬ所でない、死ぬには及びません、三千円や四千円の事なら、私がどうでもして上げます。」

聞訖《ききおわ》りし両箇《ふたり》が胸の内は、諸共に潮《うしお》の如きものに襲《おそ》われぬ。いまだ服《ふく》さざりし毒の俄に変じて、この薬となれる不思議は、喜ぶとよりは愕《おどろ》かれ愕くとよりは打惑《うちまど》われ、惑うとよりは怪《あやし》まれて、鬼乎《おにか》、神乎《かみか》、人ならば、如何なる人乎と、彼らは覚えず貫一の面《おもて》を見据えて、更にその目を窃《ひそか》に合せつ。四辺《あたり》も震うばかりに八声《やこえ》の雞《とり》は高く唄《うた》えり。（下、二一五頁）

貫一は、自分でも説明できない何かに突き動かされ、私財で男女を救うことを決心します。こうした選択は拝金の世の中ではありえないことであり、作者もそれをひとつの驚異と見なして、男女をして「鬼乎《おにか》、神乎《かみか》、人ならば、如何なる人乎」と感嘆をあらわにせしめます。これ以降、貫一の心は穏やかさを取り戻すのですが、ただしこれは決して世界に対して彼が勝利したことを意味しません。じっさい、男女を助けるために貫一が用いる大金は高利貸しで儲けたものであって、皮肉なことに《彼は拝金主義的な世界のルールのおかげで他人を救うための手段を得ることができた》と言えます。この点を踏まえると、貫一はけっきょく世界の手中で翻弄され続けた、と解釈できます。

とはいえ同時に強調すべきは、紅葉の雅俗折衷体が貫一の敗北に美しい花を添えている、という点です。金色の夜叉となった貫一が自分にとって得にならない仕方で自らの財産を手放す、という行為のうちに作者は卑近でない何かを見出すのですが、それを表現するには平易な口語体では足りません。むしろそれは古文体の典雅さで以て表現されるにふさわしい何かでしょう。引用末尾の「四辺も震うばかりに八声の雞は高く唄えり」という情景描写は、書き手の意図どおり読者をどこかしら荘厳な場所へ連れていきます。

しかしながら――議論の最後のひねりとして付け加えるに――読者をして卑近でない世界へ入らしめるからこそ紅葉は（少なくともいったんは）時代に敗れ去ることになると言えます。なぜなら彼の生きた時代は文章がますます平易になっていく流れにあり、紅葉の技巧的な文体は間もなく「時代遅れ」と見なされる運命にあったからです。例えば彼の死後に文名を揚げる田山花袋は硯友社の首領の作品を「鍍金《めっき》文学」と腐しました*――こうした評価の公平さの有無は措くとして、世界が紅葉の作品を時代遅れのものとする方向に進んでいたことは事実だと言えるでしょう。

＊　中村光夫『明治文学史』（筑摩書房、一九六三年）、一一〇頁

以上の議論を通じて何が言いたいのかというと次です。すなわち、拝金主義の世界に反撃を試みて勝利を得ることのない貫一と、文体が平明化・卑俗化する時代に抗って古典的な文体を選ぶ紅葉とのあいだには、無視できない照応がある、と。そしてこれは〈世界と自己の衝突の

問題〉と呼びうる事柄に関わっています。

主体がそれとして立ち、世界や時代に逆らおうとすれば、そこには主体と世界との大きな摩擦が生じます。とはいえ、世界とぶつかり合う以外に自己が主体として生きる術がないとすれば、もはや砕け散ることを覚悟して自らの選ぶべきものを選ぶしかないでしょう。紅葉の『金色夜叉』は、ほぼ必定の結果として時代遅れのものになりましたが、それでも同作は――文学史的な評価は別として――作者の主体的決断の結晶である点において否定できない魅力を具えています。というのも、「反時代的」であることをものともせず、自分の選んだ道をまっとうしているからです。この意味で紅葉は、例えばキーンの作品評はどうあれ、『金色夜叉』を書くことによって自己の主体性を輝かせていると言えます。この〈主体性の輝き〉については、先に触れたように、次章以降さらに踏み込んで論じられます。

ここまでの議論で押さえておくべきは、世界と自己の対立の問題というものがある、という事実です。じつに、主体がそれとして立つやいなや、それを凌駕する世界との対立もまた生じます。かくして主体としての自己はつねに世界という「問題的な」対手と向き合わざるをえません。そして、小説という自立的な「美術」が主体を描き出す術である以上、小説家が〈世界と自己の対立の問題〉を考察するのは必定だと言えるでしょう。これから見ていく明治の文学者たちもこの問題に取り組むことになります。

第10章 挫折と生の輝き——森鷗外・幸田露伴・樋口一葉

1 主体性が輝くとき

坪内逍遥が小説を独自のジャンルとして立ち上げ、それによって〈自由な語りの空間〉が切り拓かれました。そして、その空間の中で二葉亭四迷や山田美妙や尾崎紅葉はそれぞれが「これぞ」と考える語りを提示するのですが、そうした中でひとつの問題が姿を現しました。それは主体と世界の衝突をめぐる問題です。

そもそも主体的であることは決して容易なことではありません。この点をリアリズムの小説は明確化するのですが、じっさい「ありのままの」世界は主体の意図や願望をそのまま叶えてくれるようなものではないでしょう。むしろ、主体が何かを欲すれば欲するほど、世界はそれに対する障壁として立ちふさがります。

例えば、文三は自己をとりまく世界を必死で理解しようとしましたが、周囲の者の行動は却って彼を翻弄します。あるいは、忍藻は夫を助けるという英雄的決断を行なうのですが、結果は熊に襲われての死です。さらに《お金がすべてだ》という世間への反撃を試みた貫一も、拝金主義的な世の中の道理のおかげで他人を救うための手段を得たのであり、けっきょく世界の「手のひら」の中でひとり相撲していたと言えます。文三・忍藻・貫一はそれぞれ自己の選択と行為の主体として生きていますが、同時に世界の壁に突き当たって挫折します。こうなると《主体として生きることは不可避的に挫折へ至るのか》という問いも生じます。

ちなみに前段落の議論は《なぜ自由と主体の哲学は小説へも目を向けるべきか》の説明の一部になっています。なぜなら、例えば科学の言説だけに焦点を絞り、物体の運動ばかりを語る場合、文三・忍藻・貫一らに即して描き出される〈主体の挫折〉などは、探求のスコープに入ってこないだろうからです。じっさい、科学の語りに定位して敢えて「世界の抑圧」を論じようとすれば、せいぜい〈自然法則と自由の対立〉や〈進化的に獲得された行動傾向性と自由の対立〉などが考察されるに留まるでしょう（これはこれで重要な考察ですが、そのさい〈法則〉や〈傾向性〉と〈自由〉とが次元を異にする概念であることは必ずや留意されねばなりません）。自由と主体の哲学は、ときに科学の言説に定位する必要がありますが、ときに小説の語りへ目を向けることも必要なのです。

さて――話を戻すと――主体は必ず挫折するのでしょうか。この問いへは、少なくとも部分的には「然り」と答えないわけにはいきません。なぜなら有限存在に過ぎない人間主体は、遅かれ早かれいずれかの段階で、自己の力の限界に突き当たるからです。この点を踏まえると文三・忍藻・貫一の挫折はどれも「必然的な」事態だと言うことができ、そして二葉亭・美妙・紅葉の各々は世界の必然的な側面を語っていると理解できます。要するに彼らは〈挫折〉という主体の宿命をそれぞれの仕方で描き出しているのです。

とはいえ以上の指摘――すなわち《主体としての人間は不可避的に挫折する》という指摘――は、決して人間を主体として語ることの無益さを示すわけではありません。むしろそれは主体の物語への挑戦や試練と解されるのがよいでしょう。言い換えれば、《いかにして私たちは真に主体的でありうるか》という問いは、不可避的な挫折という人間主体の運命を見据えたうえで答えられるべきだ、ということです。主体と世界が衝突するとき、構造的に言えば、世界はいずれかの水準で必ず「勝利」します。ただし人間主体の側も負けっぱなしではありません。じっさい、そうでしょう。比喩的に言えば、勝ち目のない世界との対立の中で、主体がそれとして「輝き」を放つときがあります。私たちはすでに尾崎紅葉の生に即してこの点に触れましたが、本章は〈主体の生の輝き〉の事実をじっくり確認することを目指します。

具体的には、森鷗外と幸田露伴と樋口一葉を取り上げます。なぜこの三人かと言えば、これら作家の作品を並べて考察することによって《どのようなときに主体の生は輝くのか》のひとつの理解を形成することができるからです。じつに主体は自分の人生を思い通りにしようとするとき却って自己を喪失する――そして、何かしら「魔」のようなものに身を委ねるとき、人知を超えた仕方で自己が救われる。こうした連関を三者のそれぞれの作品を通じて見ていきたいと思います。

本章の議論の構成は以下。はじめに、森鷗外の「舞姫」を取り上げ、世界と主体の対立をめぐる問題をより深い次元で定式化します（第2節から第4節）。次に、幸田露伴の『五重塔』と樋口一葉の「大つごもり」をそれぞれ取り上げ、《挫折だけが主体の運命ではない》という点を確認します（第5節から第9節）。そして最後に、これからの章で取り組まれる問題が提示されます（第10節）。本章の議論を通じて行為者の主体性が「輝く」瞬間が現にあるのだ、という事実が示されるでしょう。

2 「近代的自我」の覚醒と挫折

明治文学史のうちに森鷗外を位置づけることには若干の難しさが伴うのですが、その原因は彼が複数の時期にいろいろな作品を残している点にあります。例えば三好行雄が編集した『近代日本文学史』*には、ドイツ留学から帰国後の明治二三年（一八九〇年）に「舞姫」というセンセーショナルな作品を世に問うた「初期の鷗外」と、しばらくのあいだ筆を折っていたがふたたび実作へ向かい円熟味のある作品をものした明治四〇年代の鷗外とが分けて論じられています。この明治の巨匠にかんしては、どの時期のどの作品を取り上げるかによって評価も微妙に異なってきます。

＊　有斐閣双書、一九七五年

本書は「初期の鷗外」の「舞姫」を取り上げることを選びます。というのも――繰り返し強調した点とかかわりますが――この作品は〈世界と主体の問題〉へひとつの「ひねり」を加えるものと言えるからです。じつに同作では《世界へ妥協することが却って主体の破滅を招来する》という皮肉な関係性が描かれます。本書の関心からして、この作品は必ずや考察せねばなりません。

「舞姫」*のあらすじは大半の読者にとって既知でしょう。官費でドイツに留学する太田豊太郎《おおたとよたろう》が踊り子エリスと道ならぬ恋に落ち、出世コースから外れる。そして彼は焦燥する。たしかに愛情ある生活には幸せがあるのだが、前途に希望を抱くことができない。そんな中、天方伯《あまがた》とのコネができ、祖国で返り咲くチャンスが得られる。豊太郎は妊娠中のエリスを捨てて帰国することを選ぶ。彼の決断を知った女性は発狂する。豊太郎は帰国する船の中でこの出来事を思い出し「人知らぬ恨《うらみ》」**が自分を悩ませるなどと考えながら独り苦しむ。

* 紅野敏郎他編『日本近代短篇小説選 明治篇1』、岩波文庫、二〇一二年

** 一四七頁

さて、日本近代文学史上の「舞姫」の位置づけはどのようなものでしょうか。ひとつの読解は主人公の覚醒の場面——すなわち日本にいる時分には親や教師や上司の言いつけのとおりに勉強や仕事をしていた豊太郎が、ドイツで《自分はたんなる機械ではなく自分の人生を選ぶことのできる主体だ》と気づく場面——に注目します。じつに「舞姫」の語り手たる豊太郎曰く、

［…］余は父の遺言を守り、母の教《おしえ》に従ひ、人の神童なりなど褒《ほ》むるが嬉しさに怠らず学びし時より、官長の善《よ》き働き手を得たりと奨《はげ》ますが喜ばしさにたゆみなく勤めし時まで、たゞ所動的、器械的の人物になりて自ら悟らざりしが、今二十五歳になりて、既に久しく

この自由なる大学の風に当りたればにや、心の中なにとなく妥《おだやか》ならず、奥深く潜みたりしまことの我は、やうやう表にあらはれて、きのふまでの我ならぬ我を攻むるに似たり。（一五〇頁）

このようにドイツの大学の自由な空気に触れた後の豊太郎は、かつての自分を〈他者の期待へ応じるだけの機械〉と責めるようになります。そして、外国の法律を調査するだけの「所動的な」態度を改め、「大学にては法科の講筵《こうえん》を余所《よそ》にして、歴史文学に心を寄せ」て高踏的な学問へ熱心に打ち込むようになります（一五一頁）。

こうした主体性への目覚めが活きいきと描かれている点に「舞姫」の近代文学史上の意義があることは否定できません。それゆえ（すでに何度か参照した）文学者の安藤宏は、かつて「舞姫」にはいわゆる「近代的自我」が覚醒していく場面が描写されていると解釈されてきた、と述べます。*とはいえ、ここで安藤が「かつて」と修飾している点には要注意です。なぜなら、安藤の示唆するように――そして本書でもこれから見るように――「舞姫」における〈近代的自我の覚醒〉はより大きなストーリーの一部に過ぎず、同作はより大きな視野から読まれるべきだと強調されるのが現在の文学史の通例だからです。そしてその大きな話の流れとは、覚醒した自我が挫折していく過程です。

＊『日本近代小説史 新装版』、四〇－四一頁

3 豊太郎の悲劇性

以下、豊太郎が「破滅」していくプロットを追っていきますが、そこで摑みたいのはこの男性と文三・忍藻・貫一との違いです。四人のキャラクターはみなそれぞれの仕方で挫折するのですが、豊太郎のそれはある意味で「悲劇性」が強いと言えます（どういう意味かはあとで説明されます）。そしてそのために「舞姫」は、自由と主体をめぐる哲学にとって根本的に重要な作品になっています。順を追って確認しましょう。

踊り子との交際というスキャンダルのために主人公は公職を失するのですが、その後の物語は以下のように続きます。

知人の相沢謙吉（天方伯の秘書でもある）の助けがあり、豊太郎は通信員という職を得て生計を立てる術を確保する。そこから彼は新聞の原稿を書く仕事を続ける――だがそれまで通りの学問ができず悶々とする。そんな中、相沢から天方伯という有力者を紹介される。豊太郎はこの政治家の手伝いをしっかりとこなし、気に入られることに成功する。あるとき、天方伯から「ロシアへ同行するか」と問われ、それに従う。そして豊太郎はかの国の都ペテルブルクで華やかな生活のうちに身を置くことになる。

エリスのために栄達の道を捨てた豊太郎ですが、ロシアでふたたび公的な活動の楽しみに触れ、彼の心は揺れ始めます。いったい自分はこのまま通信員としてくすぶっていたいのか。ほんとうは華々しい世界で活躍しながら生きたいのではないか。とはいえ、国へ帰って出世の道を歩むためには、道ならぬ恋はすべて清算せねばならない。——このように豊太郎は煩悶します。そんな彼にあるとき天方伯は「われと共に東にかへる心なきか」と問います（一七一頁）。ふたたびエリートコースに乗るチャンスが来たかもしれない、そしてこれは最後のチャンスかもしれない、ということです。

豊太郎は文三・忍藻・貫一とある側面において大きく性質を異にするのですが、それはこの洋行者が《人間はいかに主体的になろうとも決して世界から自由になれない》と気づく点です。例えば彼は、愛するひとと自分の出世とのあいだで悩む自己を反省しながら、次のように嘆きます。

あゝ、独逸に来し初《はじめ》に、自ら我本領を悟りきと思ひて、また器械的人物とはならじと誓ひしが、こは足を縛して放たれし鳥の暫し羽を動かして自由を得たりと誇りしにはあらずや。足の糸は解くに由なし。さきにこれを繰《あや》つりしは、我某省の官長にて、今はこの糸、あなあはれ、天方伯の手中にあり。（一六九頁）

ここでは、自分は《ドイツに来て自由になった》と考えていたが、じっさいのところは誰かに依存しなければ自分の望みを実現することのできない無力者であった、と嘆かれています。注目すべきは、この事実に気づいている点で豊太郎は例えば貫一よりも一歩進んだところにいると言える、という点でしょう。じっさい貫一は《男女を救うための手段が自分の忌み嫌う拝金主義の道理によって得られた》という皮肉な事実を嘆きませんが（彼はこの点を深刻に受け取っていません）、豊太郎は《自分の成功が自分の忌み嫌う世俗的権力の力を借りなければ実現しえない》という事実に身悶えします。そして、貫一より一歩進んでいるために、豊太郎は却って「悲劇的」です。なぜなら進んだ認識のために豊太郎は〈成功をあきらめるか、自分の嫌うものへ身を委ねるか〉の究極の選択を迫られるからです。

4 妥協と自己喪失

ここからどうなるでしょうか。周知のとおり（そして先にも述べたとおり）豊太郎はエリスを捨てて帰国することを選びます――ここで、自分の成功のための選択が却って自己を破滅させる、という点は無視できません。豊太郎の主体性を喪失させるところの彼の決断のシーンは次です。天方伯に「一緒に帰国するか」と手を差し伸べられ、

［…］もしこの手に縋《すが》らずば、本国をも失ひ、名誉を挽《ひ》きかへさん道をも絶ち、身はこの広漠たる欧州大都の人の海に葬られんかと思ふ念、心頭を衝《つ》いて起れり。あゝ、何らの特操なき心ぞ、「承《うけたま》はり侍り」と応へたるは。（一七一頁）

豊太郎は《これが「名誉」を取り戻す最後のチャンスだ》と考え、それまでエリスへ向けられていた想いを翻《ひるがえ》し――この心変わりのために彼は自分を「特操ない（浮気だ）」と見なす――「承知しました」と答えます。そして、こう答えたおかげで、彼は帰国してふたたび世間

の認める「成功」のレールに乗ることができました。

このように豊太郎は世界と妥協します。すなわち、いったん《出世こそが人生の成功だ》という世の理《ことわり》に背を向けてエリスとの愛に殉じようとしたにもかかわらず、栄達への未練のために自分にとって最も大切なものを踏みにじります。この代償は大きく、以後、豊太郎は自分に「幻滅」し続けるでしょう。中村光夫はこうした「自分自身にたいする不信の念」が「舞姫」の究極の主題だと解釈します。* この点を説明すれば以下。

* 『日本の近代小説』、六七頁

一見したところ『浮雲』の内海文三の境遇と「舞姫」の太田豊太郎のそれは似ています。というのもどちらも勉強のエリートであり、いったんは公職を得るからです。とはいえ、文三は世界から拒絶され続けて絶望に陥りましたが、豊太郎は世界に妥協して闇に堕ちます。この点を踏まえて中村は《文三よりも豊太郎のほうが悲劇性が大だと言える》と指摘しますが、その理由として曰く、

［…］太田［豊太郎］も文三と同じく一種の虚脱状態に陥りますが、文三と違って自己への幻滅からきているだけに、この内心の痛手は彼の社会的栄達によっても埋めることができないものです。（六七頁）

世界と反目することでいったん失った「成功」への足がかりを、豊太郎は世界と妥協することで取り戻します――とはいえ、それを取り戻した瞬間に彼は自分を信じられなくなり、自己自身を失います。なぜならこのエリートはその後、最愛のひとを捨てた者として、すなわち自らが最も大事にするひとを自分の意志で裏切った者として生きざるをえないからです。かくして豊太郎はもはや自分へ深い不信を抱かざるをえないのですが、中村はこのあり方を「生きる内面の原則を喪った」状態と表現します(六八頁)。自己利益のために世界と妥協しそれによって却って自分を喪失すること。これが豊太郎の行なったことです。

「舞姫」はひとつの難問《アポリア》を提示していると解釈できます。何度も述べるように、世界と主体とが対立するとき、主体に勝ち目はありません(というのも主体は世界の一部であらざるをえないから)。とはいえ――鷗外が描き出すように――主体が世界へ妥協するとき却って取り返しのつかない自己喪失が生じます。こうなると世界と自己の対立の問題も先鋭化せざるをえません。はたして主体は自己を守りうるのか。世界と主体が衝突するときに、主体の側の挫折や破滅以外の結末はありうるのか。

この問いに対して、本章の残りの箇所では《いかにして破滅を避けうるかはいったん措くとして、事実として主体性が破綻しないケースがある》と答えたいと思います。すなわち、踏み込んだ分析は次章以降に譲るとし、ここでは幸田露伴や樋口一葉の作品を見ることで《個々人の力を超えた「魔」のようなものによって個人が主体として輝くときがある》という点を確認したいと思います。人生はいつか必ず挫折へ落ち込んでいくのですが、決してそれがすべてではありません。本章の残りの箇所では、挫折や破滅の不可避性は私たちを絶望させるには十分でない、という点も明らかにします。

5 「魔」の重要性

いまから露伴と一葉の各々の作品を読んでいきますが、はじめにいくつかの歴史的な事柄に触れておきたいと思います。

明治文学史の通例として、尾崎紅葉が率いる硯友社と並び、森鷗外や幸田露伴たちがつくる「根岸派」が初期作家集団として紹介されます。とりわけ露伴は「世間からは常に紅葉の好敵手と目され」ていたのであり、* 若きふたりが活躍した時代は「紅露時代」と呼ばれたりもしました。

* 中村光夫『明治文学史』、一一一頁

露伴は電信技術を身につける学校を卒業したあと北海道で電信技手として働きます。とはいえ、逍遥の『当世書生気質』や『小説神髄』の出版に刺激を受け、職を捨てて明治二〇年(一八八七年)に東京へ戻ります。* そして、そのころに世の注目を浴びていた美妙や紅葉とは異なる作風——後でみるように〈理想〉を追求する精神を描く作風——の小説を公にして作家界に独特の地位を得ます。露伴の作品で最も著名なものは『五重塔』でしょうが、この作品では〈理想を追い求める職人〉の姿が描き出されます。

＊　坪内祐三『慶応三年生まれ七人の旋毛曲り』（講談社文芸文庫、二〇二一年）、一二一－一二二頁および一五七頁

露伴が作家として成功を収めたころ、貧窮で苦労していたのが一葉です。父が借金を残したままに逝き、わずか一七歳で一家の主となった一葉は、家族を養うためにとにかく金を稼がねばなりませんでした。彼女は例えば吉原の近所で駄菓子屋などを始めるのですが（遊郭の近くは商売に便利だからでしょう）、そこでの貧しいひととの触れ合いが一葉の筆致へ何かしらの影響を与えていることは歴史家の多くが認めるところです。彼女は、硯友社でも根岸派でもなく、ロマンチシズムを基調とする雑誌『文学界』で活躍し、そこで「大つごもり」などの有名な作品を残しています。

以下、露伴の『五重塔』および一葉の「大つごもり」を取り上げますが、《なぜこれらの作品なのか》の理由はすでに述べられています。すなわち、これらは人間の主体性にとっての「魔」の重要性を示す作品であり、その点において自由の哲学はそれらを考察しないわけにはいきません。『五重塔』の十兵衛と「大つごもり」のお峯（それぞれ後述）は、「舞姫」の豊太郎の為しえなかったことを為します。鷗外の提示した難問の解答の一部が露伴と一葉の作品のうちのそれぞれに見出されうる、ということです。

6 「奇蹟」のようなものを呼び寄せる

『五重塔』*のあらすじは以下。

* 岩波文庫、一九二七年（一九九四年に改版）

腕は立つが世渡りの下手な性格のために「のっそり」とあだ名される大工・十兵衛は、川越の源太――この親分にのっそりは何度も仕事を世話してもらっている――が感応寺の五重塔の建設を任せられたという話を聞く。この大仕事をどうしても自分でやりたい十兵衛は、感応寺に押しかけ、寺の上人《しょうにん》に「ぜひ自分に命じてくれ」と懇願する。そこで上人は別の日に源太と十兵衛をともに寺に招いて「二人で相談せよ」と言う。気を利かせた源太は十兵衛に「自分が補佐でお前が主任でよい」とさえ譲歩するが、世渡り下手は「自分ひとりでやりたい、さもなければ辞す」と頑固である。けっきょく、いろいろ考えた源太は上人へ「十兵衛にすべて譲ってもよい」と伝え、寺の主はのっそりに五重塔建立の事業を任せる。

異例の仕方で棟梁に推挙された十兵衛だったが、彼の下で職人たちは働き渋る。そんな中、源太のところで働く男のひとりが積もった不満を爆発させ、のっそりを懲らしめようと工具を武器に襲いかかり、その左耳を削ぐ。だが主人公は耳を失った次の朝もせっせと働き、これを見た職人たちは彼の言うことを聞くようになる。そして五重塔は完成する。

話はまだ終わらない。塔の評判はすこぶるよい。とはいえ、しばらくして家々を破壊する未曾有の暴風雨がやってくる。寺の関係者は五重塔が倒れないかを心配し、十兵衛を呼びにやる――《倒壊を防ぐための何か対策をせよ》ということだ。呼びに来た僧に対してのっそりは「倒れる可能性はない」とやはり頑固である。僧は「上人も心配している」と嘘をつき、十兵衛は「あの上人様が自分を信用していないのか」と嘆き、「それならば」と塔へ向かう。そして、ある意味で狂気の沙汰だが、雨風吹き荒れる中で彼は五重塔の最上階の欄干の前に立つ。塔が倒れれば自分も死ぬ、自分はこの塔に命を賭けている、ということである。はたして塔は持ちこたえるのか?! ――後に感応寺の五重塔は、あの暴風雨のときも「釘一本ゆるまず板一枚剝がれざりし」*と語り継がれる。

＊　二一五頁

はじめに強調しておくべき点は次です。すなわち、『五重塔』が描き出す〈主体〉のあり方の様式は、ここまで取り上げた小説におけるいずれとも異なっている、と。例えば文三や豊太郎と異なり、十兵衛は内面の懊悩《おうのう》に入り込んでいくことがありません。それゆえドナルド・キーンは、のっそりの性格の非内向性を強調し、彼が意志を外的対象に向けると指摘して「いったん五重塔建立に全生命を打ち込んでしまうと、なにものも彼をその完成への情熱から引きはがすことはできない」と述べます。*加えて十兵衛は、忍藻や貫一とも異なり、世界との衝突の中で挫折することがありません。というのも彼は何かしら「奇蹟」のようなものを呼び

寄せて暴風雨の中の五重塔と共に生き延びるからです。この点についてキーン曰く、

十兵衛は、それまで建物の設計一つしたことのない、職人を宰領した経験さえない平大工である。ところが藝術への精進と非常な努力により、人生の生き甲斐を求めようとする情熱によって、奇蹟を呼び込む。**

ここでは、のっそりが「精進」や「努力」や「情熱」によって嵐に遭っても板一枚はがれない仏塔を建てた、と指摘されており、こうした「奇蹟的な」達成は文三・忍藻・貫一・豊太郎のどの物語にも見られなかった事態です。とはいえ――ここで私たちは問いたくなりますが――いったい十兵衛の何が異なるのか。それは〈魔〉という概念で説明できます。

* 『日本文学史 近代・現代篇 一』、二八七頁

** 二八八頁

7 十兵衛の決断の逆説

十兵衛の主体性が「輝く」と言える具体的な場面の確認へ進みましょう。

先に述べたように、もともと五重塔を建てる仕事は源太が引き受ける予定でした。それにも

かかわらず十兵衛は「自分にやらせてくれ」と上人に訴えます。これはある意味で主人公の「利己的な」要求ですが、文芸評論家の桶谷秀昭《おけたにひであき》も指摘するように、*のっそりの行動には「エゴイズム」を超えた何かが現れています。じっさい、十兵衛はいったん五重塔の仕事を諦めて文字通り「泣き寝入り」するのですが、そこから翻意するときの出来事を次のように語ります。

［…］泣きながら寐《ね》ましたその夜の事、五重塔を汝《きさま》作れ今直《すぐ》つくれと怖《おそ》しい人に吩咐《いいつ》けられ、狼狽《うろたえ》て飛び起きさまに道具箱へ手を突込《つっこ》んだは半分夢で半分現《うつっ》［…］（二二五頁）

十兵衛は、自分の意志を超えた何かから「五重塔を作れ」と命じられ、そこから直談判に行くための勇気を得ます。ここで押さえるべきは、大工が自分の意図を超えた何かに導かれている、という点です。ちなみに先述の桶谷は夢として現れた「怖しい人」を「デエモン」と解釈しています。**のっそりは「魔的な」ものに導かれているわけです。

* 「解説」（『五重塔』、岩波文庫、一九二七年、一九九四年改版所収、一二七–一二四頁）、一二〇頁

** 一二〇頁

人知を超えたデーモンに導かれる『五重塔』の主人公のあり方は、作者である幸田露伴の実人生と重なるところがあります。北海道で電信技師として働いていたころの露伴が、坪内逍遥の作品に触れてショックを受けたことはすでに述べました——ここからどうなるかについては

評論家の坪内祐三が熱っぽく叙述しています。

このショックは露伴の中に、不思議なエネルギーとしてたまって行く。そのエネルギーが、ある量に達した時、露伴は、業務途中にして、東京への帰郷を決意する。（『慶応三年生まれ七人の旋毛曲り』、一二二頁）

もちろん東京へ帰ったところで小説家として身を立てられる保証はありません（じっさい彼は帰ったあと一年以上くすぶります）。だが露伴は安定した職を捨て、小説を書いて生きるという茫漠とした可能性のほうに賭けます。彼の選択はほとんど「合理的」とは言えず、むしろ「デーモンに導かれている」と形容したほうがしっくりくるでしょう。露伴は、十兵衛と同様に、自分のコントロールを超えた何かに身を委ねています。

けっきょく大役を任ぜられ、それをやり遂げた十兵衛ですが、彼の渾身《こんしん》の「作品」に対して自然の力が襲いかかります。世界は決して主体の思い通りにはさせません。無慈悲な自然はつねに人間を押しつぶすことができるのであり、五重塔も暴風雨の脅威を免れない――建物を襲う雨風を駆り立てる自然の「声」を露伴は擬人化して次のように描きます。

［…］汝ら彼らの智慧を讃せよ、すべて彼らの巧みとおもへる智慧を讃せよ、大《だい》とおもへる意《こころ》を讃せよ、美《うるわ》しと自らおもへる情を讃せよ、協《かな》へりとなす理を讃せよ、剛《つよ》しとなせる力を讃せよ、すべては我らの矛の餌《え》なれば、剣《つるぎ》の餌なれば斧の餌なれば、讃して後《のち》に利器《えもの》

を餌《か》ひ、よき餌をつくりし彼らを笑へ［…］（一〇五－一〇六頁）

ここでは自然が、雨や風を「汝ら」と呼び、人間という「彼ら」を弄《もてあそ》べと駆り立てています。人間は建物をたて、都市をつくる。汝ら、この仕事をまずは褒め称えよ。なぜなら、汝らが破壊する対象の価値が増せば増すほど、汝らの暴力行為は意義深くなるからだ。このようにして世界は――擬人化を解いて言えば――人間の意図や願望に配慮することなく激しく渦動します。そして、例えば台風や地震や津波によって、ひとびとの多年の努力はしばしば無に帰します。

世界と衝突するとき人間主体に勝ち目はない、という点はすでに繰り返し強調されました。では十兵衛の場合はどうなるのか。「魔的な」ものに導かれる彼は、けっきょくのところ、暴風雨の禍を切り抜けます。彼は五重塔の最上階へあがって自然の猛威とにらみ合うのですが、そうした「不合理な」決断をくだすのっそりの心の動きは以下です。

［…］十兵衛といふ愚魯漢《ばかもの》は自己《おのれ》が業《わざ》の粗漏《てぬかり》より恥辱《はじ》を受けても、生命《いのち》惜しさに生存《いきながら》へてゐるやうな鄙劣《けち》な奴《やつ》ではなかりしか、如是《かかる》心を有《も》つてゐしかと責めては後《あと》にて弔《とむら》はれむ、一度はどうせ捨つる身の捨処《すてどころ》よし捨時《すてどき》よし、仏寺を汚《けが》すは恐れあれど我《わ》が建てしもの壊《こわ》れしならばその場を一歩立去り得べきや［…］。（一一二頁）

ここで十兵衛は、自分の命の存続へのこだわりを捨て、五重塔と運命をともにすることを決心しています。結果として、塔は無傷で済み、のっそりも命をつなぎとめます。《この顚末をどう理解すべきか》は後で考察することにして、ここでは次の対比を摑んでおきましょう。それは、自分の利益のために世界と妥協した豊太郎が自己を失ったのに対して、自らの生命への執着を捨てて「魔的な」ものに身を委ねた十兵衛は生き延びた、という対比です。ここには「逆説」と呼べるものが姿を現していますが、これが何であるかの理解を深めるのが本書の残りの箇所の課題です。自己をあきらめた人物が却って自己の主体性を輝かせる――こうした「逆説的な」事態の意義を明らかにしたいのです。

8 「正直律儀」の欺瞞性

十兵衛は「魔」を夢に見てそれに導かれましたが、こうしたデーモンはもっとささやかな仕方でひとを誘うことがあります。そしてそうした事柄を描き出すのが一葉の短編「大つごもり」*だと言えます。この作品のストーリーは以下。

* 『大つごもり・十三夜 他五篇』、岩波文庫、一九七九年、所収

両親を失ったお峯《みね》は、伯父の家に世話になったあと、裕福な山村家の女中として働く。ある日彼女が暇をもらって伯父の家を訪ねると、たいへん困窮した様子であり「二円なければ年を越せない」と言う。そしてお峯に奉公先から借りてきてくれないかと頼む。彼女は伯父に御恩

があるので借金を乞う役目を引き受けて山村の邸へ戻る。夫人にお願いすると、さいわい何とか貸してくれそうだ。

とはいえ話はスムーズには進まない。年末ということで山村家には放蕩息子・石之助が帰って来ている。そしてこの男が家のお金を無心するために夫人は機嫌を悪くしてしまう――その結果、彼女は「貸すと言ったわけではない」とお峯との約束を反故《ほご》にする。どうすればよいか。お峯は罪人になる覚悟を決め、誰にも見られていないことを確かめ（居間にいる石之助はこたつで寝ているから心配ない）、二〇円入った帳箱から二円を盗む。その後、夫人はたまたまお峯にあの帳箱の二〇円をとってこいと命じ、女中は「もはやこれまで」と覚悟する。そして残りの一八円だけをとりに箱の引き出しをあけると、何と、中身は空っぽ。箱をひっくり返せば紙切れが一枚ハラリと落ち、そこには「ここのお金も借りました 石之助」と書かれてある。家のひとたちはみな「放蕩の若旦那が勝手にもっていった」とあきれて、お峯が罪を疑われることはなかった。

この作品については文学者・前田愛の簡にして要を得た解説があるのですが、* そこでは真面目に働いて倹約し蓄財することの欺瞞的な側面へ光が当てられています。お峯の主体性の「輝き」という話題を見る前に、前田の批評を確認しておきましょう。

＊ 「解説」（『大つごもり・十三夜』、岩波文庫、一九七九年、一六五－一七九頁）、一六九－一七一頁

山村家の亭主と夫人はともに堅実な人格であり、彼らは蓄財への努力を通じて裕福さを保っ

ています。前田愛はこうしたひとびとと放蕩者・石之助を対比します。じつに、この道楽者は貧しい家の者と共に宴会をしたりするのですが、文学者曰く、

この貧者との交歓は、「正直律儀」を表に立てて金銭の利殖に打ちこんでいる山村家の蓄積の論理につきつけられたあからさまな挑戦であり、そのかぎりで石之助の浪費は、「正直律儀」の擬制のもとに貧者を抑圧してはばからない山村家の贖罪を代行していることになる。(一七〇頁)

前田によれば、「正直律儀」を看板とする蓄積の論理は〈多くの貧者を生み出す〉という負の側面をもっています。そして生家を嫌う石之助の放蕩はこの論理に対する反抗として〈貧者の側に立つ〉という意味をもちます。もちろん山村家は意図して貧者を虐《しいた》げているわけではありません。とはいえ一葉の筆は、お峯の奉公先の裕福さと彼女を世話した伯父の家の貧しさを対比することで、暗示的に「蓄積の論理」の欺瞞性を暴露します。

前田の議論はここから興味深い展開を見せますが、彼によると、

一方、「正直は我身の守り」と自ら言い聞かせているお峯は、盗みの行為に踏みきったとき、こうした山村家の欺瞞から解き放たれ、強請の好機を待ちかまえていた石之助とのあいだにひそかな共犯関係が成立する。(一七〇頁、ただし傍点強調は原著者による。なお「峯」と「峰」は底本でも混在している)

言い換えれば、伯父のために二円をくすねるお峯の盗みと、生家への反抗としてお金を要求する石之助の強請《ゆすり》とが、重なり合って「正直律儀」の理屈を凌駕する、ということ。じっさい、仮に石之助の無心がなかったとすれば、お峯のやったことはあっけなく露見して罰せられることになる犯罪に過ぎなかったでしょう。そして石之助の放蕩は、お峯を救うという意味をもつ点で、蓄積の論理への正当なアンチテーゼたりえるのです。このようにお峯の行為と石之助のそれは併せて理解される必要がある――このことを明快に指摘する点で前田の解説は卓越していると言えます。

9 覚悟の意義

お峯が二円を盗むに至るには相応の理由があるのですが、それでも《泥棒は泥棒だ》という点は看過してはなりません。それゆえ、仮にこの女中の行為に何かしら「輝き」があるとしても、それは決して盗みを成功させたことに関わりません。最終的に彼女は罰せられずに済みましたが、お峯にかんして見るべきところは結果以外の何かなのです。ではその何かとは何なのか。以下、この点を説明しましょう。

休みをもらって帰ってきたお峯を伯父、伯母、そしてその息子で八歳になる三之助は歓待します。貧窮のために贅沢はできませんが、お峯の好物の「今川焼」などをご馳走してくれました。ところで、話を聞くと――伯父が病気で臥せっていることは先立つ手紙で知っていたが

——まだ子どもに過ぎない三之助も今や勉強の合間に働いているらしい。伯父は次のように語ります。

> お峯聞いて呉《く》れ、歳は八つなれど身躰《からだ》も大きし力もある、私《わし》が寐《ね》てからは稼《かせ》ぎ人《て》なしの費用《いりめ》は重なる、四苦八苦見かねたやら、表の塩物《しほもの》やが野郎と一処《いつしよ》に、蜆《しゞみ》を買ひ出しては足の及ぶだけ担《かつ》ぎ廻り、野郎が八銭うれば十銭の商ひは必ずある、一つは天道《てんだう》さまが奴《やつこ》の孝行を見徹《とほ》してか、兎《と》なり角《かく》なり薬代は三が働き、お峯ほめて遣《や》つて呉れ［…］（二三頁）

大黒柱が病に臥せっているときでもお金が必要なのは変わらない——「お金」という制度の無慈悲な側面のひとつです。かくして、大人の儲けで足りなければ、子どもが働かざるをえません。伯父の家ではまだ八歳の少年が蜆を売って薬代を稼いでいるとのこと。この事実を知ったお峯は「あと二円なければ年が越せない、どうか奉公先から借りてきてくれないか」という伯父の頼みを断ることができませんでした。

とはいえ（すでに述べたように）道楽息子の無心のせいで腹の虫の居所が悪い夫人は二円すら貸そうとしません。お峯が困っている最中に三之助がお金を受け取りに邸へやってきます。そして「二円頂けますか」と健気な様子。進退窮《きわ》まったお峯は少し前に帳箱の中に二〇円が収められたことを思い出しました。そして次のように決心します。

> ［…］拝みまする神さま仏さま、私《わたし》は悪人になりまする、成りたうは無けれど成らねば成

りませぬ、罰《ばち》をお当てなさらば私一人、遣《つか》ふても伯父や伯母は知らぬ事なればお免《ゆる》しなさりませ、勿躰《もつたい》なけれど此金《このかね》ぬすませて下されと、かねて見置きし硯の引出しより、束のうちを唯二枚、つかみし後は夢とも現《うつゝ》とも知らず、三之助に渡して帰したる始終《しじう》を見し人なしと思へるは愚かや。（二〇頁）

ここでお峯は帳箱から二円を盗ることを決意していますが、注目すべきは、彼女が悪人になることを覚悟している、という点です。お峯は考えに考えを重ねた末に《もはやこれ以外に道はない》と窃盗を決意します。そして彼女は決して不要な自己正当化をせず、一切を自分でかぶる覚悟で引出しからお金を盗り出します。こうした点で「大つごもり」の主人公は「舞姫」のそれと大いに異なるのですが、この点はすぐ後で踏み込んで論じたい。

ちなみに引用末尾の「見し人なしと思へるは愚かや」は《女中が夫人へ頭を下げているところを見ていた石之助が、同じ女中が帳箱からお金を盗って少年に渡すまでを眺めていたかもしれない》という可能性を示唆しています――石之助と事件のかかわりを明示的に書かないことで作品は面白みを増していると言えるでしょう。

物語の終盤で、お峯の犯罪が露見してしまう危機が生じます。そんなときも彼女の覚悟は変わりません。帳箱の二〇円を持ってきてと夫人から言われたお峯の心境が次です。

［…］術《じゆつ》もなし法もなし正直は我身の守り、逃げもせず隠られもせず、慾《よく》かしらねど盗みましたと白状《はくぜう》はしましよ、伯父様同腹《ひとつ》で無きだけを何処《どこ》までも陳《のべ》て、聞かれずば甲斐なし

其場で舌かみ切つて死んだなら、命にかへて嘘とは思《おぼ》しめすまじ［…］（二四頁）

お峯は一切を白状するつもりであり、ただ伯父が盗みと関係のないことだけは明らかにせねばならないと考えます。そして、言葉で聞き入れてもらえない場合には舌をかみ切って死んで、自らの命で以て伯父の無関係を分かってもらおう、という度胸です。お峯は、表面的な理屈よりも実際の行為のほうが証《あかし》になる、と理解しています。

けっきょくは、放蕩者・石之助の「ここのお金も借りました」という書き置きのおかげで、女中は制裁を免れました。こうした顛末全体にかんして押さえるべきは、《最終的に盗みが発覚するかどうか》という結果の如何とは別に、《お峯は自分のあるべきあり方を引き受けている》という事実がある、という点です。そしてこの点においてお峯と豊太郎の違いは先鋭化されます。説明すれば以下。

鷗外の描く留学生には保身の態度があるが、山村家の女中にはそれがない、という点はすでに触れました。とはいえふたりの違いはこれに尽きません。豊太郎は、自分が最も大切にするものを踏みにじることで、いわば〈自分があるべきでないあり方〉を選んでいます。これに対してお峯は、自分が大きな恩を受けた伯父を決して裏切らないことで、〈自分が本来あるべきあり方〉に殉じる覚悟ができています。かくして、豊太郎はふたたび栄達の道に乗れたにもかかわらず自己不信に陥りましたが、お峯は結果にかかわらず（すなわち自分の犯罪が露見しようがしまいが）決して自己を失うことはないでしょう。

要するに、《幸運にも犯罪が露見せずに済んだ》という点ではなく、《どのような結果になろうとも悔いのない道をお峯が覚悟して選んだ》という点こそが「大つごもり」において最も注目すべき事柄だ、ということです。じつにお峯は、自己を守るための隠蔽工作などを行なわず、《自分がどうなるか》を自分のコントロールを超えた大きな「流れ」に委ねます。こうした点で彼女もまた一種の「魔」――人間を超えた何か――に身を寄せていると言えるでしょう。

10 主体性の輝き

本章では世界と主体の対立にまつわる「逆説」がいわば二段階で論じられました。今いちど要点を振り返っておきたいと思います。

一段めは「舞姫」に即して説明されました。じつに豊太郎は、世間の道理の乗り越えがたさを自覚して、自己利益のために世界と妥協します。だがそのさい彼は、自分の最も大切にするものを自らの意志で裏切ることとなり、その結果として完全な自己喪失に陥りました。このように、自己を守るために世界と妥協することは却って自己の破滅を招来する――これがひとつめの逆説です。

二段めは『五重塔』および「大つごもり」に即します。十兵衛やお峯は、自分の意志を超えた大きな「何か」へ身を任せ、それによって挫折や自己喪失とは異なる僥倖《ぎょうこう》を得ました。ふたりはいずれも一切の保身をあきらめるのですが、これが却って自己を生きながらえさせます。このように敢えて助かろうとせず「魔」に殉ずることを覚悟する者が却ってその身を救うことがある――世界にはかくも逆説的な側面があるのです。

とはいえいったいこの二重の逆説は何なのか。そこで何が起こっているのか。こうした点については今後さらに踏み込んで考察していく予定です。それに先立って押さえておきたいのは、本章で《人間の行為が必ずしも挫折や破滅に行きつかないことがある》という事実が確認された、という点です。私たちが本章の中盤以前に見てきたキャラクターたち、すなわち文三・忍藻・貫一・豊太郎はそれぞれの仕方で「敗れ去り」ました。こうした人物を眺めるとき、私たちはついつい人生の絶望的側面に、すなわち《誰しもいつかは挫折することになる》という事実に目を奪われてしまいます。とはいえ、露伴と一葉の小説がそれぞれ示したことですが、敗れ去ることは人生のすべてではありません。もちろん――すでに強調したように――人間はいずれかの段階で自己の有限性に向き合わざるをえないのですが、それでも終局へ向かう途上において個人の主体性は「輝きを放つ」ときがあるのです。

本章は主体性の「輝き」という比喩を繰り返し用いてきましたが、それには相応の理由があります。人生を蠟燭《ろうそく》の焔に例えるとき、火が不意に消えることは不慮の死に対応するでしょう。そしてあらゆるひとの命の火は、蠟が消費されるにしたがって、ぶざまに揺らめいて消えていきます。そして後に残る煙もまたすべて散り散りになる以外にありません。

しかしながら――私の強調したい点ですが――こうした有限の生の中でも火が煌《きら》めく瞬間があるのです。いま一度、豊太郎と十兵衛・お峯との違いを強調しておきましょう。前者は保身のために世界と妥協しましたが、後者は〈魔〉に身を委ねました。十兵衛は、自分を超えたものに導かれて建造した建物の力を信頼し、五重塔と自分とはひとつの命という覚悟で最上階にあがります。お峯は、伯父への恩義を裏切らず、これで捕まるなら捕まっても構わないという覚悟で金を盗みます。ふたりには覚悟がある。その生き方は美しく、何かしら内在的な価値を具えて輝いています。

とはいえここで何が起きているのか。こうした主体性の「輝き」なるものがたしかに存在するとしても、それはいかにして可能なのか。いったい私たちは、どのように生きれば、豊太郎ではなく十兵衛やお峯のようになれるのか。そのさいに従うべき「原理」はどのようなものか。——これらの問いへの答えはいまだ明らかにされていません。本書の最終的な答えは、終盤の夏目漱石を論じる箇所（第13章と第14章）で与えられることでしょう。

第11章 いかにして覚悟は可能か？——川上眉山《びざん》・泉鏡花・広津柳浪《りゅうろう》

1 谷間の作家たち

これまでの話の流れを簡単に振り返っておきます。

坪内逍遥は、『小説神髄』で小説の本義を人情——すなわち人間の内面心理——を描き出すことと規定しつつ、この芸術へ道徳的教育などに依存しない独自の価値を付与しました。その結果、小説はいわば〈自由な語りの空間〉となり、その後の作家たちはこのフィールドで各々が「これぞ」と考える語りを提示することになります。そしてそれによって人間主体はさまざまな仕方で語られることになるのです。

文学史においては二葉亭四迷が逍遥の仕事を踏まえて『浮雲』で初めて人間心理を活写したと言われています。そのさい——人間を主体として描くさいの不可避的帰結でもありますが——世界と個人との不和がクローズアップされました。そしてこの〈世界と主体との対立〉というモチーフは、二葉亭に続く作家たちにも引き継がれていくことになります。

じっさい、山田美妙、尾崎紅葉、森鷗外という、二葉亭の次に現れる小説家たちはそれぞれの仕方で〈世界と主体との対立〉を描き出し、主体が敗れ去っていくさまをビビッドに描写しました。美妙の「武蔵野」に登場する忍藻は英雄的決断の末に頓死し、紅葉の『金色夜叉』の主人公・貫一は世間の理に反抗するも結局のところ世界の手のひらのなかで踊らされ、鷗外の「舞姫」の語り手・豊太郎は世界と妥協して自己を喪失します。すでに何度も述べたように、私たちはそれぞれいずれかの段階で「挫折する」ことを運命づけられた存在です。それゆえ作家たちが主体の敗北と破滅へ焦点を合わせることは、人間主体の本質的側面のひとつへ光を当てることでもあります。

とはいえ、私たちは負けてばかりの存在ではない、というのも事実です。じつに――前章の指摘ですが――幸田露伴の『五重塔』の十兵衛や樋口一葉の「大つごもり」のお峯は、自分の力を超えた「魔」のようなものに身を委ね、それによって逆説的に自己を救います。ここには世界と主体をめぐるひとつのパラドックスが、すなわち世界と主体の対立の中でひとは自己をあきらめることで却ってそれを守ることになる（逆に豊太郎は保身のために自己を失った）というパラドックスが、姿を現しています。《この逆説がいったい何であるか》はこれからさらに踏み込んで論じられるでしょう。

本章は川上眉山・泉鏡花・広津柳浪の作品を取り上げます。そして次章は島崎藤村・田山花袋・国木田独歩を、そして続くふたつの章――すなわち本書のクライマックスの章――は夏目漱石を考察します。おそらく多くの読者にとって、藤村・花袋・独歩は「自然主義」の一派として、また漱石はいわば〈自然主義とは違った仕方の書き手〉として、歴史的な位置づけが分かりやすい作家たちだと言えるでしょう。じつに明治文学史は、明治四〇年（一九〇七年）あたりに自然主義という特筆すべきスタイルの興隆を迎え、その後に漱石の『三四郎』・『それから』・『門』といういわゆる「前期三部作」の登場などでもって幕を閉じます。本書も、第8章から明治文学史にひたりついてきたので、自然主義から漱石へつながる流れをしっかり追っていく予定です。

では本章で取り上げる眉山・鏡花・柳浪は、いったいいかなる位置づけの作家たちなのか。このひとたちは――これまで通り文学史の常識を確認すると――しばしばふたつの山の「谷間」の作家として紹介されます。

具体的には、一方で逍遥や二葉亭の見出したフロンティアをさらに切り拓かんと奮闘した美妙や紅葉や鷗外、そしてこうした先駆者の作風に触れながら独自の筆致を作り出した露伴や一葉という「開拓者たち」の偉業の山がある。他方で明治終盤の自然主義という大きな文学的ムーブメントの山がある。こうしたふたつの山が、すなわち〈パイオニアの山〉と〈スタイル上の革新の山〉があるなかで、眉山や柳浪や鏡花はその狭間の「薄暗い」ところに位置づけられる小説家です。この一群はときに「悲惨小説」や「観念小説」の作家たちと括られることがあります。*

* 例えば中村光夫『明治文学史』、一七一頁など。

「悲惨小説」や「観念小説」が何かはすぐ後で説明するとして、本章はこのタイプの小説を世に問うた川上眉山・(初期の) 泉鏡花・広津柳浪を取り上げながら、「魔」に身を委ねて自己を救うというパラドックスの理解を深めます。じつに「魔」に頼ることは、破滅を避けるための必要条件のような何かかもしれませんが、決して十分条件ではありません。じっさい自己を超えたものに身を任せることにはリスクがあります。いや、ひょっとすると、《魔に身を委ねることはしばしば自己を失うことにつながる》とさえ言えるかもしれません。そして眉山・鏡花・柳浪は、それぞれの作品においてこうしたこのリスクを鮮やかに描き出していると言えるのです。

本章で押さえたい事態を正確に書けば次のようになります。保身から離れぬ者すなわち「魔」におのれを賭けることのない者は却って自己を失うのだが、それでも自分を超えた何かに頼ることは決してつねに自己を救うわけではない、と。おそらく、世界との対立のなかで真の主体となるためには、保身以外の〈主体性の原理〉が必要なのです。そして、決断にこうした原理が欠けているとき、「魔」に身を委ねることは危険以外の何ものでもありません。本章はこうした「魔」のダークサイドへ目を向けたい。

本章の議論は、はじめに「悲惨小説」および「観念小説」という語の意味を確認し（第2節）、そのうえで眉山・鏡花・柳浪のそれぞれの代表作をこの順序で見ていきます（第3節から第10節）。具体的には、第3節から第5節で眉山「大さかずき」を、第6節と第7節で鏡花の「夜行巡査」を、第8節から第10節で柳浪「黒蜴蜓《くろとかげ》」をとりあげます。全体を通して、自己と主体をめぐる問題がより先鋭化された形で提示されることになるでしょう。

2 「悲惨小説」あるいは「観念小説」とは何か

本節の表題の問いへは『明治深刻悲惨小説集』に解説として収められた文学者・齋藤秀昭の文章*が手際よく説明しています。齋藤によると、日本の近代化に付随する資本主義の広がりは一群の特徴的な小説を招来しました。曰く、

［…］日清戦争（一八九四〜一八九五年）を背景にして、資本主義の急速な発展とそれに伴う貧富の格差の拡大・露呈という現象が生まれ、その社会矛盾と対峙し、硯友社の遊戯的趣向的傾向の克服を目指そうとしたのが、他でもない、当時一様に「悲惨小説」と呼ばれていた作品群であったからだ（同系統の作品を指す「深刻小説」という言葉は、少し遅れて登場して来る）。（三七六頁）

敷衍すると、尾崎紅葉が率いる硯友社の従来の文学は「遊戯的」あるいは「趣向的」傾向を具えており、社会の中で虐げられたひとびとをめぐる現実的問題へ向き合う力を欠いていたが、この弱点を克服しようと幾人かの作家たち——じつに眉山・鏡花・柳浪はみな硯友社のメンバーであり彼らの努力は内部批判の側面をもつが——が新たな語り方を模索し、「悲惨小説」や「深刻小説」と呼ばれる作品群を生み出した、ということ。齋藤も指摘するように、日本の近代の始まりである明治が月日を重ねると貧富の差も目立ってきます。その結果、貧困に代表

される悲惨が「語るべきもの」として前景化しました。この語るべき現実を語りおこすための新たなやり方を生み出すこと。これが眉山や鏡花や柳浪の取り組んだことです。

*「解説」、『明治深刻悲惨小説集』、講談社文芸文庫、二〇一六年、三七三–三八六頁

ところで一般に柳浪の作品は「悲惨小説」、眉山と鏡花のそれは「観念小説」と呼ばれがちですが、*このふたつの名称の関係はどのようなものでしょうか。これについては複数の捉え方がありえますが、先述の齋藤は同じものの「力点」の置き方の違いと見なします。曰く、

［…］「悲惨小説」（別名「深刻小説」）も「観念小説」も、社会の悲惨な現実を対象化し、その深刻さを文学的に追究した点では本質的に同じものなのであって、違うのは、前者が写実的な描写そのものに、後者が作品の主張的な表現に力点《アクセント》を置いていたということなのだ［…］。（三七七頁）

もちろんこれは決して唯一の捉え方ではありませんが、**それでも分かりやすい見方のひとつだと言えます。じっさい、虐げられたひとびとのあり方を描くと言ってもそのやり方はひとつではありません。齋藤の理解では、社会の問題をありのままに写実せんとしたのが悲惨小説であり（代表格は広津柳浪）、そうした問題を「観念的な」表現のもとで捉えようとしたのが観念小説だ（代表格は川上眉山と泉鏡花）となります。

＊　例えば前田愛は「柳浪の悲惨小説と雁行して、社会の不合理に対する抗議を観念的に提出した観念小説と呼ばれる作品を書き、戦後の文壇で脚光を浴びたのは、同じ硯友社系の若手作家、川上眉山と泉鏡花である」と述べている（三好行雄編『近代日本文学史』、二八－二九頁）。

＊＊　「悲惨小説」と「観念小説」を区別するのは例えば文学者の本間久雄である。彼は「観念小説と悲惨小説とはその本来の意味において夫〻《それぞれ》異つたものである」と述べ、この点を「前者が或る特殊の観念を描こうとした一種の傾向小説であるに比して、後者はたゞ悲惨なる生活相を描かうとした一種の写実主義小説であるから」と説明している（「解説」（広津柳浪『河内屋・黒蜴蜓 他一篇』、岩波文庫、一九五二年、二〇五－二一六頁）、二一二頁）。

この指摘をより一般的な観点から敷衍すれば以下。じつに、現実の問題を抽出するさい、少なくともふたつのやり方がある——それはすなわち問題の具体相を写実する道とその本質を観念の次元で捉える道だ、と。言い換えれば、前者は問題の「身体」を写し取る道であり、後者は問題の「精神」を摑み出す道です。こうなると悲惨小説と観念小説はひとつの問題へ迫る相互補完的アプローチと見なされうることになります。ふたつのジャンルをセットと見ることには一定の根拠がある、ということです。

以下では明治二八年に相次いで公になった眉山の「大さかずき」、鏡花の「夜行巡査」、柳浪の「黒蜴蜓」を順に読んでいきます。全体として、「魔」に身を委ねることに含まれる危険を指摘し、それによって前章終盤の議論——すなわち《ひとは自分を超えたものに自らを賭けることで却って自己を救う》という議論——へ必要な留保を加えたい。結果として保身以外の〈主体性の原理〉が何かしら必要であることが明らかになるでしょう。

以上に加えて本章では《悲惨小説や観念小説をどのように読むか》のひとつのやり方も提案したいと思います。もし悲惨小説や観念小説が現実のどうしようもなさを描くだけだとしたら、読者がそこから得るものは諦念以外の何ものでもないでしょう。とはいえこのタイプの小説は問題提起的であり、読者はそこに未決の問いを見出すことができます。問題提起としての悲惨小説あるいは観念小説。これが本章の提案したい読み方です。

3　好青年の転落を描く眉山

まず川上眉山から。このひとは早い時期から硯友社に参加していた作家であり、もともと艶《つや》のある戯文《ぎぶん》を得意としていました。とはいえ徐々にその筆は「社会批判的」あるいは「詩的浪漫的」なものへ傾いていきます。そして明治二八年（一八九五年）の一月の雑誌『文芸倶楽部』の創刊号に載った「大さかずき」（および同時期の同系統の作品）は「眉山を日清戦争後の文壇の寵児に祭りあげ」ました。*

＊　太田登「川上眉山 脆い花・その夢幻の死」（山崎國紀編『自殺者の近代文学』、世界思想社、一九八六年、四一－六〇頁）、五一－五二頁

彼の出世作「大さかずき」*のストーリーは以下です。

＊　齋藤秀昭選・講談社文芸文庫編『明治深刻悲惨小説集』、九－四九頁

船乗りの梅吉は、将来のために十分な資力を得たいと考え、アメリカへ出稼ぎに行くことを決意する。目の見えない父親をひとり置いていくのは忍びないが、大金を持って帰国しその後に楽をさせてあげるための洋行なので仕方ない。恋人のお千代は「遠くに行かれるのはいやだ」と文句を言うが、この三河屋の娘を嫁にもらうにもお金が必要だ。《将来の問題をすべて解決するのが海外での労働だ》と考え、梅吉は苦難の年月を耐える決意をする。

だが、彼が帰ってくる前に、父は孤独の中で死ぬ。帰国した梅吉はそれを知って愕然《がくぜん》とする――これでは何のために苦労してきたのか。彼は《もはや希望はお千代だけだ》と彼女に会いに行くが、驚いたことにかつての恋人はどこかの旦那の嫁になっている。激怒した梅吉はお千代をさらって殺害することを企てる。

梅吉は首尾よくお千代を拉致する（つけ狙っていたのだ）。ひと気のない森で男は女を包丁で刺そうとする。とはいえ復讐の鬼は、相手の顔をまじまじと見て、自分がまだ彼女を愛していることに気づく。梅吉は恋人をあきらめることを決心し、女に「行ってしまえ、そして亭主につくせ」と叫んでその場を去る。そのとき――皮肉にも――お千代もまた自分が梅吉に並々ならぬ思いを抱いていることに気づく。悔いる女は川に身を投げて死ぬ。

翌日、河原にあがった女性の遺体を梅吉は目にすることになる。彼は一切を忘れるために飲み続ける。酔いつぶれて意識を失い、目覚めるとただちに飲む。とうとう彼は身体を悪くして逝き、後に弔《とむら》う者はひとりもいない。

以上が「大さかずき」のあらすじです。梅吉は、父を想っての行動のためにこのひとを孤独の中で死なせ、愛する女性の幸福を願っての行動によってこのひとを悲嘆の中で自殺させました。梅吉は自分をめぐって生じたこれらの出来事を直視できず、そこから目を逸らそうとします。そして彼は酒の力に頼り、それによっていっそうの深みにはまり込んで命を失います。この物語が「問題提起的」であることは先述の齋藤秀昭も指摘しています。曰く、「自暴自棄に陥った努力型の好青年を何とかして救えないものか、と読者は考え込んでしまう」（三八一頁）。以下では「大さかずき」が提示する問題をより根本的な形で摑み出してみましょう。

4 〈夢追い人〉とコントロールを超えた悲劇

「大さかずき」を自由と主体の哲学の観点から読む場合、それが興味深い〈主体のあり方の様式《モード》〉を描き出していることに気づかされます。梅吉は、自分に関わる諸々の問題を解決しようとするさいに、いわば「針の穴を通す」ような可能性に賭けます――この点に鑑みると、同作の主人公は〈夢追い人〉だと言えるでしょう。〈夢追い人〉は人生の逆転劇を志向するのであり、ドラマティックな出来事を引き起こしがちな人格類型です。とはいえ彼あるいは彼女はつねに大成するわけではなく、むしろたいていの場合うまくいかず、ときに悲劇的な最期を迎えます。眉山はこうした現実を直視することによって、一発逆転でしかどん底を抜け出せない「下層の」ひとびとの悲惨さをしかと描き出します。

「大さかずき」においてじっくり鑑賞すべき箇所のひとつは、帰国後に父の死を知ったときの梅吉の反応です。父がすでに死んでいたことを知人の太助から聞き彼は「し、し、し、しッ、しまった。父様《とッさん》は、あの父様は、な、な、亡くなって仕舞ったか。情ねえッ、何故死んだ、何故殺した」と動揺します（三七頁）。涙を流す梅吉にたいして知人は、父親が息子の名を呼びながら死んだ、という事実を伝えます。梅吉答えて曰く、

「た、た、た、沢山だ。最う其《その》あとは聞かせてくんなさるな。」
庭の紅葉は心なく散って居る。堪《こら》えかねたる咽押破って、一声絞る梅吉の悲鳴に、折しも往還《おもて》を通りかかった巡査は、何事と思わず足を止めた。（四二頁）

梅吉は《自分が異国へ行ったことが父を孤独のうちに死なせることにつながった》と考えて愕然とします。親孝行のために出稼ぎに行ったのに何という皮肉でしょう。彼はこの事実に向き合うことができず「沢山だ」と話を遮《さえぎ》ります。これは――先取りして重要なことを言えば――梅吉にある種の覚悟が、すなわち自己を失わぬために必要な何かが欠けていることを示唆します。

物語の最後で主人公は酒を飲むのを止められない状態に陥りますが、ここで見逃してはならないのは次の点です。すなわち、作者がやりたいことは決して梅吉の運命を露悪的な関心のもとで描写することではない、*と。むしろ眉山は読者に問題を提示しています。すなわち酒を飲むのを止められないという象徴的な事柄を通じて、言ってみれば「観念的な」仕方で梅吉の生きる姿勢あるいは態度をめぐる問題を提起しているのです。

* 現代では「アルコール依存症」にかんする私たちの理解もかつてより深まっており、共助などの何とかやっていくための工夫も広まっている。

踏み込んで説明しましょう。父の死を伝えられた後、梅吉は恋人である（と彼がそのときまで思っていた）お千代のところへ走ります。とはいえ彼は思い人がすでに他人の妻であることを知ることになる。激怒した梅吉は、後日彼女をさらって森の中で殺そうとする——だが、いざ刺し殺そうとすると、お千代への自分の思いにふと気づきます。彼曰く、

「やい。よく聞け。手前の命は最う無えものだ。此出刃で一つ剜《えぐ》りゃア、それで此世はおさらばだが、己ア手前をな己の手にかけちゃア殺せねえ。己ア此様《こんな》に踏付けにされても、心《しん》から手前を、」と口惜しそうに涙をこぼして、「憎いと思っちゃア居ねえのかも知れねえ。ええい、其様《そん》な事ア言わなくッても可いや。さあ早く帰《けえ》れ。帰って亭主《ていし》に実を尽せ。」（四七頁）

このように梅吉は、自分の内なる魔《デーモン》の声を聞いたのか、狭量な自己愛を乗り越えます。そして、愛するお千代が幸福になることこそが自分の本望だと思い直し、《亭主とたっしゃで暮らせ》と彼女を逃がします。だが、不条理なことに、こうした自己放棄的な献身は却ってかつての恋人の抑圧されていた想いを呼び起こしました。お千代は《自分は愛するひとに何という

ことをしてしまったのか》と自責の念に駆られ、川へ身を投げて死にます。

押さえるべきは、梅吉がこの事実にも向き合うことができない、という点です。だからこそ彼は現実から目を逸らすために酒を飲み続けるのですが、眉山の筆はその描写を通じて梅吉の覚悟が欠如していることを示唆します。眉山が描くには、

なみなみ注げば満五升、猩々倒《しょうじょうだお》しと銘を打った大盃《おおさかずき》を提げて、市中を徘徊する一人の男がある。口を開けば彼はただ、「酒だ。」という。二言めには「酒の事だ。」という。（四八頁）

じっさいのアルコール依存症の原因や治療は〈覚悟〉の問題に関わらないので（むしろ依存症を患うひとの主体性を強調しすぎないほうがよいと考えられる）、ここでは眉山が観念的な次元で提示する問題のほうに目を向けたい。じつに作者は、「どうしようもない」と言えるような出来事に見舞われて梅吉が蟻地獄に転がり落ちていく過程を描きながら、読者へ「いったい彼はどうすればよかったのか」と問いかけます。一発逆転でしか成り上がれない者のうちで、うまく逆転劇を演じられるのはごくわずかであり、大半の者は「敗北」します。そしてときに梅吉のような悲劇に見舞われる者もいます。運命に弄《もてあそ》ばれ身を滅ぼしていく梅吉。いったい彼に何ができたのでしょうか。

押さえるべきは、父の死や恋人の死といった不幸は梅吉のコントロールを超えたところで生じた、という点です。それゆえ、通常の意味では、彼が悲劇を避けるためにできたことは何ひ

とつありませんでした（眉山はこのあたりを巧みに設定しています）。とはいえ以上の指摘は「問題的」だと言えます。なぜなら、話がここで終わるならば、私たちは絶望するしかないからです。すなわち、世の中には避けがたい不幸に打ちのめされて、それに対してなす術のないひとが存在するのだ、と。いや、それでもなお、人間の側で何かしらできる「抵抗」はないのでしょうか。

観念小説や悲惨小説は「谷間の」時期のジャンルだ、という点はすでに指摘しました。それゆえこのタイプの文学作品は――谷間期の作品に特徴的なことかもしれませんが――それが取り上げる問題を敢えて解決しようとはしません。それはむしろ問題提起に専心します。眉山が「大さかずき」の全体を通じて読者に突きつける問いは次。梅吉のように、自己のコントロールを超えた悲劇に見舞われるとき、ひとはどうやって倒れずに踏ん張るのか。

5 梅吉は十兵衛やお峯とどう違うのか

ここで『五重塔』の十兵衛や「大つごもり」のお峯と、「大さかずき」の梅吉とを比較することは要点の明確化に役立つかもしれません。一見したところ、十兵衛やお峯と梅吉との違いは《最終的に身を滅ぼしたか否か》だと考えられます。すなわち、十兵衛とお峯は魔に身を委ねたが運よく生き延びることができ、梅吉は同じく魔の声を聞いて自己放棄的献身を行なうも運悪く破滅した、と。こうした見方に従うと《幸運に恵まれて良い結果が生じたか、それとも不運につかまって悪い結果に見舞われたか》が、十兵衛やお峯と梅吉との違いであることになります。

だが以上の見方は性急です。なぜなら、『五重塔』と「大つごもり」を論じた第10章の議論で示唆したように、十兵衛やお峯は〈結果の如何によらず自己を失わない覚悟〉のようなものを内に秘めていたからです。ふたりは幸運にも良い結果に恵まれましたが、たとえ不運にも悪い結果に見舞われていたとしても決して梅吉のように自分を失ったりはしなかったでしょう。これは《十兵衛やお峯と梅吉とのあいだに結果以外の違いがある》ということを意味します。

では、その違いは何か――これがここまでの議論で抽出された根本的な問いです。この問いへの答えは、本章では（すなわち問題提起に専念する観念小説や悲惨小説を読む現段階では）まだ与えられません。それは、次章での自然主義小説の読解、そして続くふたつの章での夏目漱石の諸作品の読解を通じて答えられるでしょう。

6 義務に殉じて死ぬ者を描く鏡花

次に泉鏡花です。このひとも硯友社からデビューしましたが、現在よく知られているように、独自の幻想的な文学世界を拓くことに成功した作家でもあります。明治文学史における彼の特異性はいろいろな角度から記述することができますが、例えば中村光夫は鏡花を次のように評しています。

彼はわが国の近代小説には珍らしい、ものを写すより自己の倫理観や美学から独特の人物

をつくりだし、彼等の織る世界に陶酔する本質的なロマン派作家であり「…」。(『日本の近代小説』、八九頁)

日本の近代小説が〈人情の写実〉を本義とする坪内逍遥の小説観から出発したことはすでに述べましたが、中村は引用した文で《鏡花はそれと軌を一にしない側面をもつ》と指摘しています。じつにこの作家は固有の美観を有しており、その美観のもとにある種の極端なキャラクターを創り出します。そして、そうした異常な人物は異様な物語を紡ぐのですが、作者の妖美な筆致は読者をしてそれに耽溺《たんでき》せしめます。いまから読む鏡花の初期作品「夜行巡査」にもすでにこうした彼の個性が表れています。

観念小説の代表作とされる短編「夜行巡査」*の大まかな内容は次です。

* 泉鏡花『外科室・海城発電 他五篇』(岩波文庫、一九九一年)所収、八五－一〇九頁

警察官・八田《はった》は巡査の職務にきわめて忠実であり、決まりを犯すことに対しては容赦がない。例えば夜分に野宿する貧しい母子を見つけたときは「軒下で寝てはいかん」と追い払う。とはいえこうした冷血漢にも恋人がおり、その名はお香《こう》。この女性はすでに両親を亡くし、伯父に引き取られて暮らしている。

ある晩、八田がいつもどおり巡回していると、自分の進んで行く先にお香とその伯父がともに歩いているのを発見する。そして、巡査はふたりの会話を盗み聞くことになるが(伯父は八

田が真後ろに迫っていることに気づいていない）、それによると伯父がふたりの結婚に反対するのは怨恨のためらしい。――どういうことか。

伯父曰く、自分はお香の母に惚れていた。だが思い人は自分の弟と結婚した。伯父は「いつかこの悔しさを思い知らしてやりたい」と考えるが、あいにく憎き男女（すなわちお香の父と母）はその前に死んでしまった。それゆえ、お香が八田と一緒になりたいと言ってきたのをチャンスとして、伯父はその結婚に反対することを決意した。要するに、敵二人の娘に自分と同じ思いを味わわせることで復讐を果たす、ということだ。

以上を聞いたお香はもはや伯父と一緒にいることが耐えがたく駆け出さんとするが、それを引き留めようとした伯父は――興味深いことに伯父は《お香が身投げをする》と考えてそれを止めようとしたのである！――逆に自ら冷たい水をたたえる堀のうちに落ちてしまう。

溺れる伯父。それを見る八田は一瞬ためらうも飛び込んで助けようとする。お香は八田を止めようとする。なぜなら、伯父が死んでくれたほうが自分たちは幸福になりやすいし、そもそも自分の恋人は泳げないからである。お香は「不可《いけ》ませんよう」と阻止しようとするが、八田は「職掌だ」と述べて堀へ身を投じる。その結果、巡査も溺死する。

――「夜行巡査」の主人公たる八田は先に述べた「極端なキャラクター」のひとりですが、鏡花の作品にはこのような〈自らの義務へ徹底的に忠実な者〉がよく登場します。この種の人格類型を好んで描くことはこの作家の性格に由来するところがあるかもしれません。いずれにせよ〈個別的な事情よりも一般的な義務をつねに優先する人格〉というのは主体のあり方の興味深い様式のひとつです。この意味で鏡花も「人間とはどんな存在でありうるか」という問いへ彼独特の答えを与えていると言えます。

7　狂信の問題

「夜行巡査」をどう読むか――これは思いのほか難しい問題です。例えば中村光夫は本作を次のように評します。すなわちこの作品は、

［…］義務の観念に忠実な巡査が愛する女との仲をさこうとする彼女の父《（ママ）》を救おうとして命を落すまでの経緯を描いて、「恋愛の私情」にたいする「義務」の観念の勝利を描いて、平凡な市井人の心情に作者の理想とする崇高を現わしている［…］。（『日本の近代小説』、八九頁）

ここで中村は、鏡花が〈義務に忠実であること〉を人間のひとつの理想としており、八田の殉死はこの理想の一事例として描かれている、と指摘します。こうした批評は――もしかすると意外に感じられるかもしれませんが――鏡花の複数の作品を踏まえれば「自然な」解釈だと言えます。なぜなら、彼の作品を複数眺めると、鏡花が〈義務への忠実〉のうちに何かしら肯定的なものを見ていたとすることは明らかだからです。例えばドナルド・キーンは、鏡花の諸作品の主人公が「申し合わせたように最後には義務の道を選ぶ」という点について、それを「権力に対する彼［すなわち鏡花］のやや過剰なほどの敬意」の表れだと説明します。* かくし

て標準的な読み方に従えば「夜行巡査」は必ずしも八田の決断をアイロニカルに戯画化するものではありません。むしろ作者の価値観を表現する指摘——例えば《野宿する貧しい母子を軒下から追い出す巡査の行為は、冷酷に見えるが、じつのところ義務への忠実という生き方の一環なのだ》などの指摘——を含む作品であるのです。

＊『日本文学史 近代・現代篇一』、三三四頁

しかしながら私は「夜行巡査」にかんしては、少しひねった読みが必要なのではないかと考えています。なぜなら、今から詳しく説明するように、泳げない八田がひとを助けようとして堀に飛び込むという決断はどうしても「問題提起的」だからです。じっさい八田の決断は、決して単純に称賛されるものではなく、むしろひとを考え込ませます。「夜行巡査」は読者へ考えるべき問いを提示する——かくのごとく問題提起的だからこそ、それは観念小説の代表作と見なされていると言えるのではないでしょうか。

それでは同作が提示する問題とは何か。それを摑むには八田の行動の原理を見る必要があります。じつに彼は「規則」を軸に行動します。例えば先述の野宿する母子を軒下から追い出す場面は以下。

「はいではない、こんな処に寝てゐちやあ不可《いか》ん、疾《はや》く行け、何といふ醜態《しゆうたい》だ。」
と鋭き音調。婦人《おんな》は恥ぢて呼吸《いき》の下にて、

「はい、恐入《おそれい》りましてございます［…］夜分のことでございますから、何卒《どうぞ》旦那様お慈悲でございます。大眼《おおめ》に御覧遊ばして。」

巡査は冷然として、

「規則に夜昼はない。寝ちゃあ不可《いか》ん、軒下で。」（「夜行巡査」、『外科室・海城発電』、九三頁）

ここで八田は女性への命令を「規則」によって正当化していますが、そこには義務に従うことで万事よしとする思考停止の姿勢を見てとれます。じっさい八田は、《義務に反するか否か》だけを問題にしており、貧困をめぐる難しい根本的問題のほうには目を向けずに済ましています。この点を踏まえると次の疑問が生じます。すなわち、決まりという所与の規則を絶対視することで八田は却って〈自分で考え・自分で選ぶ〉という生き方を失っているのではないか、と。

問題の核心をつかむには八田の言う「規則」の深い意味へ目を向ける必要があります。一方でそれは、人間たちが利便性のために互いに約束したルールを意味しますが、他方で「規則」という語は、人間を超えた何か（例えば神など）が一方的に課す決まりも指します。じつに八田は（そしておそらく鏡花も）後者の意味の規則が存在すると信じる者であり、《その規則に従うことで自己は自己として存立する》と考えています。かくして八田にとって規則は絶対の意味をもつのですが、この事態は今から説明する問題を引き起こします。

思うに「夜行巡査」も——本書で取り上げてきたさまざまな作品と同様に——自己と主体を

めぐる問題を提起します。はたして規則に身を捧げることは、自己の主体性が輝き出す道のひとつなのでしょうか。お香の伯父を助けることを決意するさいも、次に引用するように、八田は義務や規則に頼んで決断します。お香の伯父が冷たい水の中でもがいていますが、

八田巡査はこれを見て、躊躇《ちゆうちよ》するもの一秒時《いつセコンド》、手なる角燈を差置きつ、唯見《とみ》れば一枝の花簪《はなかんざし》の、徽章《きしよう》の如く我胸に懸れるが、ゆらぐばかりに動悸《どうき》烈しき、お香の胸とおのが胸とは、ひたと合ひてぞ放れがたき。両手を静にふり払ひて、

「お退《ど》き。」

「え、どうするの。」

とお香は下より巡査の顔を見上げたり。

「助けて遣る。」

「伯父さんを？」

「伯父でなくつて誰が落ちた。」

「でも、貴下《あなた》。」

巡査は儼然《げんぜん》として、

「職務だ。」（一〇七―一〇八頁）

自分の恋を邪魔する男を助けるか否か――八田は「一秒時」迷います。こうした「迷い」は、このシーンが彼にとっての決断の場面であることを意味します。とはいえこの正念場でも主人

公は所与の規則に頼み、自らの選択を「職務だ」という言葉で正当化します。よくよく考えれば、職責は個人の選択を正当化するために利用可能な複数のアイテムのうちのひとつに過ぎないでしょう――ですが、八田はこの事実をまったく顧慮しません。こうなると彼の〈義務への忠実〉はむしろ「狂信」と呼ばれるべきではないかと思われてきます。そして狂信に陥っている点で自由な主体性を失っていると感じられるのです。

以上に加えて《八田は泳ぐことができない》という設定は「夜行巡査」のクライマックスを文字通り「問題的」にします。なぜなら、泳ぐことができない（そして自分が泳げないことを知っている）者が誰かを泳いで助けようとするとき、私たちはそこに「倒錯的な」何かを見出すべきだろうからです。たしかに――この点は強調すべきですが――規則を遵守することは行為の正当化の強力な基盤です（それゆえ私たちは八田の選択のうちにすら善い部分を見出さざるをえません）。とはいえ、義務への忠実はその極端において〈倒錯〉に転じうるのであり、私たちは八田の決断の本末転倒な側面も見逃すべきではないのです。

はたして巡査の生き方をどう考えるか――これが「夜行巡査」の提起する問題です。じつに鏡花の筆の力は、八田の生き方の〈潔さ〉に光を当て、その魅力を存分に引き出していると言えるのですが、まさにそれゆえに却って同作は読者に対する挑戦の趣を得ます。読者よ、八田の欠点をうまく指摘できるものならやってみよ、と。この問いへの私自身の答えも本書の終盤（夏目漱石を論じる箇所）で提示してみたいと思います。

8　現実のグロテスクな側面を写実する柳浪

最後に広津柳浪です。このひとは「始めに医学を志望し、大学医学予備門に入ったのが、途中で廃学し、農商務省の官吏となり、さらにそれを辞して放浪生活をおくり」*、その後に小説家となりました。柳浪の筆の特徴は〈人の世の暗い側面を綿密に写実する〉という点にあると言われ、例えばすでに注で言及した本間久雄は写実性の点でこの作家と鏡花とを対比します。曰く、

柳浪は［…］深刻悲惨な生活を描きながら、そこに一種特殊な観念や思想を盛るのを常とした泉鏡花とは本質的に異なつてゐるのである。柳浪の悲惨小説、深刻小説は、重ねて云ふが、純粋の寫實《しやじつ》主義の一派であつて、むしろ、期せずして、後年の自然主義の先驅《せんく》となつたと見るべきである。（「解説」、二二二－二二三頁）

例えば「夜行巡査」は、八田という極端なキャラクターを通して〈義務の絶対性〉などの哲学的な観念を描き出しますが、本間によると、柳浪はこうした志向――すなわち観念を尖らせる志向――を鏡花と共有しません。むしろ柳浪は、悲惨な生活をその具体相において捉えることに注力します。先にいわゆる「悲惨小説」は〈社会の問題を写実すること〉を本懐とすると説明されましたが、悲惨小説がこの特徴をもつとされるに至った理由の一部は、このジャンル

の第一人者（すなわち柳浪）の写実傾向にあると言えるでしょう。

＊　中村光夫『明治文学史』、一六九頁

柳浪は硯友社の同人でしたが、彼の仕事の歴史的な意義はときに〈尾崎紅葉らが目を向けなかった素材を取り上げて小説の可能性を広げたこと〉と見なされます。例えば前田愛曰く、「柳浪の悲惨小説は文章技法を重んじて男女の恋愛を模様的に描くことに専念していた硯友社系の文学に欠けていたもうひとつの可能性を開くことになった」＊。じっさい――すぐ後で見るように――柳浪の小説は現実のグロテスクな側面に目を向けます。そしてその筆は、模様的な恋愛ばかりを眺めていては見出せないような、人間のグロテスクなあり方を明らかにします。

＊　『近代日本文学史』、二八頁

いまから取り上げる短編「黒蜴蜓」はときに悲惨小説の「代表作」とされますが＊、そこでは苦しい境遇のひとびとの暮らしが如実に描かれるとともに、決断と覚悟をめぐる「問題提起的な」物語が提示されます。以下、はじめに「黒蜴蜓」の内容を押さえ、次にそこから引き出される問題を確認しましょう。

＊　中村光夫『明治文学史』、一六九頁

9 義父に虐待される嫁が……

「黒蜴蜓」*の内容の大枠は以下の通りです。

＊ 広津柳浪『河内屋・黒蜴蜓 他一篇』（岩波文庫、一九五二年）、一〇三－一三一頁

大工の與太郎《よたろう》とその妻・お都賀《つが》は長屋の一角で暮らしているが、その六畳一間の住まいには気性の激しい老人・吉五郎《きちごろう》が同居している。吉五郎は與太郎の育ての親であるが、血はつながっていない――とはいえ與太郎自身は自分が養子であることを知らず（吉五郎はそれを息子に告げていない）、父と子のあいだには血縁関係をめぐる認識のずれがある。

さて吉五郎は毎日酒を飲み、ことあるごとに家族にあたる。そのハラスメントの程度はすさまじく、例えば與太郎が知人の紹介で妻をめとるも、嫁いだ女性は舅《しゅうと》・吉五郎の言行に耐えられず数週間で家を出てしまう。そうして六人の女が嫁いで来るたびにすぐ逃げ出したが、七人目のお都賀は長続きしている。だが、吉五郎はしょっちゅう彼女をいびり（醜女《しこめ》だとか何とか言っていじめるのである）、そのたびにお都賀は泣いている。

そんな中、お都賀は妊娠した。いよいよ産気づいたので與太郎は産婆を呼びに行く。帰宅した息子に父は「半人前が子どもなどつくってどうするんだ」と責める。産婆が到着したあと、出産は恙《つつが》なく済み、男の子が生まれる。

ところで――話は時間的にさかのぼって――與太郎とお都賀が結婚してしばらく後のことだが、ある事件があった。與太郎の留守中にお都賀が泣いて家を飛び出してきたのである。隣の老婆が「何ごとか」と駆けつけると、六畳一間の中で吉五郎がわめいている。老婆がお都賀に「何があったのか」と尋ねても、吉五郎が口をはさんで説明させない。この事件は真相がよく分からないまま有耶無耶《うやむや》になった。その後、お都賀は身ごもる。

さて赤ん坊が無事生まれた後も、吉五郎の乱暴狼藉は止む気配がない。ある日、お都賀は隣の老婆との世間話で「亭主投げるにや、何《ど》の手が好かろ、青い蜴蜓《とかげ》に蠅虎《はえとりぐも》まぜて」という昔の歌を知る。これによってお都賀に〈吉五郎を毒殺する〉という可能性が思いつかれる。

後日、與太郎が帰宅すると、吉五郎が耳などから血を流して死んでいた。赤ん坊は隣の老婆のところにいた（一時間ほど前にお都賀が預けに来たらしい）。嫁の姿はなく、書き置きが一枚。そこには「私は氣が違つたのだから、氣違ひだと思つて何卒《どうぞ》堪忍して下さいよ、お前様を樂にしたい、他に願ふ事は何もないのです」とあった。翌朝、お都賀の水死体があがる。與太郎は残された赤ん坊とふたりで生きていくことになる。

――以上の物語において押さえるべきは、お都賀が懐妊したのは吉五郎の子だという可能性がある、という点です。柳浪はこのあたりを意図的に「ぼやかして」書いており、それによって作品の読みの可能性は広がります。加えて、赤ん坊が吉五郎と血のつながりがあろうとなかろうと、お都賀が泣いて家を飛び出した日に何があったのかに応じて、舅を殺す嫁の行動の動機の解釈は変わります。ひょっとしたらお都賀は、かつて辱めを受けたことの復讐として、吉五郎を毒殺したのかもしれません。このように「黒蜴蜓」は解釈の多様性に満ちており、その点において優れた文学作品だと言えます。

ちなみに――脇道に逸れる話題ですが――「黒蜴蜓」という作品の写実性について一言述べておきましょう。ふたたび鏡花と比較しますが、「夜行巡査」の八田が〈義務の絶対性〉などの観念を表現する媒体だと言えるのに対し、柳浪の筆は現実を超えた理念を対象とはしません。むしろそれは《読者が現実の悲惨なあり方それ自体へ目を向ける》という効果を目指します。男性が家族（とりわけ女性）にモラルハラスメントやセクシャルハラスメントを繰り返す、というのはリアルな現実の一部であり、「黒蜴蜓」はそれを事実として生々しく描き出します。柳浪の写実的な筆致は、思わず目を背けたくなる現実へ向き合わせる効果がある、と言えるかもしれません。

10　覚悟の欠如の問題

「黒蜴蜓」が提起する問題は何でしょうか。それは眉山の「大さかずき」と同じく〈覚悟〉をめぐる問題であり、《結果の如何によらず自己の主体性を維持するにはいったい何が必要か》という問いです。以下、「黒蜴蜓」からじっさいにこの問いが抽出されうることを、具体的な引用を通じて確認します。

お都賀に覚悟が欠けていたことは、彼女が吉五郎を殺害する過程に現れています。じつにお都賀が舅の毒殺を思いついたきっかけはまったくの偶然でした。すなわち、新妻が隣の老婆と世間話をしているとき、ひとつのうわさ――すなわち近所の呉服屋の旦那の不審死にまつわる

《夫人が毒殺したかもしれない》といううわさ――が話題にのぼったのですが、お都賀は「毒薬は簡単には手に入らないよ」とコメントします。これに対して老婆曰く、

「そりやアさうだがね。さうばかりも云へねえやね。『亭主投げるにや、何《ど》の手が好かろ、青い蜥蜴《とかげ》に蠅虎《はえとりぐも》まぜて』ッて、唄にせえあらアね。」

「おや、其様《そんな》唄が。」

「お前なんざア知るめえよ。私《わし》の娘の時代《じでえ》に流行《はや》つた唄なんだよ。『青い蜥蜴《とかげ》に蠅虎《はえとりぐも》まぜて』、その後ア何とか云つたッけ。中々流行つたもんさ。」

「青い蜥蜴《とかげ》に蠅虎《はえとりぐも》まぜてッて。可怖い唄だ。あゝ、慄然《ぞッ》とする。」（一二八頁）

近所で起こった出来事に触発されて老婆が昔の歌を思い出す――この会話を通してお都賀は、もともと《毒薬なんてものを入手する手段はない》と漠然と考えていましたが、案外たやすく手に入るかもしれないという事実に気づきます。このように憎い舅を毒殺する可能性は、嫁にたまたま思いつかれたに過ぎませんでした。ところで、きっかけは偶然とはいえ、いったん意識にのぼった可能性は彼女の思考にまとわりつきます。そして次第に《為しうるがゆえに為すべき》と感じられてくるのです。

以上は《お都賀は、主体的な決心の結果として舅を殺したのではなく、気分に流されて殺人を犯すに至った》と言えそうなことを示唆しますが、彼女に覚悟が無かったことの証拠はこれだけではありません。その後の出来事はより明白な根拠たりえます。すなわち後日、お都賀は

老婆と次のようなおしゃべりをします。

「お婆《ば》さん、何の事もありやア爲《し》ねえよ。唄なんか虚譌《うそ》なんだね。」

お都賀《つが》が斯く云ひて何氣《なにげ》なき體《てい》。老婆は聞くより吃驚《びツくり》し、覺えずお都賀の顔を見詰めたり。

「唄なんか虚《うそ》だッて。お都賀さん、お前《めえ》……。」と、丸くせし眼に前後《あとさき》を見廻し、小聲になりて、「お前《めえ》、試《ため》しでも爲《し》たのかい。」

「なアに。ほゝほゝゝゝ。お婆《ば》さん戯言《じやうだん》云つちやア不可《いや》だよ。」とは云へども面色《めんしよく》かはり、無理笑の聲淋しげなり。

「其《そん》なら能《い》いけれども、私《わたし》や吃驚しッちまつたよ。」

「なアにね、唄なんかに在ることア、大概虚《てえげえ》だから、青蜥蜴なんか何にもなりや爲《し》めえともつて。云はねえでも好《い》いことを。ほゝほゝゝゝ。」

「そりやさうさ。其様事《そんなこと》があつちやア溜らねえよ。お前《めえ》の所《とこ》の吉さんなんざ、何を食はしたッて效《き》くめえよ。青蜥蜴で無效《いかな》きやア、黒蜥蜴でも食はして遣るさ。はゝはゝゝゝ。」

「お婆《ば》さん、其様事《そんなこと》を。あゝ、可怖《こは》いこツた。」（一二八－一二九頁）

歌のことを聞いたお都賀は――引用初めの彼女の発言から推察されるが――青蜥蜴をどこかで入手して、それを吉五郎に試しました。とはいえ、とくに変化は見られず嫁は「あの歌はデタラメだね」と隣人に伝えます。それを聞いた老婆は驚いて事の詳細を尋ねました。そのリアクションによって若妻は自分の行動の反社会性に気づきます（そして笑ってごまかす）。こうした話の流れで老婆はたまたま「吉五郎は黒蜥蜴でも死なないさ」と冗談を言うのですが、それが嫁の次の行動の引き金になりました。

その後、お都賀は黒蜥蜴を入手してその毒を吉五郎に用い、その結果、舅は命を落とします。ただしここで、嫁に強い殺意はなかった、という点は見逃してはなりません。むしろじっさいに起こったことは、「厄介者がいなくなればありがたい」という願望のもとでお都賀は老婆の話に登場した黒蜥蜴をとりあえず試してみた、といったところでしょう。というのも、青蜥蜴で吉五郎は何ともなかったので、黒蜥蜴にかんしてもお都賀は「どうせこれもダメだろうな」と疑わざるをえなかったからです。けっきょく固い決心によってではなく、「もしかしたら……」という淡い期待のもと、嫁は舅を殺すに至ったということです。

お都賀は覚悟をもって殺したわけでない――この点を押さえることは物語の終盤の展開を理解するために決定的だと言えます。吉五郎が死ぬという「幸運な」結果は、お都賀にとって意外なものでした。なぜなら彼女は、繰り返し指摘するように、「どうせ今回もダメだろうな」と半ば諦めつつ黒蜥蜴を敵に食べさせたからです。そして意外な成功は却ってお都賀を困惑させました。彼女は「とんでもないことをしてしまった」と動揺し、自分の引き起こした結果を受け止められないままこの世から姿を消すことを選んだのです。

ここでもお都賀と十兵衛やお峯とを比較することは理解に役立つでしょう。十兵衛やお峯が〈どのような結果が生じてもそれを引き受ける〉と覚悟していたのに対し、お都賀は「これで憎い舅がいなくなればラッキーだ」という漠然とした希望に流されて行動しました。それゆえ「黒蜥蜓」のヒロインは、いざ重大な結果が生じるやいなや、その重みに耐えきれず「つぶれて」しまいます。このようにお都賀には「覚悟」と呼びうるものが欠けており、このことが彼女の悲劇の原因だと言うことができます。

お都賀は、たまたま知った蜥蜴毒という手段に頼る点で、不確実な〈魔〉に身を委ねていると言えます。老婆との会話の中で「その手があったか」と閃《ひらめ》いたとき、若妻は同時に《でもそんなことは可能なのか》と疑ったことでしょう。とはいえ彼女の内なるデーモンは「これで一切は解決し、みんな幸福になれるよ」と誘い続け、とうとうお都賀は悪魔のささやきに従ってしまいます。そして――繰り返し指摘するように――覚悟の欠如のため結果の重荷に耐え切れず、この世から逃げ出すという悲劇的結末に陥るのです。

では、いかにして「覚悟」は可能か。いったい何が主体をして覚悟せしめるのか。これが「黒蜴蜓」が提起する問題です。はたしてお都賀が覚悟するためには何が必要だったのでしょうか。これは主体性の原理をめぐる問題であり、いわば〈結果の如何にかかわらず自己を守り抜くために必要な原理〉は何であるかという問題です。短編「黒蜴蜓」は――あくまで哲学の文脈での解釈ですが――問題の提起に専念しており、主体性の原理をめぐる問いへ答えを与えてはいません。そして《この問いにどう答えうるか》は、明治文学史の続くステージの問題となっていきます。

明治文学史を哲学の観点から読み解くさい、悲惨小説や観念小説が提起する問題は、いわば「話のひねり」の意義を有します。私たちは前章で『五重塔』や「大つごもり」に即して〈魔に身を委ねること〉の重要性を確認しましたが、本章で取り上げた眉山・鏡花・柳浪の作品は《魔に身を委ねるだけでは不足であり危険ではないか》と問題提起します。じつに、十兵衛やお峯にはあって、梅吉や八田やお都賀にはない何かがあるのですが、いったいそれは何なのでしょうか。

いま述べたことを別の角度からいま一度述べさせてください。

一方で梅吉やお都賀は、自分に降りかかった結果の重さに耐えきれずに破滅しました。かくして、世界と自己の衝突において挫折しないためには何かしら原理（すなわち「覚悟」と呼べる何かを可能にする原理）が必要だ、と言えそうです。他方で、例えば八田の生き方にこうした原理が具わっているかと言えば、これには「否」と答えざるをえません。なぜなら、八田の〈義務への忠実〉はむしろ「狂信」の類であって、《それが無ければ八田はより主体的でありえた》と言えそうだからです。

問題の原理が何であるかを摑むためには、〈夢追い人〉や〈狂信者〉とは違った人格類型を描き出す必要があるでしょう。すなわち、世界との摩擦に挫けず、物事の結果の如何にかかわらず立ち続けることができるキャラクターを描き出す必要がある、ということです。はたして明治文学史はこの課題へどう答えるのか。あるいは明治文学史の作家たちはこうした課題に直面して挫折していくのか。

第12章 〈告白〉の威力とその限界——島崎藤村・田山花袋《かたい》・国木田独歩

1 〈告白〉という原理

第8章からここまで、私たちは明治文学史を追いながら自由と主体の哲学に取り組み、近代初期の文学者が取り組んだ哲学的問題として《自由な生は、すなわち自分を超えた世界に押しつぶされぬ生は、いかにして可能か》ということを抽出しました。

この問題は《私たちは何者なのか》という問いと密接につながっており、私たちはすでに明治の小説群が活写する多様な主体様式——〈学生〉・〈夢追い人〉・〈狂信者〉など——を確認してきました。近代小説は（少なくともその企ての端緒においては）、《私たちは何者か》という問いへ主体の物語を紡ぐことで答える試みであり、それゆえ自由の哲学はそこから思索の糧を多く得ることができるのです。

さて、前章までの議論によって切り拓かれた視界は次です。まず文三・忍藻・貫一のように世界に翻弄されて自らを失う主体がいます。とりわけ豊太郎は、自己を守らんとして却って自己を失いました。その一方でお峯や十兵衛のように、〈魔〉に身を委ね自己の生を輝かせる主体もいます。しかしながら――前章で追加された「話のひねり」ですが――梅吉・八田・お都賀のように〈魔〉に身を委ねたにもかかわらず破滅する主体もいます。

いったいこうした違いは何に由来するのでしょうか。これは原子や分子などの物体を対象としていては提起されえない問いです。すなわち文三・忍藻・貫一・豊太郎・お峯・十兵衛・梅吉・八田・お都賀などの個性的な主体たちへ目を向けてはじめて抽出されうる問いです。

問題を抽象的に述べると以下。

じつに自己への執着は逆説的に自己喪失を招来します（これがとくに「舞姫」を通して確認されたことでした）。そして生が輝くためには、いわば「小我」を捨てて自己を超えた「魔」のようなものに身を委ねる必要があるでしょう。とはいえ〈魔〉は生の輝きの十分条件ではありません。しかるべき主体性の原理が欠けたときには、〈魔〉へ身を委ねることはむしろ破滅の入り口になります。では、この「しかるべき主体性の原理」とはどのようなものでしょうか。

明治四〇年（一九〇七年）あたりに花開いた日本の「自然主義」は、この問いへひとつの答えを与えようとする企てだと理解することが可能です。すなわち、この流れに属す小説群は「告白」をしかるべき主体性の原理と捉え、告白を通じて生をわがものとする道を考察した、ということ。

本章は――予告したとおり――島崎藤村・田山花袋・国木田独歩という「自然主義」と見なされる作家の代表格たちを取り上げ、〈告白によって人生をわがものとする企て〉をめぐる彼らの語りを追います。最終的に〈告白〉を重視する自然主義の限界が明らかになるでしょう。かくして次章と次々章で夏目漱石の諸作品を読解するさい、《この作家は告白以外の何かしらの原理を提示しているか》が問われることになるのです。

本章の議論は以下の順序で進みます。はじめに（日本における）自然主義とは何かを手短に説明します（第2節）。次に、藤村と花袋のそれぞれの作品を見て、世界と自己の衝突を取り除く原理たる〈告白〉の力を考察します（第3節から第9節）。その後、独歩の作品を追いながら、告白の限界を確認します（第10節から第13節）。

2 自然主義とは何か

自然主義とは、あるいはとくに明治文学における自然主義とは、いったい何でしょうか。この問いへの答えはそれほど単純でなく、十全な理解のためには段階を踏む必要があります。以下、順を追って説明しましょう。

周知のとおりヨーロッパでは、一九世紀の前半に「個人」や「個性」を重視するロマン主義の思潮が広まりました（例えばスタンダールの『恋愛論』はこの時代の作品です）。とはいえ同じ世紀の終わりごろには、これに対抗する「自然科学的な」文学運動が姿を現します――これがヨーロッパで「自然主義」と呼ばれたムーブメントです。第一に押さえるべきは、それが先立つロマン主義への対抗の意味をもっていた、という点です。

では、自然主義を特徴づける「自然科学的な」は何を意味するのでしょうか。これについて例えば安藤宏は具体的に次のように説明します。

たとえばフランスの自然主義を代表するエミール・ゾラは自作『テレーズ・ラカン』の序文において、悪徳も美徳も硫酸鉛や砂糖と同じ合成物である、という歴史家テーヌのことばを引き、人間の感情や性格をさまざまな因子の化合物として分析していくのが小説家の責務である、とし、自分は外科医が死体を解剖するようにこの小説を書くのだ、と述べている。(『日本近代小説史 新装版』、六八頁)

すなわち、自然科学者が物質の構造や因果を探求するのと同様の視線で、小説家は人間の諸行為を眺める、というのがヨーロッパの自然主義です。具体的には〈人間の行動を環境や遺伝の産物として客観的に叙述する〉というのが、このスタイルの代表的なやり方です。これがロマン主義への対抗の一環になりうるのは、「自然科学的な」記述によって個性や決断よりも傾向性や法則という一般的なものに光が当てられるからです。中村光夫によれば、ゾラの自然主義が日本ではじめて紹介されたのは森鷗外の論考「医学の説より出でたる小説論」(明治二二年)においてであるらしい。* とはいえ本邦では最終的に、ゾラ流のそれとは異なるスタイルの小説が「自然主義」と呼ばれるようになります。

* 『日本の近代小説』、一一五頁

ゾラの手法を日本へそのまま輸入せんとした作家もいましたが、現在「日本の自然主義」としてよく知られている小説群は、必ずしも自然科学的な観点をとっていません。ヨーロッパの自然主義と日本のそれとの違いについては、例えばドナルド・キーンが次のように述べています。

> ヨーロッパ自然主義は、主としてそれまでの浪漫主義文学における個の偏重への反応として起こったが、日本の自然主義文学の最大の特徴は個の探究にあった。（『日本文学史 近代・現代篇二』、中公文庫、二〇一一年、八頁）

ここでは「自然主義」が指す事柄の、日本と欧州のあいだでのねじれが指摘されています。すなわちヨーロッパでは、ロマン主義が「個」を十分に探究したあと、「個」の偏重が却って覆い隠す重要な何かを、自然科学的な筆致で明るみに出そうとする運動が現れました。この文学ムーブメントが「リアリズム」の方向性をもつことは容易に理解できます。なぜなら自然科学的な描写は多かれ少なかれ〈写実〉の傾向を具えるからです。

他方、日本で「個」が探求されるのは近代小説が行なわれるようになってからでした。こうしたタイムラグのために、いまだ「個」の探求が続けられる最中に「自然主義」という言葉は本邦に輸入され、その結果、この語は当時進行中の文学プロジェクト（すなわち個の探求）の内部で意味を得ることになりました。かくして「個」を徹底してリアルに描き出そうとする企てが日本で「自然主義」と呼ばれるようになったわけです。*

＊ ヨーロッパの自然主義と日本のそれのちがいにかんする以上の特徴づけは中村光夫の『日本の近代小説』

にも見出される。曰く、「フランスあるいはその影響をうけた国々で、自然主義とその根底をなした科学主義の思想は、ロマン主義とその内容をなした個人の感情解放にたいする反動であったのに対して、前述したように、わが国の場合は、自然主義がむしろロマン主義思想の一面をなし、のちにはそれを完成する役割を果たしたのは注意すべき特色です」(一一六頁)。

形式的には次のようにまとめることができるでしょう。日本の自然主義は、ヨーロッパのそれから核心的特徴——すなわち自然科学的な語りという本質——を抜き去り、残存するリアリズムの姿勢へ〈個の徹底的探究〉という実質を加えたものだ、と。次節より藤村や花袋という「自然主義」で括られる作家たちを取り上げるのですが、そのさい、各々が独自の工夫でもって「個」の探究に取り組んでいることが確認されます。ここでは、日本の自然主義は(ヨーロッパのそれと異なり)個を徹底的に究明せんとする写実の立場だ、という点を押さえてください。

ところで以上の確認がなぜ重要なのかは、一歩踏み込んで説明しておかねばなりません。じつに、本章は自然主義の諸作品を読解することで主体性の原理を探求するのですが、ここでの「自然主義」の意味はしっかり摑んでおく必要があります。なぜなら、どの自然主義に定位するかで話が大きく違ってくるからです。

本章では、一般的な傾向性や法則に焦点を合わせるヨーロッパ的な自然主義ではなしに、個を徹底的に究明する日本型自然主義に即して主体性の原理を探求します。すなわち、《個人が個人として生きるとはどのようなことか》を探求した藤村らの作品を読み、それを通じて主体性の輝きのために十分な原理を問い求める、ということです。

さて、これより島崎藤村の『破戒』、田山花袋の「蒲団」、国木田独歩の「運命論者」という日本の自然主義の代表とされる作品をこの順番で読んでいきます。キーワードは――予告したように――「告白」です。そして《はたして告白は人生をわがものとする主体性の原理たりうるか》が問われます。この問いへの答えは全体として否定的なものになるでしょう。とはいえ〈告白〉には無視できない積極的側面があります。以下では《いかにして告白は自己を自由にするのか》および《告白はどの点に限界を有するのか》の両面を見ることを目指しましょう。

3　自然主義の作品としての『破戒』

『破戒』*が、日本の自然主義の最も重要な作品のひとつとされることは説明なしに確言できますが、《いったいこの小説はどういう点で「自然主義」なのか》は解説する必要があるでしょう。これにかんして例えば同書の岩波文庫版の解説で、文学者・野間宏は次のように述べます。

『破戒』は日本の封建制のゆえに同じ人間でありながら他の人間から差別されるという封建的な不合理を日本の悲劇として取り上げている。藤村はダァウィンの「進化論」などによって、人間をも自然として考えきる考えを自分のものにした。人間は自然の進化のなかに生まれてきた生き物なのである。その人間に上下の別はなく、また卑賤《ひせん》の別もあるはずはない。**

ここでは、藤村は私たちの社会に見出される「身分の高低」の不合理さを暴露する視点を有していた、と言われています。引用によると、この小説家は西洋の知見（とりわけダーウィンの理論）を通して《人間は自然の中の存在だ》と考える視座を得て、これにより貴賤の区別（これは自然に由来しない！）の幻想性を認識します。そのうえで『破戒』は——周知のとおり——いわゆる部落差別の不合理性に迫る作品ですが、このあたりに本作が「自然主義」と見なされる根拠があるとされます。要するに『破戒』が自然主義の代表作であるのはそれが次のリアリズムを実践するからです。それはすなわち、《人間は身分の高低のない自然の中の存在だ》という観点から、現実社会に存する差別を、その幻想性を含めてありのままに写実する、というリアリズムです。

* 岩波文庫、一九五七年第一刷、二〇〇二年改版第一刷

** 「解説」（『破戒』、岩波文庫）、四二四頁

とはいえ——ただちに付け加えねばなりませんが——このリアリズムは『破戒』において、差別を生み出す社会構造の解明へではなく、〈個の探求〉のほうへ向かいます。なぜなら同作では《社会をどう変えるか》ではなく《個人は差別という不合理に対峙しどう生きるか》に関心の軸が置かれるからです。この点はすぐあとで確認する同作のあらすじからも見てとれるでしょう。そして、この点に同作の限界や不足を見出す論者は少なくありません。

いずれにせよ、さしあたり『破戒』は部落差別を内蔵する社会を打ち砕いていく志向を欠き、

ここに大きな問題が見出されうる、という点は心に留めておいてください。おそらく『破戒』が〈個の探求〉にかんしても不十分であることの原因はこの事実に関連します（この点は後で踏み込んで説明します）。

4 《自分は何者か》が隠匿されること

『破戒』のごく大まかなあらすじは以下。

《自分が被差別部落出身であることを誰にも教えてはならない》という父の戒《いまし》めを固く守りながら、瀬川丑松《せがわうしまつ》は信州のある町で小学校の教員をしていた。彼には尊敬する人物がいるが、それは著述家の猪子蓮太郎《いのこれんたろう》である。このひとは自分が被差別部落出身であることを公言しながら虐げられた者の生活を研究し、社会の改善のために活動している。猪子と自分を比較すると丑松は後ろめたくなる。猪子が自己の一切を曝しながら活動しているのに対して、自分は自己を隠しながら生きている、これは情けないことだ、と感じられるのである。

そんな中、田舎で暮らす父が死んだ（獰猛《どうもう》な牛の角につかれたのだ）。息子の丑松は帰省するが、その折に《最近、ある政治家が金を目当てに、被差別部落の金持ちの娘をこっそり嫁にもらうことになった》という話をたまたま知ることになる。そしてこれが後に事件を生む。

田舎から町へ戻った丑松のところに問題の政治家がやってくる。曰く「あなたが被差別部落出身であることは黙っておくので、あなたも私の妻が被差別部落出身であることを黙っておいてくれないか」と。これに対して丑松は――自分の出自を認めるわけにはいかないので――

「何の話か分からない、そもそもあなたと私とは何の関係もない」ととぼける。この対応が政治家の誤解を生んだ。政治家は（おそらく丑松の先手をとろうとして）ある教員に「丑松は被差別部落出身かもしれない」と教える。丑松の出自をめぐる噂話が教員のあいだで広がる。

もはや隠し通すことはできないと丑松は観念する。そして午後の授業中に生徒たちへ「皆さんが御家へ御帰りになりましたら、何卒《どうか》父親《おとつ》さんや母親《おつか》さんに私のことを話して下さい――今まで隠蔽《かく》していたのは全く済まなかった、と言って、皆さんの前に手を突いて、こうして告白《うちあ》けたことを話して下さい」*と言い、子どもたちへ自分が被差別部落出身であることを告白した。結果として、丑松は学校を去ることになる。だがそのころある被差別部落出身者がアメリカのテキサスで農業を行なう計画を立てており、丑松もそれに参加して海外へ行くことになる。

＊　三八一－三八二頁

第一に押さえるべきは、以上のあらすじからも『破戒』の関心が〈個の探求〉にあることが分かる、という点です。なぜなら作者・島崎藤村は、社会改善を目指す猪子蓮太郎のような人格類型の存在を知りつつも、敢えて瀬川丑松の《自分はどう生きるか》の悩みに物語の主軸を置くからです。丑松は、例えば部落差別を社会から無くすための積極的活動を行ないません。彼の煩悶は、社会のあり方ではなく自分の生き方にかんして生じています。では彼の悩みは正確にはどのようなものでしょうか。

自分の出自を隠すことは、丑松にとって、《自分は何者か》を偽るようなことです。いったい自分は虚偽の生活を生きているのではないか、と彼は悩みます。言い換えれば、丑松は——本書の第7章で言及したロバート・ケインの表現を借りれば——《自分が書き紡いでいる人生のストーリーが自己の真実を描き出していないのではないか》と恐れます。偽りのない生を生きること、自己の主体性がそれとして輝く生を生きること、このためには「自分は被差別部落出身者なのだ」という事実を隠していてはダメなのではないか。このように丑松の悩みは、自分が現に生きる生の「虚偽性」にかかわるものです。言うなれば、自分の人生の物語が偽であるのを恐れている、ということです。

5 〈告白〉という解決

さて『破戒』は、この問題——すなわち《自分が何者か》を隠すことから生じる煩悶の問題——にたいして、〈告白〉をその解決として提示します。藤村のストーリーがおのずと主張するに至っているのは以下のような理路です。

偶然の出来事の巡り合わせが丑松の出自の噂を引き起こしたように、真実は決して隠し通せるものではない。それゆえひとは、隠そうとすればするほど、〈いつでも露見しうる真実〉と〈それを隠蔽せんとする終わりなき努力〉とのあいだで心を擦り減らすことになる。では、いったん《自分が何者か》を隠し始め、長らく隠蔽を続けた結果として自分の生の中に真実と虚偽の裂け目を呼び込んでしまった者は、どうすればよいのか。じつにこの裂け目をふさぐには《自分が何者か》を公言するしかない。「自分はこれなのだ」と告白し、表にあらわれる自己とそれまで秘められていた真実とを一致させるしかない。『破戒』の物語が示すこの理路の正しい部分のひとつは《生のうちに生じた真実と虚偽の裂け目は苦しい》という指摘でしょう。真実に背くこと、これはそれ自体で苦しいものです。それゆえ丑松は幾度となく自分の出自を他者に告げようとする。例えば次に引用するのは、丑松が帰省時にたまたま出会った猪子蓮太郎（このひとは被差別部落出身の著述家・活動家でした）へ自分のことを告白しようかどうかと迷うシーンです。


急に日があたって、湿った道路も輝き初めた。温和《やわらか》に快暢《こころよ》い朝の光は小県《ちいさがた》の野に満ち溢れて来た。

ああ、告白《うちあ》けるなら、今だ。

丑松に言わせると、自分は決して一生の戒《いましめ》を破るのではない。これがもし世間の人に話すという場合ででもあったら、それこそ今までの苦心も水の泡であろう。ただこの人《ひと》だけに告白《うちあ》けるのだ。親兄弟に話すも同じことだ。一向差支がない。こう自分で自分に弁解《いいほど》いて見た。（一七五頁）

このときはけっきょく「隠せ」という声が心の中で響いて丑松は告白することができないのですが、引用にかんして注目すべきは《父の戒めが堅固であるにもかかわらず、息子はそれに抗して打ち明けようと努力している》という点です。いったいなぜ彼は告白したいのでしょうか。それは――たったいま述べたように――生における真実と虚偽の裂け目が苦しいからです。

それゆえ『破戒』は、物語の終盤で主人公をして告白せしめ、それによって生の裂け目を癒すというカタルシスを招来しようとします。

さて、あらすじにもありましたが、丑松は外的要因から告白せざるをえない状況に追い込まれます。彼が生徒に向けて行なった告白は――前もって強調しておくと――看過できない問題点を含むものですが、いずれにせよそれは次の通り。

「皆さんもご存じでしょう。」と丑松は噛《か》んで含めるように言った。「この山国に住む人々を分けて見ると、おおよそ五通《いつとお》りに別れています。それは旧士族と、町の商人と、お百姓と、僧侶《ぼうさん》と、それからまだ外《ほか》に穢多という階級があります。御存じでしょう、その穢多は今でも町はずれに一団《ひとかたまり》になっていて、皆さんの履《は》く麻裏《あさうら》を造ったり、靴や太鼓や三味線等を製《こしら》えたり、あるものはまたお百姓して生活《くらし》を立てているということを。［…］まあ、穢多というものは、それほど卑賤《いや》しい階級としてあるのです。もしその穢多がこの教室へやって来て、皆さんに国語や地理を教えるとしましたら、その時皆さんはどう思いますか、皆さんの父親《おとっ》さんや母親《おっか》さんはどう思いましょうか――実は、私はその卑賤《いや》しい穢多の一人です。」（三八〇頁）

ここで丑松は、被差別部落出身であることを「卑しい」ものと捉え、自分がその「階級」に属す者だと述べます。こうした言行の問題点は後で説明しますが、それに先んじて《作者・藤村がこの告白に「問題解決」の意味を見出している》という点は指摘しておかねばなりません。

じっさい、『破戒』の物語においては、この告白を転機として主人公の未来が何かしら希望あるものへ変化していきます。* 具体的には、一方で丑松は学校を辞めることになりますが、他方で彼が被差別部落出身であることが公になった「おかげ」で、同じく被差別部落出身の金持ちが企画する事業に斡旋《あっせん》されることになります。かくして、自分の出自をめぐって鬱々としていた状態は去り、海外という新しい世界で「偽りのない」生活を営む道が拓かれました。

ちなみに、先に言及した野間宏は、丑松のテキサス行きを「逃げて行くこと」に他ならないと考え、『破戒』の結末への不満を述べますが（そしてこれは自然な評価だと言えます）、いずれにせよ同作において《告白が問題解決の役割を担わされている》という点は看過すべきではないでしょう。

＊ 「希望」という言葉は藤村自身が使用しており、例えば「［…］亜米利加《あめりか》の「テキサス」で農業に従事しようという新しい計画は、意外にも市村弁護士の口を通して、丑松の耳に希望《のぞみ》を囁《ささや》いた」などと書かれる（四〇二頁）。

では、丑松の告白の問題点は何か。これについては本章の終盤に踏み込んで説明することにします。今のところは予告的に《彼の告白は自分が現実と見なす事柄への妥協に溢れている》と言うにとどめます。こうした「妥協」のもとでは決して真実と虚偽の裂け目は埋められず、主体の偽りなき生も実現しないのです。

6　性欲を語る花袋

『破戒』における告白は、作中人物が選択する行動のひとつにとどまりますが、田山花袋は告白をいわば小説の語りの一部に組み込みます。すなわち、花袋の「蒲団」*は「告白小説」と呼ばれうるものであり、作者の秘めたる体験をフィクションにのせて暴露するものです。『破戒』では登場人物・瀬川丑松が告白をしましたが、「蒲団」で告白を行なうのは作者自身です。この意味で花袋は同作において〈告白の深度〉を一段深めたと言えるでしょう。

* 『蒲団・一兵卒』（岩波文庫、一九三〇年、二〇〇二年改版）所収

本書の探求において、花袋の「蒲団」は特別な位置を有します。なぜなら明治文学史――正確には、哲学の観点から見た限りの明治小説史――における《私たちは何者か》の探求は、この作品でひとつのゴールをむかえるからです。

花袋はいわゆる「近代的自我」のひとつの型を完成させました。それゆえ彼の語りのスタイルは一種の不朽性を具えるのですが、それと同時に「できあがってしまったもの」につきものの限界も有します。本書はその限界を（さまざまな特徴づけがある中で）、とりわけ主体性の原理の探求における不十分さのうちに見出すでしょう。そして夏目漱石の「反近代的な」語りの意義は、それが花袋の至った地点とは別の場所へ進むポテンシャルを蔵する点にあると言えます。

「蒲団」は日本の自然主義を代表する作品ですが、《これがどの点で「自然主義」とされるか》については一歩踏み込んで説明しておく必要があるでしょう。なぜ同作は「自然主義」に分類されるのか。そのわけは、最も単純に言えば、それが性欲を語るからです。例えば当時の評論家の島村抱月《ほうげつ》は同作を「肉の人、赤裸々の人間の大膽《だいたん》なる懺悔録」と特徴づけましたが、*「肉の人」とは言い得て妙であり、じっさいこの作品では肉欲に翻弄される中年男性のあり方が活写されます。けっきょく「蒲団」が自然主義の代表作とされる理由は次。すなわち、美しいものを美しく描き出すことへ傾かず、むしろ美醜の差別なく何事も「露骨に」語る姿勢で、性欲に振り回される人間を写生した、と。ここには〈あからさま〉を基調とするリアリズムの典型的実践があります。

* 「『蒲團』を評す」(『島村抱月文芸評論集』〔岩波文庫、一九五四年〕所収、八七 - 九一頁)、九〇頁

以上に加えて、花袋の自然主義も〈個の探求〉へ向かう、という点は強調しておかねばなりません。これが時代の要請に応えるものでもあること、そしてこの要請に応えるための手段として「告白」が有効であること、これらの点はここまで何度も参照した中村光夫が指摘しています。曰く、

人々は文学にたんに図式的な人間描写にもとづく博い社会小説より、狭くとも個人の心理を深く抉《えぐ》った「真実」の表現をもとめていました。告白がこのためにもっとも有力な武

器であるのは云うまでもありません。抱月が「今は懺悔の時代である」といい「虚偽を去り、粉飾を忘れて痛切に自家の現状を見よ、見て而して之れを真摯に告白せよ。」といっていますが、これはほとんど自然主義をロマンチスム化する提言です。

花袋はその線に沿って、藤村より一歩すすめた企図を「蒲団」で実現したのです。(『明治文学史』、二〇二頁)

中村によると、日露戦争の終結（明治三八年）以後、支配層や世間のひとびとは戦勝にうかれ、そのため知識階級は却って社会に背を向けることになりました（知識人たちはそうした「思い上がり」をシラケた目で見ていたわけです）。その結果、文学は社会の諸相よりも個人の内面を抉ることを期待されるようになりました。* この期待に告白という武器で応えた最初の作品は藤村の『破戒』ですが、花袋の「蒲団」はそれを一歩すすめます。すなわち続く数節で見るように（また本節冒頭で触れたように）、花袋は告白を小説の語りそれ自体に組み込むことで、個人の内面をより深く抉ることに成功しました。——以下、「蒲団」がどんな作品かを押さえ、そのあらすじを概観したうえで、花袋の到達したゴールがどのようなものかを確認しましょう。

＊ 『明治文学史』、一九五－一九六頁

7 告白によって「束縛」を転化する

「蒲団」がどんな作品かを押さえるさいには、これが作者の身辺をモデルとした小説であることを知っておくことが重要です。加えてこの作品を執筆したさいの花袋の心境を知っておくことも大事です。まずこのあたりのことを説明します。

明治四〇年、花袋の親友の島崎藤村が前年出版の『破戒』で評判を得、別の友人・国木田独歩も短編集によって新たな時代の書き手と認められていました。その一方で自分はまだ「突き抜けた」作品を世に送り出していない——そのころを振り返って後に花袋曰く、

私は一人取残されたような気がした。［…］何か書かなくちゃならない。こう思って絶えず路を歩いても、何も書けない。私は半ば失望し、半ば焦燥した。（『東京の三十年』、岩波文庫、一九八一年、二〇六頁）

この文章には当時の花袋の苦しみが表現されています。藤村や独歩はすでに自らを一流の作家と示すような作品をものしているが、自分はまだそれを行なっていないし、やろうと思ってもできない——花袋は焦ります。彼は次第に追い詰められていくのですが、そんなとき雑誌『新小説』から依頼がきました。いまこそ何かしら一皮むけた作品を作りあげねばなりません。

いったいひとは行き詰まったとき、そこからどう抜け出すでしょうか。対処法はいろいろありますが、花袋は自分を見つめ《自分に何ができるか》を省みました。自己を直視し見栄や虚栄心を取り去れば、自分の進むべき道は絞られてきます。花袋は考える——わたしは自分にしか書けない話をもっている、だがあれを書けば自分自身の秘密が公になる、とはいえ、もうわ

たしはあれを書くしかないではないか、そしてわたしがこんな人間である以上わたしはそうしたもの以外を書くことができないのだ、そうだ、もうあれを書くしかない！

「あれ」とは何でしょうか。じつに花袋はここ数年、ある恋愛事件に巻き込まれていました。すなわち彼の弟子・岡田美知代という女性が、いまだ学生である青年と恋愛関係になり、同棲するだの何だのとゴタゴタがあったのです。*とはいえ――ここが重要ですが――花袋自身も、妻子ある身でありながら、弟子の美知代に対してひそかに恋心を抱いており、彼女に性的に惹かれていたのでした。この秘密を書こう、と作家は決心します。すなわち、彼自身曰く、「かくして置いたもの、壅蔽《ようへい》して置いたもの、それと打明けては自己の精神も破壊されるかと思われるようなもの、そういうものをも開いて出して見ようと思った」わけです（『東京の三十年』、二〇七頁）

* このあたりの事情は例えば伊藤整『日本文壇史11 自然主義の勃興期』（講談社文芸文庫、一九九六年）第三章に詳しい。

執筆に至る以上の経緯は本書の文脈――すなわち自由と主体をめぐる哲学の文脈――において重要な示唆を含みます。例えば性欲に翻弄されるとき、ひとはそんな自分をなかなか自由だとは思えません。そうしたひとが「私は性欲に翻弄される生を生きている、そしてこれが私なのだ」と物語るとすれば、いったい何が生じるでしょうか。もしかすると世界から自己へ押し付けられた〈性欲による束縛〉は、そうした告白の物語によって、自己が主体的に生きうる何かへ転化するかもしれません。花袋はそれを来るべき作品で実践することになります。要するに、自己を束縛するものを告白によって「わがもの」とすること、これが「蒲団」の試みる主体的生への道だ、ということです。

8 「蒲団」の二重性

「蒲団」のあらすじを概観しましょう。

物語は事件のまっただ中から始まる。九月半ば、煩悶する男が道を歩いている。このひとは三十半ばの小説家・竹中時雄。妻子ある身でありながら弟子の横山芳子に恋をしていた。彼は、弟子のほうも師である自分に恋をしていると考えていた。それゆえ今回の出来事は彼を動揺させ失望させた。その出来事とは、芳子に若い恋人ができた、というものだ。相手は京都の学生・田中。中年の時雄は嫉妬心のためにじっとしておられず酒を飲んで徘徊する。

この事件に至るまでに何があったのだろうか。芳子はもともと時雄の作品のファンであり、彼女の住む田舎から東京の時雄のところへ《弟子になりたい》と手紙を送る。いろいろあって芳子は弟子になり、上京し、時雄の妻の姉の家に寄寓することになった。作家の卵はそこから塾に通いつつ創作の勉強をする。一年半後、今回の事件が起きた。

《自分は芳子の父母から娘の監督を任されている》と思うと、時雄は《この恋愛に干渉せざるをえない》と考える。じつのところは《芳子が自分をさしおいて田中と肉体関係を結びでもしたら口惜しすぎる》というのが時雄の行動の動機だが、師はこれを隠しつつ何とか弟子と恋人の関係が発展しないよう画策する。時雄は芳子を自分の家の空いている部屋に住まわすことにする。

事件を受けて芳子の父が東京を訪れる。そして芳子、彼女の父、田中、時雄の四人で今後のことを相談する。とはいえ話はまとまらない。その後、芳子は師に手紙を書くのだが、時雄はそこに彼女がすでに恋人と肉体関係にあると述べていると解釈できる文言——すなわち「私は田中に相談しまして、どんなことがあってもこの事ばかりは人に打明けまい。過ぎたことは為《し》方《かた》がないが、これからは清浄な恋を続けようと約束したのです」（九三頁）という文言——を発見し、《弟子を国へ帰すしかない》と決意する。時雄は芳子の身柄を父にあずけ（父が田舎へ戻るさいに同伴させるのである）、《これで女を男から引き離すことができた》と少し喜んだ。

かくして芳子は東京を去った。時雄の家の二階には、かつて彼女が暮らしていた部屋がそのまま残っている。物語は有名なシーンで幕を閉じる。時雄は芳子が着ていたパジャマを襖から取り出し、その汚れた襟の匂いをかぐ。花袋は「性慾と悲哀と絶望とが忽《たちま》ち時雄の胸を襲った」と書く（一〇四頁）。時雄は芳子のつかっていた蒲団をしき、そこで寝る。そして彼女のパジャマに顔をうずめて泣く。「薄暗い一室、戸外《おもて》には風が吹暴《ふきあ》れていた」（一〇四頁）。

この小説で花袋の目指すところは二重のものだ、という点は見逃してはなりません。第一に、この作家は主人公を自分の分身として描き、それによって《自分はこのような性的人間なのだ》と公に向けて暴露します。これは「否定的な」自己を敢えて肯定するという決死の行為であり、自身の主体性を輝かせる道の半面です。とはいえ——第二の目的ですが——同時に花袋は、「蒲団」を書くことによって《自分はこのような作品を書く小説家なのだ》と表明します。

すなわち、藤村や独歩がすでに一廉《ひとかど》の作家として各々の人生の物語を紡いでいるなかで、花袋はこの作品で自分の作家としての人生を更新せんとしているのです。この点を踏まえると決して、「蒲団」は作者が自分の性的なあり方を暴露する物語に過ぎない、などとは言えません。これに加えて同作には〈作者が自己の小説家としてのあり方を表明する〉という別の半面もあるのです。

この点は重要なので、別の角度からも説明させてください。「蒲団」が関わりをもつところの〈世界と自己の衝突〉はふたつあります。それは第一に世間の性規範と自己の性的欲求との対立であり、同作はこれをテーマのひとつとしていると言えます。他方で——第二の衝突についてですが——花袋は、一廉の作家でありたい自己と自分をまだ一廉の作家と認めない世界とのギャップに向き合い、「蒲団」の公刊でもってこの食い違いを乗り越えようとします。この意味で本作を書くことは、花袋自身の人生の物語を書き進めることでもあります。本書の第7章でケインの「自己形成的行為」の概念を取り上げましたが、花袋が「蒲団」で行なっているのがまさにこれです。彼は、自分の人生の物語を書くことによって、《自分が何者なのか》を作り上げているのです。

いったんまとめましょう。一方で花袋は、常識的な性規範と自分を駆り立てる性的欲求との板挟みに懊悩しますが、他方で彼は作家としての壁を乗り越えることにも苦心しています。「蒲団」はこのふたつの困難を同時に解決することを目指す作品です。花袋は、性的な自分をあからさまに書いて自己肯定するとともに、こうした執筆行為を通じて〈作家としての自己〉のストーリーを更新しているのです。

以上、「蒲団」の為していることの二重性が指摘されましたが、この作品が本書の探求において特別な地位を有するのはまさにこの二重性のためです——この点は次節でさらに踏み込んで論じます。さしあたり、花袋の小説の読解において、第7章までの自由意志と主体性にかんする哲学的議論と、第8章以降の明治文学史の考察とが合流する、という点は心に留めておいてください。じつにケインの「自己形成的行為」は花袋において特筆すべき実例を得ます。すなわち、花袋が「蒲団」を書くことで彼自身の人生の物語を紡ぐという行為は、検討に値する「自己形成的行為」の一例だ、ということ。それゆえ私たちは、この作家がこの作品を書くときに何が起こっているのかを探求することによって、〈主体の物語を書くこと〉の特質や意味をより深く理解できるのです。

9 〈告白する主体〉と近代的自我の完成

たったいま《花袋の行為は「自己形成的行為」の特筆すべき実例であり、その意味で本書の第7章以前の議論と第8章以降のそれは「蒲団」で合流する》と述べられました。ただし注意がひとつ必要です。小説家が作品を書くことは、一般に、しばしば自己形成的行為の意味を有します。じっさい、例えば逍遥も二葉亭も自己の小説をものすることによって自分の人生の物語を紡いでいるでしょう。それゆえ、本書で取り上げた作家的行為のうち花袋のそれのみが自己形成的行為だ、とは言えません。

しかしながら、「蒲団」を書いて公刊するという自己形成的行為については個別に論じる意義があります。なぜなら、そこでは登場人物の時雄が作者・花袋と「重ね合わされて」描かれているからです。そのため花袋の執筆行為は、文字通り〈自分を書く〉という意味合いを持ちます。ポイントをより明確に言えば次。すなわち、「蒲団」においては、語る自己（作者としての花袋）と語られる自己（作中人物の時雄）とが存在するが、このふたつの自己は語りに〈告白〉が組み込まれることで最大限に接近する、と。要するに、語りが〈告白〉の様式をとるときには、花袋が時雄を書くことは、花袋が花袋自身を書くことにもなる、ということ。こうしたいわば「私小説的な」構造は、「蒲団」を（本書で取り上げた他の小説家の作品と比して）独位なものにしています。

以上を踏まえれば、花袋が完成させた「近代的自我」のひとつの型がどのようなものかも理解できます。以下、この点を説明します。

花袋が一皮むけた小説を書けずに作家としてくすぶっていたことはすでに述べましたが、作中の時雄も弟子の恋愛問題に振り回されて書けぬ苦しみに陥ります。すなわち、

> 時雄は常に苛々《いらいら》していた。書かなければならぬ原稿が幾種もある。書肆《しょし》からも催促される。金も欲しい。けれどどうしても筆を執って文を綴るような沈着《おちつ》いた心の状態にはなれなかった。強いて試みて見ることがあっても、考《かんがえ》が纏《まとま》らない。本を読んでも二頁も続けて読む気になれない。（六八頁）

押さえるべきは、時雄の〈書けない〉という煩悶には作者・花袋のそれがオーバーラップし

ている、という点です。この点は前節の「二重性」の説明に関連づけて理解できるでしょう。すなわち、「蒲団」の物語のなかには花袋自身が本作を生み出すに至る苦しみの過程も描かれている、ということ。この意味でこの作品においては《いかにして作家はスランプの闇の中から抜け出し主体性を輝かせるに至るか》が、作家本人の口から語られることになります。

さて花袋はどう決断し、どこへ向かうか。彼は——すでにふれたように——自己の苦境の一切を告白し、それを「わがもの」にする道を選びます。自分は妻子持ちであるにもかかわらず、若い女性へ性的に惹かれて悶々としている。世間の性規範がそれをさせてくれない。また性への執着が心を占拠するため、小説の仕事に支障をきたしている。自分は不自由な状態にある。自分は主体的に生きられていない。……だがこんな人間こそが私なのではないか。そうだ、これが私だ。認めてしまおう、世間へ告白してしまおう、書いてしまおう！

〈告白〉は——『破戒』を取り上げたさいにも触れましたが——自己と世界の乖離を取り去る原理です。弟子への恋心を隠す花袋は、《自己の欲求が世間の良識に反すること》を意識し、自分の秘密が露見したときの反動を恐れています。とはいえ、こうした隠蔽の努力のもとでは、却って自己と世界の対立は保持されることになるでしょう。なぜなら、その努力において、世界は〈自己を認めず抑圧するもの〉と把握されているからです。逆に、自分のありのままを世間に向けて告白することは、たしかにいったん否定的リアクションを引き起こすでしょうが、むしろ世界のうちに「偽りのない」自己を置き入れることにつながります。「蒲団」の公刊後、世界は性的な花袋を一部とする場に変じました。いまや世界は、花袋を露骨に性的であるために押しつぶしたりはしません。

同じ点を別の角度から説明します。〈魔〉へその身を委ねながら、いかにして主体性を輝かせるか。これが本章を導く問いでした。「蒲団」がこの問いへ与える答えは「告白によって」です。例えば時雄＝花袋も「魔的な」ものに身を委ねています。なぜなら彼は、弟子への禁じられた恋をあきらめられず、おのれの性欲へ執着し続けるからです。こうした肉欲はときにひとを破滅させるのですが、時雄＝花袋はいわば一発逆転の自己形成的行為に打って出ます。彼は魔に魅入られる自己の一切を肯定し、それを世間に告白し公にします。こうなると世界はもはや彼を性的主体と認めざるをえません。すなわち世界は、作家の告白を通じて、性的主体たる花袋をその一部とする場に転じます。より直截的に言えば世界は、弟子のパジャマの匂いを嗅いで興奮する花袋が「胸を張って」生きられる場になるのです。

以上の叙述に皮肉のニュアンスを嗅ぎ取る読者もいるかもしれませんが、それは間違いではありません。じつに——後で説明するように——私は花袋の到達したゴールを必ずしも「満足いくもの」とは考えません（それゆえ花袋にかんする私の叙述は多かれ少なかれ皮肉を含まざるをえない）。とはいえそれでも、〈告白によって主体的になる〉という花袋（および藤村）の見出したやり方の威力は絶大だ、という事実も否定できません。それゆえ花袋以降、多くのいわゆる「私小説家《わたくししょうせつか》」が、自己をありのままに告白し、それでもって作家としての自己の物語を紡ぐことになるのです。*

* こうした私小説論は明治小説史の範囲を超えるので、本書では取り上げることができない（別の機会に考察させていただきたいと思う）。

小説の語りに告白が組み込まれる場合、作品と現実世界とのあいだにチャンネルがひとつ加わります。例えば「蒲団」では時雄の出勤時の次の「妄想」が語られますが、それは現実の花袋と切り離しては理解されません。

出勤する途上に、毎朝邂逅《であ》う美しい女教師があった。渠《かれ》はその頃この女に逢うのをその日その日の唯一の楽《たのし》みとして、その女に就いていろいろ空想を逞《たくまし》ゅうした。恋が成立って、神楽坂《かぐらざか》あたりの小待合に連れて行って、人目を忍んで楽しんだらどう……。細君に知れずに、二人近郊を散歩したらどう……。いや、それ処《どころ》ではない、その時、細君が懐妊しておったから、ふと難産して死ぬ、その後にその女を入れるとしてどうであろう。……平気で後妻に入れることが出来るだろうかどうかなどと考えて歩いた。（一一頁）

ここで登場人物の時雄は《妻が難産で死んだら、出勤のさいに見かける美しい女教師を後妻に迎えられるかも》と妄想していますが、「蒲団」が告白の側面をもつ以上、これは花袋の現実の妄想でもあります。かくして私たちは、この小説家にかんしても「こんなことを考える者なのだ」と認知せざるをえません。そしてこうした仕方で「蒲団」は現実世界に変化を与えます。すなわち「蒲団」が公になることで世界は、肉欲に駆られて妻の死さえも期待してしまう田山花袋なる性的人間が生きる空間として露わになる、ということ。このように〈告白〉という特殊な自己形成的行為は、主体自身を作り上げるだけでなく、現実世界も作り変えていきます。

先に「花袋は近代的自我のひとつの型を完成させた」と言えると指摘されましたが、その根拠はこの点にあります。花袋の「蒲団」は、〈告白する主体〉という主体様式を描き出すとともに、《こうした主体が何を為しうるのか》を深い次元で明らかにします。じつに告白する主体は、自分だけが知っていた秘められた自己を世界のうちに曝け出すことで、自己と世界の衝突や乖離を取り去ります。その結果、告白する主体は、もはや偽りや隠し事の含まれぬ文字通り「真実の生」を生きることになります。彼あるいは彼女の私的生活は公共的な世界と連動し、世界の側にはもはや主体の個性を抑圧するものがありません――こうした境地に至りうる〈告白する主体〉はまさに「近代的自我のひとつの完成型」と呼ばれうるでしょう。

前章で、悲惨小説や観念小説は《いかにして〈魔〉に身を委ねつつ破滅を避けるか》という問いを提起すると指摘しましたが、藤村や花袋がフィーチャーする〈告白〉という原理は、これに対するひとつの応答たりえます。その答えを書き下せば次のようになります。

――告白とは、自己を直視し、自らのありのままを認め、それを公にすることだ。しかるに梅吉やお都賀はこの一歩を踏み出すことができずに破滅した。梅吉は、父親の孤独死や愛する女の自死を直視できず、酒を飲んで自らを閉ざす。お都賀も、義父との酷い関係と向き合ってそれをありのままに語り出すことができず、そのために死の方へ追いつめられる。もしも梅吉やお都賀がいわば時雄＝花袋の〈あからさまさ〉をもって「自分はこんなひどい状態に陥っているのだ」と公言できたとすれば、どうなっていただろうか。もしかすると運命はそれぞれを別の場所へ連れていったのではないか。

では「夜行巡査」の八田の場合はどうでしょう。目下の応答は次のように続けます。

――八田は、自分が恋人の伯父を救う力がないという事実（とくに自分が泳げないという事実）を直視せず、ただ《義務は果たされねばならない》という観念に一身を捧げる。いったい彼の主体性は輝いていたか。否である。むしろ八田は自己の無力さと向き合い、それを認めたうえで行動すべきだった（ここに自分の性欲を認めそれを告白する花袋との違いがある！）。この場合、彼は水に飛び込むという暴挙を避け、何かしらの合理的解決を模索できたはずだ。自己のありのままを受け入れることなく、ただ規則に従えばそれでよしとする八田の生き方は「偏狭」以外の何ものでもない。かくしてそこに覚悟の片鱗もない。

こうした応答のポイントは次のようにまとめられます。すなわち、告白する主体はありのままの自己を公的世界の真実へ昇格させるのだが、それをしない梅吉・お都賀・八田のそれぞれは世界と食い違う自己をどうにもできずに朽ち果てる、と。このように藤村の『破戒』と花袋の「蒲団」は――主体と自由の哲学の文脈で読み解けば――悲惨小説や観念小説が提起する問題へ《告白こそが自己の破滅を避ける原理だ》と答えるものです。〈告白する主体〉というものを描き出し、それが何を為しうるのかを示したところに両作の哲学的な意義があると言えるかもしれません。

とはいえ、私は本書を〈告白する主体〉の重要性の確認でもって終わらせるつもりはありません。なぜなら――今から説明することですが――明治文学史の内部にすでに〈告白という原理への批判〉が見出されるからです。すなわち、たしかに〈告白する主体〉は明治期の主体性の探求が到達したひとつの頂点ですが、同時期にオルタナティブの模索も行なわれている、ということ。もし花袋の描き出す〈告白する主体〉を「近代的自我のひとつの完成型」と呼ぶとするならば、この「完成」から抜け出していくような試みが早くも明治末期に姿を現しています。いわば「反近代的な」主体性の探求があった、ということです。

いったいぜんたい〈告白〉に限界はないのか。《告白が万能でない》という事実は、興味深いアナクロニズムですが、明治三五年（一九〇二年）に国木田独歩が公にした「運命論者」という作品ですでに示されています。それは『破戒』の四年前、「蒲団」の五年前のことです。

こうしたアナクロニズム――すなわち〈時を遡る〉という元来の意味のアナクロニズム――の存在に鑑みれば、文学史の進展は必ずしも時系列的でないかもしれないという気がしてきます。ある系譜の伸長の傍らに別の系譜が控えていて、一方の行きついた先が、他方の先立つ仕事によって乗り越えられたりする――歴史の物語は決して単線的でないということです。本章の残りの部分では、独歩の「運命論者」を読むことを通じて、《告白には限界がある》という点を確認しましょう。

国木田独歩も文学史において「自然主義」に分類される作家ですが、その理由のひとつは彼が「自然主義」の典型的な作品――すなわち目を背けたくなる現実を写実する作品――をものしているからでしょう。その一方で、独歩は理想を描く「ロマン主義的な」作品も多く残しており、解釈者によっては《独歩の才能は（自然主義ではなく）ロマン主義の諸作品において開花している》とします。例えば文学者・和田謹吾は「浪漫主義者独歩が成長して自然主義に辿り着いたと見るより、独歩の詩的精神が衰弱して、自然主義風の作品を生み出すに至ったと見るべき」と述べたりする。* この点を踏まえると、独歩を留保なく「自然主義者」と見なすことはできない、と気づかされます。ドナルド・キーンも「独歩の文学的な立場は、文壇の特定な派閥の中にはたやすくはまらない」と注意しています。**

* 「国木田独歩」紅野敏郎、三好行雄、竹盛天雄、平岡敏夫編『明治の文学 近代文学史1』（有斐閣選書、一九七二年）、一四六頁

** 『日本文学史 近代・現代篇二』、一八頁

以上の指摘――すなわち独歩が正当に「自然主義者」と呼ばれうるかは検討の余地があるという指摘――は本書の議論にとってたいへん重要なのですが、それは本書が彼のうちに自然主義を超えていくベクトルを見出すからです。じっさい先に触れたアナクロニズムですが、藤村の『破戒』や花袋の「蒲団」に先立つこと数年、すでに独歩の短編「運命論者」は〈告白によって主体性を輝かせる方途〉の限界を示していました。

かくして私も、本書で独歩を単純に自然主義者と見なそうとは思いません。いや、正確には、私の主張は次です。すなわち、《告白は解決たりうる》という考えを共有しない点で、独歩は他の代表的自然主義者（つまり花袋や藤村）と一線を画す、と。言い換えれば、藤村や花袋が

〈告白〉に積極的な役割を認めたのに対して、独歩はその否定的側面へ目を向ける、ということ。だが、そうであれば《告白のどこが問題的なのか》を具体的に述べる必要があるでしょう。以下、独歩の作品を追いながら、〈告白〉が万能でないことを確認したいと思います。

11 解決につながらない告白

「運命論者」*のストーリーは以下です。

* 国木田独歩『運命』（岩波文庫、一九三九年初版、一九五七年改版）、七－三六頁

〈自分〉は鎌倉で暮らす男性である。ある日、散歩をしていると、滑川《なめりかわ》のほとりに座り心地の良さそうな場所を見つけたので、腰をおろしてくつろいでいた。すると傍を行ったり来たりする三十歳くらいの紳士風の男がいる。気味が悪いので〈自分〉はその場を離れた。すると紳士は〈自分〉が座っていたところの地面を掘り始めた。砂の下から取り出されたのは酒の瓶。紳士は栓を抜いて飲む。それを見ていた〈自分〉は、怪しく感じつつも紳士と会話することになった。

紳士の名は高橋信造《しんぞう》という。後で判明することだが、彼が酒を砂の下に隠すのは、医者や妻にアルコールを禁じられているからである。紳士は〈自分〉に「私は運命に翻弄されており、そのことを忘れるために酒を飲んでいるのだ」と言う。そしてどんな不幸に見舞われているの

かを〈自分〉に話したいと言う。信造の告白は以下の通り。

信造は大塚剛藏《ごうぞう》という厳格な父のもとで育った。とはいえ、いつしか信造はこの父と自分とのあいだに血のつながりはないのではないかと疑うようになった。なぜなら、ひとつには、ふたりの性格がまったく異なるからである（剛藏は精力的な性質だが信造は引っ込み思案である）。はたして十八歳になって子が父に「父様《とうさま》、私は眞實《ほんと》に父様《とうさま》の兒《こ》なのでせうか」と尋ねると、剛藏ははじめ「何を言うか」と反発したが最後には秘密を語り始めた。曰く、かつて地方で働いていたとき、友人の男とその妻に子ができたが、しばらくしてこのふたりが亡くなってしまったので、残った子を引き取った。信造が考えていたように、彼と剛藏のあいだに血のつながりはなかったのである。

その数年後、信造は剛藏の紹介で某法律事務所に職を得る。彼はある訴訟の仕事で横浜の雑貨商に通うことになる。この店は女性が経営しており、その名は高橋梅《うめ》と言うが、夫は数年前に亡くなって、娘の里子《さとこ》とふたりで暮らしている。信造と里子は愛し合うようになった。これは——後に明らかになるように——悲劇の愛である。

愛の行方がどうなるかと言うと、けっきょく信造は高橋の家に婿養子となる形で里子と結婚した（信造の現在の苗字が「高橋」であるのはそのため）。だがしばらくして義母の梅が「信造に怨霊が憑《と》りついている」と言い始める。彼女の説明によれば、かつて自分に言い寄ってきた男が病気で死ぬという出来事があったが、その男の怨霊が現れて梅を恐ろしがらせるらしい。ある日、信造がたまたま早く帰宅すると、梅は娘婿の顔を見るなり「ア、ア、アッ、アッ！」と驚愕した。どうやら信造の顔が、悪霊の仕業だろうか、むかし自分に言い寄ってきた男のそれに変貌していたようだ。

——ここからどうなるか。

その後、たまたま信造は彼の生みの親が亡くなった地方へ立ち寄る。そのさい墓参りを企てるも、死んだとされる生みの母の墓標が見つからない。寺の人間に尋ねると、曰く、生みの母は、夫が病気になったとき、ある金持ちと関係をもって駆け落ちした。そして生みの父は薄情な妻を恨みながら死んでいった。信造は、自分の知る限りの情報を総合し、《駆け落ちした母親は梅にちがいない》と判断する。とはいえ、もしこの判断が正しければ、次の恐ろしい命題も真になる。すなわち、自分の妻・里子は生みの母を同じくする血のつながった妹だ、と。

信造は《自分の妻は自分の妹だ》という思念のために、もはや酒を飲むことしかできなくなった。「離婚してしまえばいい」という意見もあるだろうが、彼は妻を愛してしまっている。そしてこの愛は《妻は妹だ》という発見によってもまったく減ぜられない。皮肉なことに、この愛の堅固さが却って信造を苦しめるのである。要するに、出口なしの状況に追い込まれている、ということだ。

以上のように紳士は告白し「生《うみ》の母は父の仇《あだ》です、最愛の妻は兄妹《きやうだい》です。これが冷かなる事實です。そして僕の運命です」と言う。〈自分〉は返すべき言葉をもたなかった。〈自分〉は紳士と握手して別れた。その後、彼に会うことはない。

——以上のストーリーにおいて第一に押さえるべきは、信造も告白を行なうが、この告白はいかなる解決にもつながっていない、という点です。丑松において告白は新しい生活のきっかけであり、時雄＝花袋において告白は作家としての自己の苦境を打開する一歩でしたが、「運命論者」の主人公の告白は彼の袋小路を何ら解決するものではありません。信造は、《自分は運命に翻弄されて妹と恋をして結婚してしまった》と考えており、この考えに縛られてもはや酒を飲むしかできなくなっています。一方で彼は、自分の運命（と彼自身が考えるもの）に向き合い、それをしかと認めて、ちょうどよく出会った人物にそれを告白する。とはいえ他方で、この自己暴露は信造をどこにも連れて行かない。彼は今後も飲み続けるでしょうし、彼の主体性は輝いていません。

こうなると次の問いが生じます。いったい信造の告白は、丑松のそれや、時雄＝花袋のそれといかなる点で異なるのか。すぐに気づかれるのは、告白する相手の規模にかんする違いです。じつに、丑松は自分の生徒やその家族に向けて告白し、時雄＝花袋はある意味で世間に向けて告白しますが（というのも「蒲団」の告白は作品として世間に公表されるので）、信造はたまたま出会った無関係のひとにこっそり告白しているに過ぎません。この違いの結果、「運命論者」の告白は現実世界を作り変えていく力を欠きます。おそらく信造の告白がいかなる解決にもつながらない原因はこのあたりにあるのでしょう。

この答えには一理あり、その路線で事態を分析すればいろいろ面白いものが見えてくるにちがいありません。とはいえ私は別の路線で進みたい。なぜなら、少なくとも私にとっては、前段落のそれとは別の理路こそが、信造と丑松や時雄＝花袋との違いの核心を説明するからです。ではその別の理路とは何か。節を変えて提示したいと思います。

12 告白の限界

〈告白〉は、秘められた自己を公的な世界のうちに開示し、それによって自己と世界の乖離を取り去る――と繰り返し指摘されました。とはいえ告白には限界がある。なぜなら《告白はありのままの自己を世界のうちに置き入れる》という命題は、決して無条件に成り立つものではないからです。

じっさい、そもそもひとはつねに自己を「正しく」認識しうるでしょうか。例えば、世界に向けて公表した自己がじっさいには歪められた自己だった、ということはありえないのでしょうか。人間の自己認識が決して完璧でない以上、告白は世界の中に「偽りの」自己を置き入れるリスクを免れません。そして、世界に置き入れられた「偽りの」自己が主体のありのままを抑圧するとき、告白は（主体性を輝かせるよりも）むしろ自縛の結果を齎《もたら》すでしょう。信造に生じていることは、この種の自縛だと理解することもできます。

具体的に言えば「運命論者」の主人公は、自分に降りかかる不幸に「運命」の意味を与えて、それに対処する気力を失っています。例えば、信造の告白のあとに、〈自分〉が彼に離婚を奨めたさいのやりとりが以下。

「斷然離婚なさつたら如何《どう》です。」
「それは新らしき事實《じじつ》を作るばかりです。既に在る事實は其爲《そのた》めに消えません。」

「けれども其《それ》は止《やむ》を得《え》ないでしよう。」
「だから運命です。離婚した處《ところ》で生《うみ》の母が父の仇である事實は消《きえ》ません。離婚した處で妹を妻として愛する僕は變《かは》りません。人の力を以て過去の事實を消すことの出來ない限り、人は到底運命の力より悗《のが》るゝことは出來ないでせう。」（三六頁）

ここで信造は、自分にとって生みの母が生みの父の憎き敵であり、血のつながった妹が愛する妻であるという事実が「過去の」変えようのない運命であり、自分はそれに対して何もすることができない、と述べています。たしかに、仮に主人公が「運命」と見なすものが本当に運命であるならば、それは彼にとってどうしようもないことでしょう。なぜなら「運命」とは、その語の意味からして、個人のコントロールを超えた何かを指すものだからです。とはいえ信造が「運命」と見なすものは本当に運命なのか――この点はいったん立ち止まって検討すべき事柄です。

主人公は例えば《母が父の敵であり妻が妹である》という事態を「運命」と見なしています。とはいえ――とりあえず問いうる点として――人間の関係性はそれほど固定的でありうるでしょうか。もしかすると、信造が梅や里子と新しい関係性を構築するよう努力することで、過去への意味づけも変えられるかもしれない。押さえるべきは、信造を縛るものはじっさいには運命そのものではない、という点です。むしろ彼の姿勢が、すなわち自分の苦境を「運命」と意味づける彼自身の姿勢こそが、信造を縛っているのです。

自分の不幸を「運命」と見なす信造の態度は彼の主体的に生きる気力を奪う――この点は他

のパッセージからも確認できます。例えば隠しておいた酒瓶を取り出すことができず（なぜなら他人がその上に座っていたので）ウロウロしていたときの心境について、〈自分〉が「恨めしそうでしたよ」と伝えると、信造答えて曰く、

「イヤ恨めしくは御座いません、情けなかつたのです。オヤ〳〵乃公《おれ》は隠して置いた酒さへも何時《いつ》か他人《ひと》の尻の下に敷《しか》れて了うのか、と自分の運命を咀《のろ》つたのです。咀ふと言へば凄く聞こえますが、實《じつ》は僕にはそんな凄い了見も亦《ま》た氣力もありません。運命が僕を咀うて居るのです［…］」（一二頁）

信造は「その下にものを埋めてあるので、申し訳ないのですがちょっと動いていただけますか」などと頼むことすらできずに、ただ無言で歩き回ることしかできませんでしたが、その理由は——引用で述べられるように——彼がこの不幸も「運命」と見なしているからです。とはいえ、少し考えれば気づかれるように、それが運命であるはずはありません。すなわち「隠して置いた酒」が「他人の尻の下に敷れ」ることが変えようのない定めであるはずはない。じっさいその他人はたまたまそこに座っているのであり、何らかの仕方で酒瓶を取り出すことはむしろ容易でしょう。この意味で信造の現実認識は歪んでおり、この偏った認識のために自由を失っています。

同じ点は別の角度から敷衍できます。そもそも《生みの母が生みの父の憎き敵であり、血のつながった妹が愛する妻である》という信造の認識は「正しい」のでしょうか。ここで、信造

がこの点をしっかり確かめようとしない、という点は注目に値します。彼が問題の事柄を事実だと確信するのは梅とのあるやり取りにおいてですが、それを振り返る信造の告白は次です。

［…］僕は母の前に座るや、

「貴女《あなた》は私を離婚すると里子に言つたさうですが、其理由《そのわけ》を聞きませう。離婚するなら仕《し》ても私は平氣です。或は寧ろ私の望む處で御座います。けれども理由《わけ》を被仰《おつしや》い。是非其の理由《わけ》を聞きませう。」と酔《よひ》に任せて詰寄りました。すると母は僕の劒幕の餘《あま》り鋭いので喫驚《びつくり》して僕の顔を見て居るばかり、一言《いちごん》も發しません。

「サア理由《わけ》を聞きませう。怨靈《をんりやう》が私に乘移って居るから氣味が惡いといふのでせう。それは氣味が惡いでしようよ。私は怨靈の兒ですもの。」と言ひ放ちました、見る〳〵母の顔色は變り、物をも言はず部屋の外へ駈《か》けて出て了ひました。」（三四－三五頁）

要するに、信造が《自分は怨霊の子だ》と述べると梅は恐れをなして逃げ出した、ということですが、これだけでは必ずしも《生みの親が義母だ》という命題の確証にはなりません。となると——事実の如何は別として——信造はいまだ確かめられない思念によって自暴自棄になっていることになります。けっきょく彼を縛っているのは、運命というよりも、彼自身です。それゆえ、たとえ運命（と彼が見なすもの）を受け入れてそれを告白するとしても、そもそもの現実認識が不十分であるために何らブレイク・スルーにつながりません。要するに、〈現実を見据える〉という点で信造は不足しており、こうした場合の告白は決して主体性を輝かせるものにならない、ということです。

いったんまとめます。

たしかに〈告白〉は、世界との軋轢《あつれき》の中で主体性を保持するために役立ちうる原理のひとつだと言えますが、それは決して万能ではありません。なぜなら、世界と自己にかんする人間の認識は歪んでいたり不十分であったりすることがあり、その場合の告白は却って「錯覚」や「思い込み」によって主体を縛りうるからです。本章は「しかるべき主体性の原理」――すなわち〈魔〉へ身を委ねるさいに自己の破滅を防ぐ十分な原理――を模索してきましたが、〈告白〉はそのような原理たりえません。それゆえ「しかるべき主体性の原理」は、もしそうしたものがあるとすれば、〈告白〉以外のところに求めざるをえないでしょう。〈告白〉は価値ある可能性を開くが、求められていた原理ではない、ということです。

13 〈告白〉に代わる原理は存在するか？

本章で指摘されたことは次です。すなわち、たしかに〈告白〉はうまくいけば世界と自己の乖離を取り去る「逆転の」一手たりうるが、人間の自己認識や世界認識の限界のために、その威力は過信されてはならない、と。

例えば花袋は、性的な自己のあり方を告白することで作家としての人生の物語を活きいきと書きあげましたが、こうした成功は究極的には運に恵まれたことの結果です。じっさい、認識が歪んでいたり不十分であったりする場合には（まさに信造はこのケースですが）、告白は世界のうちに「偽り」を投げ入れて却って自己を縛るでしょう。かくして、一見きわめて戦略的に自己を告白し、それによって自らを画期的な作家として描き出すことに成功した花袋ですが、その成功の根底には「運」という偶然事が潜んでいると言えます。そして――続くふたつの章でこの点に踏み込みますが――私たちの自由や主体性を考察するさいに「偶然性」へ目を向けることは不可欠の重要性を含むのです。

では『破戒』の丑松の告白については、どう考えればよいのでしょうか。私は本章の第5節で「彼の告白は自分が現実と見なす事柄への妥協に溢れている」と予示しましたが、いまやその意味を説明することができます。

丑松は告白にさいして「隠蔽《かく》していたのは全く済まなかった」と言いますが、なぜ謝るのかと言えば、彼が被差別部落出身であることを「卑しい」と考えるからです。すなわち、卑しい自分は学校の先生などを務める資格はないのであり、それを隠してのうのうと教壇に立っていて済まなかった、ということ。こうした認識は控えめに言っても「もはや打破すべきもの」でしょう。けっきょく丑松の現実認識も歪んでおり、この認識に妥協したうえでの告白は「真の」問題解決に至りません。野間宏が丑松のテキサス行きを「敗走」と捉えたことはすでに紹介しましたが、こうした評価は正当な根拠をもちます。

本章では「自然主義」に括られる小説家たちの作品を追いながら《いったい〈魔〉へ身を委ねるさいに自己の主体性を守る原理は何か》を問うてきました。そして藤村の『破戒』および花袋の「蒲団」において、〈告白〉が自己と世界との衝突を解消する原理として提示されることを確認しました。とはいえ、独歩の「運命論者」が先回り的に示したように、告白は決して万能ではありません。じっさい、現実をしかと見据える認識が欠けている場合には、告白は却って「錯覚」や「思い込み」で自己を縛るものになります。

では、〈告白〉が不十分だとすれば他に、主体的自己の挫折や破滅を予防する原理はあるのでしょうか。何らかの仕方で主体性が輝くことを「確実化」することは可能なのでしょうか。こうした問いを続くふたつの章――本書のクライマックスとなる最終盤――では、夏目漱石を取り上げながら考察したいと思います。

第13章

世界と自己はどこまでも一致しない——夏目漱石『三四郎』と『それから』

1 漱石の「逆説的」見解へ向けて

夏目漱石は一九一一年（明治四四年）に長編小説『門』を公刊するのですが、この作品についてドナルド・キーンは「傑作である」と述べます。* 本章と次章で行なうことのひとつはこの文学者の意見に与《くみ》すること、すなわち《自由と主体の哲学の観点から言って『門』は「傑作」の名に値する意義をもつ》と主張することです。なぜかと言えば『門』は低く評価されることがあるから。例えば谷崎潤一郎は——後で詳しく見るように——同作を「失敗」と見なします。** もちろん谷崎は彼なりの筋を通しつつ漱石の作品を批評しているのですが、私はそれとは一線を画したい。そして『門』を「決して失敗でない」と見なしうる観点を提供したいと考えています。私の考えでは、自由と主体をめぐる明治文学史の探求は、漱石の『門』において究極の深みに達し、加えて、新たな可能性へ踏み出すための礎《いしずえ》を得ることになります。

* 『日本文学史 近代・現代篇二』、一九六頁

** 「「門」を評す」、『谷崎潤一郎随筆集』（篠田一士編、一九八五年）所収、岩波文庫、一四頁

前章までの議論であぶり出された問いを確認しておきましょう。

自己への執着によって却って自己を失った豊太郎と、〈魔〉に身を委ねることで自己を救ったお峯や十兵衛とを比較するとき、主体的な生にまつわる逆説に気づかざるをえません。それは、ひとは自己を放棄することで自らの生を輝かせる、という逆説です。とはいえ、眉山・鏡花・柳浪らの観念小説や悲惨小説が明らかにしたように、〈魔〉に身を委ねることは主体的な生の確保にとって十分条件ではありません。むしろ、しかるべき主体性の原理が欠けるとき、〈魔〉へ頼ることはリスク以外の何ものでもない――それでは自己を守るのに十分な主体性の原理とは何でしょうか。

藤村の『破戒』や花袋の「蒲団」が示すように、世界と自己の対立を調停するところの特筆すべき原理は〈告白〉です。ただし〈告白〉の限界は無視することができません。じっさい、世界と自己にかんする主体の認識が歪んでいる場合がありうるのであって（独歩の「運命論者」は先回り的にこれを指摘していました）、偏った認識にもとづく告白は却って自己を悪しく縛る枷《かせ》となります。以上より次の問いがあぶり出されました。〈告白〉が駄目となれば、はたして自己を救うのに十分な原理はあるのか、と。

この問いに対する漱石の『門』の答えは「無い」というものです。とはいえ――ただちに付け加える必要がありますが――この答えは決して単純に否定的なものでなく、むしろ逆説的な積極性を具えています。どういうことかと言えば次。すなわち『門』が示すところによると、

《世界と自己の対立を調停する確実な原理は無い》という自覚こそが、自己の主体性を輝かせるための最も着実な道だ、と。したがって「自己を救うのに十分な原理など存在しない」という漱石の指摘は、いわば認識の水準をひとつ上げる仕方で、私たちの生へ一定の指針を与えます。

じっさい『門』は、私たちに「安易な解決があると思うな、むしろ実験的であれ、そして慎重であれ」と諭します。そしてかかる奨めは、〈告白〉によって世界と自己を連動させる「近代的」自我とは異なる生き方を、すなわち世界と自己の裂け目をそれとして生きる道を拓きます。言ってみれば、《自己を守るための確実にして十分な原理など無い》という「原理」へそのつど立ち返りながら生きる、という非原理の原理こそが、先にあぶり出された問いにたいする『門』の解答なのです。

以上の逆説を漱石の作品に即して説明すること――これが本章と次章の目標です。

本章の議論は以下の順序で進みます。はじめに漱石のさまざまな作品のうちの『三四郎』・『それから』・『門』といういわゆる前期三部作が論じられることを確認し（第2節）、次に本書の漱石論の射程と限界をあらかじめ注記します（第3節）。続けて『三四郎』を取り上げ、同作から漱石も〈自己と世界の対立の問題〉へ向き合っていたことを確認し（第4節と第5節）、そのうえで『それから』を読解し、この作家も《問題の対立は決して完全には取り去ることができない》と認める境地に達していた点を押さえます（第6節から第9節）。こうなると《世界の抑圧へ自己はどう向き合うのか》にかんして漱石がどう答えるかが問題になりますが、この問いへは次章で『門』を読み解きながら答えられることになるでしょう。

2 漱石をどう論じるか？

本書は《夏目漱石が自然主義とは違った道を進む》という見方を採用しますが、これは明治文学史の標準的な理解から外れるものではありません。例えば、これまで幾度となく言及した中村光夫は「自然主義の時代に、これと並行して批判的な立場を保ちながら、重要な仕事をした作家に、夏目漱石がいます」と述べますが、*これは自然主義と漱石のあいだに何かしらの対立を認める言葉です。この作家はときに「反自然主義」のタイプに括られることがありますが、本書もこの捉え方に多かれ少なかれ賛成します。

とはいえ、このさい重要になるのが《漱石はどの点で自然主義と袂を分かつのか》を明示的に述べることです。『門』の作者はいかなる意味で「反自然主義的」なのか、への私自身の最終的な答えは本章と次章の議論全体を通じて与えられるでしょう。

* 『明治文学史』、二一七頁

はじめに作家のプロフィールを確認しておきたいと思います。*

* 以下は江藤淳『決定版 夏目漱石』（新潮文庫、一九七九年）に付された年譜などを参考にした。

慶応三年（一八六七年）江戸生まれの夏目漱石は帝大で英文学を学び、後にこの大学の講師になる。講義の傍ら『吾輩は猫である』や『坊っちゃん』などを発表する。そして明治四〇年（一九〇七年）、教師の仕事を辞め、専業の作家になる。

小説家になった後の漱石の作品群は、明治四三年（一九一〇年）の胃潰瘍悪化による一時的危篤という出来事を境に「前期／後期」と分けられることがあります。すなわち、いわゆる修善寺《しゅぜんじ》の大患──漱石はこの寺で療養中に危篤になったのである──の前には『三四郎』、『それから』、『門』などを書き、それ以後には『彼岸過迄』、『行人』、『こころ』などをものします。先述の中村光夫は「大患以来、彼の関心の対象はさらに心理に集中され」*と作風の変化を説明しますが、死線を彷徨《さまよ》った前後で漱石の筆に何かしら違いが生じていることは多くのひとの認めるところです。大正五年（一九一六年）、『明暗』を新聞連載中に胃潰瘍発病、同年十二月九日に永眠。四九歳でした。

＊　『明治文学史』、二二〇頁

《本章と次章が漱石のどの作品を取り上げるか》には、私自身の主張が含まれることになるでしょう。ここまで明治文学史に即して自由と主体の問題を考察してきましたが、これを貫徹するために、私は以下で明治期の作品に焦点を絞りたいと考えています。具体的には明治末期の作品群『三四郎』、『それから』、『門』を取り上げます。これは逆から言えば、明治の小説史がこれらの三つの作品で終着点に至る、と私が考えていることを意味します。これは決して文学史の常識とは言えず、むしろ私の積極的主張です。

ただし、これは恣意的な選択ではありません。なぜなら第一に――本章と次章の議論がこの点の説得につながることを期待していますが――『三四郎』、『それから』、『門』のいわゆる三部作はひとつの時代のフィナーレを飾るのにふさわしい大作と言えるからです。そして第二に、大患以後の小説のうちで『彼岸過迄』はかろうじて「明治のうちに書かれた」と言えますが、*この作品はすでに次の時期の風味（すなわち明治の漱石をはみ出す風味）を具えたものになっています。さらに加えて〈自然主義とは異なる道〉を模索する本書の企図にとって、大患以前の三部作を論じることは大いに意味があります。というのも、これらの作品を読み解くことによって、いかにして漱石が〈告白〉という原理を超えていくかが明らかになるからです。

＊『彼岸過迄』は明治四五年（一九一二年）一月から四月まで新聞で連載。同年七月に明治天皇が崩御。かくして『彼岸過迄』の単行本は大正元年九月に出版されることになる。

それゆえ以下では『三四郎』、『それから』、『門』を順に考察することによって、冒頭で触れた「非原理の原理」の意味の理解へ迫りたいと思います。そのさいこれら三つの作品の主題的な連続性も説明されることになります――この説明は《なぜ本書はこれら三つの作品を「三部作」と呼ぶ慣例を受け入れるのか》の理由づけになるでしょう。

3　本書の漱石論の限界

本書の漱石論の方向性やその限界については、あらかじめはっきり述べておいたほうがいいと思われます。以下で私は『三四郎』、『それから』、『門』を自由と主体の哲学の観点から読むのであって、〈文学的に十全な漱石像を彫琢する〉という課題は――これはそれ自体で重要な企てだが――本書の目的を超えます。以下で提示されるのが三部作の哲学的解釈だ、という点は心に留めておいてください。

また、漱石の哲学は「則天去私」なる概念をめぐって論じられることが多いですが、本書の議論はそれに関わりません。なぜなら、他の作品（例えば『明暗』など）は措くとして、少なくとも『三四郎』、『それから』、『門』の前期三部作が切り拓く境地は「則天去私」と名づけられるものではないからです。

ちなみに――大事な注記として――漱石の哲学と「則天去私」のつながりは（必ずしも既定の事実ではなく）むしろ考察すべき問題だと言えます。*例えば代表的な評伝『夏目漱石』を書いた小宮豊隆は、大患を経た後の小説家について次のように述べました。

漱石は死を生の中に織り込み、生を死の中に織り込み、かうして相互に反發し矛盾する二つのものを、一つに連接させたいと希つた。「則天去私」は、そのことを可能にする唯一の道であつた。（『夏目漱石 三』、岩波書店、一九五三年、二三二頁）

ここでは、死線を彷徨った漱石はその結果〈生と死を連接させる思想〉を得たいと考え、これを実現する道として「則天去私」という理念を奉じた、と論じられています。ただし、こうした理解に批判がないわけではありません。例えば――最も有名なケースとして――評論家の江藤淳は、漱石の言う「則天去私」はじつのところ彼の全作品に共通する〈現実逃避性〉という通奏低音であり、それは決して大患以後に得られた哲学的境地などではない、と論じます。** そして江藤によれば漱石が偉大であるのは、決して深遠な哲学を悟達したからではなく、その文学を通じて「日本の現実」を捉えたからです。かかる批判には説得性があるのですが、それでも決定的ではありません。例えば最近では哲学者・思想史家の長谷川徹が、漱石と清沢満之《きよざわまんし》の思想的な関係性の考察を通じて、この小説家の哲学における「則天去私」の意義の再確認を試みています。*** このように《漱石と「則天去私」の関係はどのようなものか》は、いまだ論じる余地のある問いであり、私も機会があればそれに取り組みたいと考えているのですが、それは本書の射程を超えます。

* 漱石の哲学と「則天去私」をめぐる問題について手早く知るさいには大山英樹「「漱石神話」の形成」(筒井清忠編『大正史講義　文化篇』、ちくま新書、二〇二一年所収)が便利である。

** 『決定版 夏目漱石』、一八－一九頁

*** 『哲学する漱石 天と私のあわいを生きる』、春秋社、二〇二一年

加えて――同様の議論になるので手短に済ませますが――漱石が講演で述べる「自己本位」*についても以下では取り上げません。というのも『門』が到達する境地は、少なくとも私が読む限り、「自己本位」と呼べる何かとは異なるからです。私は、自由と主体の哲学にとっての小説の意義を信じているので、三つの作品がそれ自体で展開し、そして提示する主体様式へ考察の焦点を絞りたい。この限定された仕事には、徐々に明らかになるように、私たちの「主体性」理解にとって無視できない重要性があります。

＊「私の個人主義」（三好行雄編『漱石文明論集』、岩波文庫、一九八六年所収）、一一四頁

それでは以下、明治四一年（一九〇八年）の『三四郎』、明治四三年（一九一〇年）の『それから』、明治四四年（一九一一年）の『門』を順に読んでいきましょう。

4 どうにもならない現実の世界に向き合う三四郎

『三四郎』*のあらすじは以下の通りです。

＊岩波文庫、一九三八年第一版、一九九〇年改版

帝大に入学する三四郎が、列車で九州から東京へ向かっている。道中、たまたま汽車で出

会った女性と同じ宿の同じ部屋で泊まることになる、などの事件もあったが（この顚末は説明すると長くなるので是非本で読まれたいが、おそらく誘惑しているだろう女性にたいして三四郎が何もできなかったことは強調せねばならない）、何はともあれ目的地は順調に近づいてくる。三四郎は乗り合わせたある男性と会話することになり、このひとは日本の将来について「亡びるね」と言う。こんな話は田舎では聞いたことがない。三四郎は未知の世界にやってきたことを意識する。その晩、東京に着く。

東京に三四郎の知り合いはいない。さっそく親のつてのある野々宮という年の近い研究者に会いにいく。この人物に上京の挨拶をした帰り道、ブラブラしていると二人連れの女性と行き会う。そして二人のうちの若い方がどうも気になる。そして彼は「矛盾だ」という独り言を発した（この独り言については後で取り上げて論じたい）。

大学での勉強が始まる。講義の合間に与次郎という若者と知り合いになるが（彼は選科生である）、この男の活発な行動が物語を進行させる歯車のひとつになる。与次郎は「広田先生」なる人物に住まいを世話してもらっているらしい。すぐに三四郎に知られることだが、この先生は先に言及した研究者・野々宮を教えたこともある。

ある日、三四郎に広田先生が紹介された。それは列車で「亡びるね」と言った男性であった。英語教師をしているらしい。広田先生は俗世から超然としたところがあるが、与次郎はこのひとの知性を世に売り出そうとしている。

そこからいろいろあって、広田先生の引っ越しのさい、三四郎は掃除の手伝いをすることになる。そのとき、先に登場した若い方の女性と再会する。名は美禰子《みねこ》と言い、彼女も手伝いにきたらしい——後で判明することだが、彼女の兄（故人）が広田先生と友人であった。手伝いの最中に野々宮もやって来る。三四郎の見るところ、美禰子と野々宮は親密である。それがどうも気になる。

しばらくして三四郎、美禰子、野々宮、野々宮の妹、広田先生で連れだって菊人形を見に行くことになる。菊の着物を着た人形を眺める五人。そのとき美禰子は——三四郎にその意図は分からないのだが——ひとりその場を離れようとする。彼女は一度野々宮のほうを振り返る（この研究者は広田先生と熱心に話している）。三四郎は美禰子を追う。結果、男女はふたりきりになる。

三四郎と美禰子は会話する。女は自分たちの状況を「迷子」と記述するが、そこには比喩的な意味も込められているようだ。彼女は思わせぶりに英語で「迷える子《ストレイ・シープ》」と繰り返す。帰り道、ぬかるみを跳び越すさい、ふたりの手が触れ合う。そのときにまた美禰子は「迷える子《ストレイ・シープ》」と言い、三四郎は彼女の呼吸を感じた。

ここからどうなるか。いろいろあるが、どうにもならない。三四郎は美禰子が気になる。ただし、三四郎の感じるところでは、彼女は野々宮を意識している。だが若い研究者は女性を相手にしていないようだ。そして美禰子は——何かしら覚悟を決めたのだろうか——三四郎でも野々宮でもない誰かしらの男と結婚することになる。物語の終末、美禰子を描いた絵を前にして（彼女はある画家のモデルもしていた）、三四郎は女性のことを考える。そして心の中で迷　羊《ストレイ・シープ》、迷　羊《ストレイ・シープ》と繰り返す。

以上があらすじですが、全体として描かれているもののひとつは〈どうにもならない現実〉

です。例えば三四郎はヒロインに恋心を抱いていますが、まだ学生の身分であるためそれを進展させることができません。また美禰子のほうも――彼女は進歩的な人物として描かれていますが――女性をめぐる当時の（そして現在も残存しうる）社会的制約から自由ではありません。物語の終盤で与次郎が主人公に「君があの女と結婚する事は風馬牛だ」と述べて〈三四郎と美禰子の結婚の実現しえなさ〉を強調しますが、*こうした「どうにもならなさ」に向き合うことが『三四郎』で行なわれていることです。あるいは、少なくとも主体と自由の哲学の観点から読めば、本作のモチーフはそう理解できます。節を改めてこの点をさらに踏み込んで考察しましょう。

* 『三四郎』、二八一頁。ちなみに「風馬牛」は故事成語であり〈互いにはるかに隔たっていて出会えないこと〉を意味する。馬や牛の雌雄は、互いに相手をもとめて空しく鳴いていることがあるのだろう。となると与次郎の言葉は《三四郎と美禰子が互いに求めあっていること》をも暗示することになるかもしれない。

5 世界と自己の関係の根本的構造

自分にとってどうにもならない現実と対峙すること、すなわち自己と世界の対立、これを本書は明治の小説群が取り組んだ問題だとしてきました。『三四郎』を読んで確認できることは、漱石もこの問題をおろそかにしていない、という点です。じつに同作は、作家が自ら取り組まんとする問題を彫琢する役目を担っていると言えます。すなわち『三四郎』は、『それから』

そして『門』と続く連作の一番目として、そこでがっぷり四つに組み合う問題を明示的に提起します。では、それはどのような問題か。それは繰り返し述べるように《どうにもならない現実を前にしてどのように自己は主体的になるか》という問題です。

漱石作品にこの哲学的問題を見出すさいのインスピレーションは、例えば柄谷行人の言説から得ることができます。この批評家は漱石の「哲学」を、あるいはとりわけ『虞美人草《ぐびじんそう》』（明治四〇年〈一九〇七年〉新聞連載）以降に書かれたこの作家の長編小説の背景にある哲学を、次のように表現します。

人間の「自然」は社会の掟（規範）と背立すること、人間はこの「自然」を抑圧し無視して生きているがそれによって自らを荒廃させてしまうほかないこと［…］（「意識と自然」、『新版 漱石論集成』岩波現代文庫、二〇一七年、二一‐六七頁所収、五頁）

ここで柄谷は、漱石の長編小説ではある種の「背立」がテーマとなっている、と述べます。そのうえで、《この背立が自己の荒廃を引き起こす》という事態が漱石にとっての問題だ、と指摘します。では問題の「背立」は何と何との対立なのかと言えば、それは引用では〈人間の自然〉と〈社会の規範〉との衝突だと説明されます。

例えば『三四郎』を例にとれば、美禰子との恋を成就させたいというのが主人公の「自然」だが、これは「分をわきまえよ、学生の本分を逸するな」という「掟」と衝突する、と言えるでしょう。そして三四郎は「自然」の恋から目を逸らしつづけ、美禰子が他の誰かの妻になると決まったときにも何もしません。言い換えれば彼は掟のほうに従います。その結果、思い人の絵を前にして、「迷羊《ストレイ・シープ》、迷羊《ストレイ・シープ》」と心の中で繰り返し煩悶することになります。要するに、「自らを荒廃させ」るに至った、ということです。

漱石の哲学の対象を〈人間の自然と社会の規範との背立〉と捉える柄谷行人の読解を、本書の言葉を交えて敷衍すれば次のようになります。世界は自己の「自然」を圧迫してくるのだが、こうした抑圧を放置すれば自己は主体性を失うに至る、と。これは逆から言えば、自己が主体的な生を輝かせるためには、世界（すなわち社会などの自己を超えたもの）にやられっぱなしではいけない、ということを意味します。では世界との対立において、自己はいかにして主体的たりうるのか――このように問えば、漱石も〈世界と自己の衝突〉をめぐる問題に取り組んでいたと解釈できます。

『三四郎』が〈どうにもならない現実との対峙〉を描いていることはあらすじからも見てとれますが、ストーリー全体のうちでとりわけ注目すべきは、主人公がはじめてヒロインの姿を知覚するシーンです。それは三四郎が「矛盾だ」とつぶやく場面でもあるのですが、その箇所を引けば以下。

> 二人の女は三四郎の前を通り過る。若い方が今まで嗅いでいた白い花を三四郎の前へ落して行った。三四郎は二人の後姿を凝《じっ》と見詰ていた。看護婦は先へ行く。若い方が後から行く。華《はな》やかな色の中に、白い薄《すすき》を染抜《そめぬ》いた帯が見える。頭にも真白な薔薇《ばら》を一つ挿している。その薔薇が椎の木陰《こかげ》の下の、黒い髪の中で際立《きわだっ》て光っていた。

三四郎は茫然《ぼんやり》していた。やがて、小さな声で「矛盾だ」といった。大学の空気とあの女が矛盾なのだか、あの色彩とあの眼付が矛盾なのだか、あの女を見て、汽車の女を思い出したのが矛盾なのだか、それとも未来に対する自分の方針が二途《ふたみち》に矛盾しているのか、または非常に嬉《うれ》しいものに対して恐《おそれ》を抱《いだ》く所が矛盾しているのか、――この田舎出の青年には、凡《すべ》て解らなかった。ただ何だか矛盾であった。（『三四郎』、三三頁）

ここで三四郎は、現実に含まれる何かしらの「背立」の存在を直感し、それを「矛盾」と表現しています。見逃してはならないのは、主人公はこの段階で《この矛盾が何であるか》を具体的に述べることができない、という点です。物語の進行に伴い、問題の矛盾は〈個人の恋愛と社会の規範の衝突〉という形に具現化され、三四郎も〈恋を成就させたいという自然な思い〉と〈学生の本分を逸してはならないという掟〉との折り合いのつかなさを意識するようになります。とはいえ――たったいま強調したように――青年ははじめ漠然と「背立」を直感するだけでした。いったいこの事態は何を意味するのでしょうか。

問われるべきは次です。なぜ三四郎は、矛盾の詳細を説明できないにもかかわらず、背立に気づくことができたのか。答えはおそらく《世界と自己は必ずや何かしらの仕方で衝突するものだから》というものでしょう。三四郎にとって問題の矛盾は結果として〈恋愛と社会規範の衝突〉として具体化しましたが、これは重要な意味で「たまたま」であり、例えば主人公に異なる性格が設定されていたら、矛盾は別の仕方で具体化していたかもしれません。じっさい、例えば「大つごもり」のお峯も現実の矛盾と向き合っていましたが、それは「お金」をめぐる不条理（ひとの生活を便利にするために存在する「お金」という制度が却ってひとびとを苦しめることになるという背理）だと言えます。このように現実は個人に対して何かしら矛盾したものとして現れうるのですが、《具体的にどのような矛盾か》はケース・バイ・ケースだと言えます。

以上を踏まえれば《ひとが現実にかんして漠然と矛盾を直感する》というのは、まったく不思議でないと分かります（むしろ自然だとさえ言える）。なぜなら、「矛盾」や「背立」はそもそも世界と自己の根本的な関係の一部であり、ひとは自分へ降りかかる個別的な対立の具体相を知るに先んじて〈自己と世界の対立〉という根本構造に気づきうるからです。三四郎も何かが始まる予兆とともに、この根本構造を直感しました。自己と世界を鋭く隔てるエッジに気がついた、ということ。かくして彼にとって世界は、どのような仕方で牙をむいてくるか分からないが、それでも恐るべきものとして立ち現れます。

この点を強調するのはなぜか――それは《漱石は一般的な問題に取り組んでいる》という事実を指摘するためです。じつに『三四郎』においても問題の核心は《世界が自己を抑圧してくる》という構造であって、これが主人公とヒロインをめぐる「恋愛的－社会規範的な」具体的事件を通して考察されているのです。それゆえ読者の側でも、三四郎の対峙する矛盾の「恋愛的な」側面などは多かれ少なかれ捨象する必要があるでしょう。少なくとも漱石を通じて哲学的な考察を行なう場合にはそうです。本書もまた三部作が俎上に載せる〈自己と世界の対立〉という構造それ自体へ焦点を合わせます。はたして漱石は《自己を抑圧する世界の中でひとはいかにして主体性を輝かせるのか》という問いにどう答えるのでしょうか。

6 告白する代助とその限界

この問いに対して『それから』[*]は、〈告白〉は主体性を確立する原理たりえない、と答える——と私は言いたい。言い換えれば同作は〈告白〉の限界を指摘しているということ。この点を確認するために、まずは同作のプロットを押さえましょう。『三四郎』と比してドラマティックな構成の妙があるので、じっくり紹介したい。[**]

* 岩波文庫、一九三八年第一版、一九八九年改版

** 江藤淳によると『それから』の執筆時、「『虞美人草』、『坑夫』、『三四郎』と三作つづけて新聞小説を書き上げたという経験によって、漱石はプロットが立たないという処女作以来の宿弊を、ほとんど克服しかけていた」(『漱石とその時代 第四部』、新潮選書、一九九六年、二五五頁)。じっさい同作のプロットには——本文で紹介するように——詰将棋のような理路がある。

代助は大学を卒業して数年になるが、就職せずいわば「高踏な」趣味にふける生活を続けている。生活費や遊興費はすべて裕福な実家からもらっており、自分の一戸建てをもち家政婦を雇えるくらいの余裕のある暮らしをしている。そんなある日、中学以来の友人である平岡から手紙が来た。そこには、代助の住む東京へ転居することになったので職探しなどについて何卒よろしく、などとある。二週間後、平岡は妻を連れて上京し、旧友ふたりは再会する。

代助と平岡は酒を飲みながら語り合う。友人曰く、勤めていた会社で金銭トラブルに巻き込

まれて辞めるはめになった。主人公は《他にも事情があるに違いない》と疑うが、敢えて詮索しない。帰りぎわ、代助は平岡に「三千代さんはどうした」と尋ねた。友人の妻のことを問うたのだ。平岡は「君に宜しくいってた」と答える。代助と平岡と三千代は――徐々に明らかになるように――かつてよく行動をともにした仲である。

ところで代助は実家とのあいだでめんどうを抱えていた。父がしきりに「結婚せよ」とプレッシャーをかけてくるのである。代助の有閑生活は実家からの金銭的援助のおかげで成り立っているので、父の要望を邪険にすることもできない。息子はこれまで結婚について言われる度にのらりくらりとかわしてきたが、すでに数回縁談を断っている。ちなみに『それから』のプロットの全体は、一方で代助と平岡夫婦の関係が変化していく筋があり、他方で主人公の結婚をめぐって実家が動きを見せる筋があり、この二本のラインが多かれ少なかれ並行的に伸長し最後に交じり合うものである。

さて代助はいろいろと気になるので平岡夫妻の宿を訪ねたりする。妻の三千代は慢性的に体調がすぐれない様子だ。結婚後、不幸が重なり、女性はいま心臓か何かの病を患っている。

ある日、三千代がひとりで主人公の家にやって来る。座敷にあげて会話していると人妻は「少し御願があって上がったの」と言う。借金の返済のための金が要ると言う。平岡の不始末のためであろう。金額は五百円と少し。代助は何とかできるほどの金をもっていない（そもそも彼は働いていない）。それでも主人公は《何とかしてやりたい》と考える。けっきょく実家を訪ね、兄の嫁に頼み二百円を得てこれを三千代に渡す。代助は《三千代は平岡と結婚すべきでなかったのではないか》と考える。そして自分は間違っていたのではないかと疑う。というのも平岡と三千代を引き合わせたのは他ならぬ代助だったからである。——そうこうするうちに平岡は新聞記者の職に就いた。

父は相変わらず「結婚せよ」と言ってくる。そして佐川という資産家の娘との縁談をもってきた。代助は父から実家に呼び出され、面と向かって「もらえ」と要求される。子は「はい」とは言わない。こうなると父は、子に意中のひとがいるのだろうと考え、「では佐川の娘でなくてよいからもらいたい娘をもらえ」と言う。代助は「そんな娘はいない」と答える。父はとうとう怒り出す。息子は徐々に追い詰められていく。彼は人妻である三千代を気にしているのだ。そして《かつて自分が熟慮の末に平岡へ彼女を譲ったこと》を今や後悔し始めている。そう、数年前、代助は三千代を好いていたにもかかわらず、理屈をつけてその気持ちに蓋をして、彼女と平岡の結婚を祝福したのだ。

そんな中、主人公は平岡と会う。そして酒を飲みながら旧友に「毎日なるべく早く帰宅して三千代さんを安心させよ」と諭す（じつに、すでに代助が知りえた情報として、友人は遊蕩にはまっておりそれによる借金も多かったのである）。平岡は「家に帰っても面白くない」と答える。代助は「家庭を大切にせよ」と言う。平岡は「家庭を重く見るのは君のような独身者に限る」と応じる。代助は平岡へネガティブな感情を抱く。

徐々に代助に人生の選択が姿を現し始める。はたして、社会の掟に反して三千代への愛を成就させるか、それとも自然な恋をまるごと諦めるか。後者の選択肢をとる場合、その手段として佐川の娘をもらうのもよいだろう。どちらを選ぶべきか。

主人公は、社会の規範に背を向け、個人の恋愛のほうを選ぶ。決心した代助は三千代を自分の家に呼んで、自らの秘めたる愛を告白する。「僕の存在には貴方が必要だ」——とはいえ不倫の愛は罪である。人妻は「残酷だわ」と返事する。だが三千代もかつて代助を好いていたのであって、いまや平岡とのあいだに強い愛情はない。三千代は「覚悟を極《き》めましょう」と言う。罪人になることに甘んじ代助の愛を受け入れる、ということだ。

ここからどうなるか。代助は佐川の娘との縁談を断ることを父へ伝える。父は苦い顔をして「もう御前の世話はせん」と申し渡す。代助は《これから金はどうするのか》という問題に直面する（翌月は幸いにも、気を利かせた兄嫁がさしあたりの金を送ってくれて事なきをえるのだが）。加えて主人公は〈自分と三千代とのことを平岡へ伝えねばならない〉という問題にも直面している。手紙を送って会談の場をセッティングし、代助は先だってのことを告白する。平岡は自分の名誉が傷つけられたと感じる。代助は「三千代さんをくれないか」と尋ねる。相手は「やってもいいが病気が治ってからだ、妻の病を治すのは自分の責任だ」と応じる。そして代助は《病気が治るまで人妻・三千代と会わないこと》を約束させられる。これは、主人公が思い人と再会できないまま女性が死ぬ、という可能性があることを意味する（そして代助は作中で三千代と再会しない）。

後日、代助の家に兄がやって来る。平岡なる人物から届いた手紙の真偽を尋ねにきた、と言う。兄が持ってきた封筒の中の紙には代助と三千代の「不倫」が説明されていた。「そこに書いてあることは真実か」という兄の質問にたいして弟は「本当だ」と答える。この答えにショックを受けた兄は「家族の名誉を傷つけた」と責める。そして縁切りを宣言する。代助にとって《今後の生活はどうするのか》という問題がリアルになる。趣味を愛する彼に《なぜ働かねばならないのか》の答えは見出されない。だが彼は家を飛び出し仕事を探しにいく。炎天下「ああ動く。世の中が動く」と声を上げる。

以上が『それから』のプロットの概略ですが、本章までの議論の文脈で強調すべきは、クライマックスで告白が行なわれる、という点です。主人公は三千代に自分の愛を告白し、平岡へ自分の「罪」を打ち明けます。そのうえで必ずや押さえねばならないのは次。例えば『破戒』の丑松の告白は、彼の直面する問題を解決するものとして描写されたが、『それから』は代助の告白をむしろ〈現実の問題へよりいっそう正面から向き合うためのきっかけ〉として描き出している、と。さらに言えば、代助は告白したために却って彼が予想した以上の問題に巻き込まれていく、とさえ解釈できます（というのも彼の告白は平岡の暴露を引き起こし、後者は主人公の実家からの即時の縁切りを引き起こしたから）。

こうした点を踏まえると『それから』の〈告白〉は、決して問題解決の契機ではありません。漱石の見方では、藤村や花袋の見立てに反して、〈告白〉は世界の抑圧から自己を救い出す原理たりえないのです。

7 『それから』の消極的主張

『三四郎』と『それから』をどう読むかについての本書のスタンスは、以上の議論から察することができるかもしれません。私は、『三四郎』と『それから』において漱石は明治小説史の歩みを自分のスタイルで反復している、と読みたいと考えています。本書はここまで明治の小説の歴史を次の仕方で叙述してきました。それは、坪内逍遥以降の小説家たちが〈自己と世界の対立をめぐる問題〉を立て、最終的に自然主義者が〈告白〉を主体性の原理と提案したが、これは国木田独歩によって先取り的に退けられていた、という仕方です。

漱石は問題の二作品において、この歴史をおさらいすると言えるでしょう。すなわち、『三四郎』で自己と世界をめぐる問題を提起し、『それから』で〈告白〉の自然主義を乗り越えて独歩の境地に追いつく、ということ。これは次の『門』でより深い見方を展開するための準備の意味も有します。

このように本書は『それから』を世界と自己の衝突の問題を考察する文脈に置いており、これがひとつの選択である以上、《はたしてこの読み方は可能なのか》は問題にならざるをえません。はたして同作は自己の主体性をめぐる問題へ何かしらの解決を与えるものと読まれうるのでしょうか。この問いへは「それはありうるひとつの読み筋だ」と回答可能です。じっさい、漱石研究で知られる文学者・内田道雄曰く、

問題は、現代において自己を樹立する如何なる手立てがあり、それはそもそも如何にして可能かということである。『それから』で造型された、審美的に研ぎ澄まされた自我意識の持主である長井代助という青年に課せられたのは、そのような問題であった。（「夏目漱石」、紅野他編『明治の文学』、二一七頁）

ここで内田は、《いかにして自己を確立するか》が『それから』のテーマであり、漱石は代

助の生き方の描写を通じてこの問いへ何かしらの答えを与えようとした、と指摘します。じつに、同作の主人公は「近代的な」審美眼と批評眼を与えられていますが、《かかる人物が降りかかる困難にどう向き合うのか》は、自己の確立という課題へ重要な示唆を与えるにちがいありません。このように内田は、本書の言葉を使うと、問題の作品に〈主体性の追求〉という意図を見出します。

では内田は『それから』が問題の問い――すなわち《いかにして自己を確立するか》という問い――へどう答えていると指摘するのでしょうか。たったいま代助に「近代的な」審美眼と批評眼が与えられていると言われましたが、例えば平岡から「何故働《はたら》かない」と問われた無職の主人公は次のように答えます。

何故働かないって、そりゃ僕が悪いんじゃない。つまり世の中が悪いのだ。もっと、大袈《おおげ》裟《さ》にいうと、日本対西洋の関係が駄目だから働かないのだ。（『それから』、九一頁）

じつに代助は一定の社会批判*を根拠として自分の無職を正当化し、それでもって趣味的な有閑生活に安穏としています。だが、はたしてこうした〈世間への軽蔑〉は自己の確立につながるのでしょうか。これにかんして内田は次のように論じます。

かつて友人に譲った三千代が友人の妻として再び代助の前に現れた時から代助の安静な立場が崩れはじめる。三千代への「自然の愛」を自覚し、三千代を囲繞する現実にかかわらざるを得なくなったとき、代助は繰り返し逡巡するのである。動揺の中に一つのことがはっきり見えてくる。彼の論理は砂上の楼閣であったことが。（「夏目漱石」、二一七頁）

ここで内田は『それから』の核心を次の連関のうちに見ています。すなわち、代助の頭でっかちな自己正当化が「砂上の楼閣」であったことが三千代への愛によって露呈し、〈世間への軽蔑〉などが自己確立の原理たりえないことが明らかになる、と。この点を踏まえると先の問いへは次のように答えられるでしょう。《いかにして自己を確立するか》という問いに対して、『それから』という作品は《近代化の結果として現れた「さかしらな」社会批判は決して自己確立へつながるものではない》と消極的な答えを提示する、と。これはよく分かる議論です。なぜなら、じっさい三千代との再会を機に、代助は自身の「安静な」生活を破壊し始め、物語の最後には困惑の中で炎天下に投げ出されるからです。けっきょく内田の読みに従えば次のように言えます。すなわち、『それから』は問題の問いへ積極的な答えを与えることは先送りし、さしあたり《代助のような審美的で批評的な生き方は自己を確立させるものでない》と答える、と。

＊　引用にあるように代助は「日本対西洋の関係が駄目だから働かないのだ」と、自分が無職であることを社会のためだとする。彼の〈働かないことの正当化〉が頭のうちだけのことだという点を補足的に説明するため、代助の言葉をあと二三見ておこう。
例えば彼は「働らくのもいいが、働らくなら、生活以上の働《はたらき》でなくっちゃ名誉にならない。あらゆる神聖な労力は、みんな麵麭《パン》を離れている」と言う（九四頁）。ここでは、食べていくことが目的の仕事は神聖な仕

事ではない、と言われている。

また自分の主張に平岡が《働くことの目的は食べるためだろう》と指摘すると、代助は次のように論じる。「それ見給え。食う方が目的で働らく方が方便なら、食いやすいように、働らき方を合せて行くのが当然だろう。そうすりゃ、何を働らいたって、またどう働らいたって、構わない、ただ麺麭が得られれば好いという事に帰着してしまうじゃないか」（九五頁）。ここでは、食べることが目的で働くことがその手段であれば、ひとはどう働くかを選ばなくなる、と論じられている。これがたんに「頭でっかちの」論理に過ぎないことは、《多くのひとが、第一に生きていくためには食べねばならないが、それでもできる限り自分の納得のいく仕事のため努力している》という事実からも確認できる。〈食べること〉と〈納得のいく仕方で働くこと〉の二分法は、代助の頭の中だけに存在する「砂上の楼閣」に過ぎない。

『それから』には消極的な主張がある——という読みにかんして、私は内田道雄と軌を一にしたいと考えています。なぜなら私もこの作品が《自己確立の原理が何でないのか》を指摘していると解釈するからです。とはいえ、内田とは焦点の置き所を違えて、私は『それから』が〈告白〉の不十分さを独自の仕方で明らかにしていると考えます。この読み方は前節の末尾ですでに触れましたが、節を変えて詳細を説明させてください。

8 〈告白〉の威力を相対化する漱石

『それから』は、〈告白〉は主体性を守るための原理として不十分だ、ということを示す——これが私のこの作品の読み方です。同作をこの仕方で読むとき「では自己を救うのに十分な原理は何か、そもそもそのような原理は存在するのか」と問わぬわけにはいきませんが、これに答えるのが『門』の目標になります。いずれにせよ『それから』において〈告白〉がどう扱われているかを見てみましょう。

代助が一種の「ボヘミアン」である――すなわち裕福な実家の世話になりながら自分は働かずに趣味的に暮らしている――という点など、『それから』のキャラクター造形には踏み込んで考察すべきことが多々あるのですが、先を急ぐため、ただちにクライマックスを論じたい。物語終盤において、主人公は個人の恋愛をとるか社会の規範に従うかの選択を迫られます。すなわち、

此処《ここ》で彼［代助］は一《いっ》のジレンマに達した。彼は自分と三千代との関係を、直線的に自然の命ずる通り発展させるか、または全然その反対に出《い》でて、何も知らぬ昔に返るか。どっちかにしなければ生活の意義を失ったものと等しいと考えた。その他のあらゆる中途半端の方法は、偽《いつわり》に始って、偽に終るより外に道はない。悉《ことごと》く社会的に安全であって、悉く自己に対して無能無力である。と考えた。

彼は三千代と自分の関係を、天意によって、――彼はそれを天意としか考え得られなかった。――醗酵《はっこう》させる事の社会的危険を承知していた。天意には叶《かな》うが、人の掟《おきて》に背く恋は、その恋の主《ぬし》の死によって、始めて社会から認められるのが常であった。彼は万一の悲劇を二人の間に描いて、覚えず慄然《りつぜん》した。

彼はまた反対に、三千代と永遠の隔離を想像して見た。その時は天意に従う代りに、自己の意志に殉ずる人にならなければ済まなかった。彼はその手段として、父や嫂《あによめ》から勧《すす》め

られていた結婚に思い至った。そうして、この結婚を肯《うけが》う事が、凡《すべ》ての関係を新《あら》たにするものと考えた。（二二九頁、四角括弧補足は引用者による）

代助は、三千代を選んでたとえ罪人になろうと〈自然の愛を生きる者〉になるのか、佐川の娘をもらい自然の愛を抑圧して〈社会の掟に従う者〉になるのかを迷っています。いずれを選ぶかによって《自分は何者なのか》が変わってくる以上、ここでの決断は——第7章で論じた自由と主体の哲学の術語を使えば——「自己形成的行為」だと言えます。ケインのビジネスウーマンがキャリアを棒に振るリスクを冒しつつ男性を助けることで「道徳的人格」になったように、引用の選択には代助のアイデンティティが懸かっているのです。そして主人公は、すでに述べたように、〈掟を犯すとしても自然の愛をとる者〉になりました。

この決断のもとで代助は告白を行なうのですが、漱石は独特の仕方で〈告白〉の威力を相対化します。この「相対化」がいかなるものかを順序立てて説明すれば以下。

一方で漱石は〈告白〉がまったく無力だとは考えていません。代助は自分が昔から愛していたことを三千代へ告げ、それに対して人妻はいったん《なぜ今さらそんなことを言うのか》と責めますが、そこからふたりの関係は深まります。まず代助が言うに、

「僕は今更こんな事を貴方にいうのは、残酷だと承知しています。それが貴方に残酷に聞こえれば聞こえるほど僕は貴方に対して成功したも同様になるんだから仕方がない。その上僕はこんな残酷な事を打ち明けなければ、もう生きている事が出来なくなった。つまり

我儘《わがまま》です。だから詫《あやま》るんです」

「残酷では御座いません。だから詫まるのはもう廃《よ》して頂戴《ちようだい》」

三千代の調子は、この時急に判然《はっきり》した。沈んではいたが、前に比べると非常に落ち着いた。しかししばらくしてから、また

「ただ、もう少し早くいって下さると」といい掛けて涙ぐんだ。代助はその時こう聞いた。

——

「じゃ僕が生涯黙っていた方が、貴方には幸福だったんですか」

「そうじゃないのよ」と三千代は力を籠《こ》めて打ち消した。「私だって、貴方がそういって下さらなければ、生きていられなくなったかも知れませんわ」（二四七－二四八頁）

かつて代助と三千代は、それぞれ互いへの気持ちに蓋をしていました。そのため各々において、秘めたる内面の自己と世界における外的な振る舞いとは分裂していました。とはいえ、告白を通じて、世界に現れ出る姿と内面の想いとが一致します。前章で「〈告白〉には世界と自己の分裂を取り去る力がある」と述べましたが、このことは引用の告白にも妥当します。代助は、告白を通じて、内心の隠匿による自己の抑圧を取り去る——このように『それから』の作者は、ある点で花袋に同意して、〈告白〉という原理に一定の力があることを認めます。

他方で漱石は注意深く《この原理はそれでも絶対的でない》と付け加えます。そしてそれは第二の告白——平岡への代助の告白——を描くことによって行なわれます。じっさい、主人公の告白をきっかけとして旧友との関係が「真実」になるということはなく、むしろ平岡はより

頑《かたく》なになり、より正体の分からない男になると言えるでしょう（そしてこれは逆も然りであり、告白は代助を友人にとって理解不能の罪人に変えてしまう）。かくして平岡が「三千代を譲ってもいいが病気が治ってからだ、妻の病を治すのは自分の責任だ」と述べたのを受け、主人公は「そんなことを言って死んでから遺体を譲るだけだろう」と応じるのですが、そのやり取りは以下。

「あっ。解った。三千代さんの死骸《しがい》だけを僕に見せるつもりなんだ。それは苛《ひど》い。それは残酷だ」

代助は洋卓《テエブル》の縁《ふち》を回って、平岡に近づいた。右の手で平岡の脊広《せびろ》の肩を抑えて、前後に揺《ゆ》りながら、

「苛い、苛い」といった。

平岡は代助の眼のうちに狂える恐ろしい光を見出した。肩を揺られながら、立ち上がった。

「そんな事があるものか」といって代助の手を抑えた。二人は魔に憑《つ》かれたような顔をして互《たがい》を見た。（二九一頁）

ここでは、魔に憑かれたふたりの男が互いのことを分かり合えずに不信の中で疲弊する、ということが生じています。この点だけ見ても友人への告白は、何かを解決したというよりもむしろ、旧友のあいだの関係をよりいっそうこじれさせたと言えます。その後に平岡は代助の実家へ意図不明の暴露文書を送るのですが、*これによって代助は家族から縁を切られて《どう稼ぐか》の問題に直面します。このように二番目の告白は、世界の抑圧から自己を主体として自

由にするというよりも、むしろ世界と自己の新たな対立を引き起こすものだと言えます。というのも、代助にかんしては、〈働くことの意義がよく分からない趣味的な自己〉と〈働かぬ者に生きることを許さぬ世界〉とが対立しているからです。

＊　もちろん平岡の意図はいろいろと推察することが可能であり、例えば岩波文庫版の『それから』の解説を書く文学者・吉田凞生《ひろお》は次のように論じる。「結末の場面で、平岡が代助の実家に、代助と三千代との関係を手紙で告げるのも下心あってのことと思われる。会社の内幕を書かない代わりに［すなわち新聞記者・平岡は代助の実家の会社のダーティな仕事のことを知っていたようである］、夫としての体面を傷つけられたことに対する金銭的な補償を求めるための下工作ではないかと想像されるのである」（「解説」（『それから』、三一七－三三〇頁所収）、三二三頁、四角括弧内の説明は引用者による）。これはよく分かる読みだが、他の解釈もある以上（例えば問題の暴露を純粋な復讐と見なす読みもある）、平岡の意図の不明さは払拭されない。

以上で漱石が強調するのは、〈告白〉は自己の直面する問題を解決することもあれば新たな問題を引き起こすこともある、という「当たり前の」事実ですが、この指摘は明治文学史における主体性の探求の文脈で重要性を具えます。なぜなら、この指摘によって『それから』の作者は、藤村や花袋による〈告白〉の重視を一種の「偏重」と見なしうる視座を得、自然主義を乗り越える企ての端緒につくからです。

自然主義によれば（前章で確認したように）、ひとは告白によって世界と自己の食い違いを取り去ることができ、こうしたいわば自己と世界とが一致する生こそが真に主体的な生き方でした。とはいえ、本節で見てきたように、漱石は〈告白〉の絶対視を批判します。代助の告白は、一部の問題を解決するのですが、同時に別種の問題を招来しました。現実の告白はこのように良い結果を生むこともあれば悪い結果を生むこともある――こうした意味でそれは「相対的な」ものに過ぎないのです。

9 〈告白〉の不可能性

漱石による〈告白〉の相対化――これを前節で確認しましたが、要点は何でしょうか。それは以下のように説明できます。すなわち、仮に「告白」という語で世界と自己の食い違いを完全に取り去る何かしらのわざを指すとすれば、『それから』の行なっていることは〈告白の不可能性〉の証明だ、と。じっさい、漱石にとって、世界と自己の対立は決して根本的に除去できるものではありません。なぜなら、「自己」なるもののありようからして、自己の存在は避けがたく世界とのずれを随伴するからです。それゆえ〈告白〉は、それが世界と自己の食い違いを解消する原理と見なされる限り、不可能なわざだと言わざるをえません。

以上の指摘のインスピレーションはふたたび柄谷行人の文章から得られたものです。この評論家は、第一に、代助の告白が真の告白（すなわち世界と自己の対立を取り去る告白）でないと指摘する――曰く、

［…］『それから』の代助も告白した。が、その告白は唐突であり機械的である。彼はそれまで自己欺瞞によって無自覚だった「自然」（真実）をさとって、かつて友人に譲った女を奪いかえす。しかし、ここにあるのは単純な図式にすぎない。つまり、自分の本心

（自然）と自己欺瞞（人工）の二元的な図式があるにすぎない。（「意識と自然」、三二頁）

すなわち、たしかに代助は告白によって〈自己欺瞞に蔽われた生〉を〈自然な本心に導かれる生〉に置き換えましたが、後者の自然の生のうちにも自己と世界の対立は相変わらず存在します。じっさい、本心の自然な生においては、実家からの縁切りのために《働く意義が分からないのに働かねばならない》という問題が生じています。柄谷によると代助の行なっていることはけっきょく、自己欺瞞と本心を二元的に対立させたうえで、前者にもとづく生活を後者にもとづくそれに転換したに過ぎません。かかる「小手先の」転換は決して《世界と自己とが対立する》という生の構造を変えるものではありません。とはいえ、これはなぜか――。

なぜ真の告白（すなわち世界と自己の対立を取り去る告白）は不可能なのか――柄谷は、第二に、この問いへの答えとして〈自己という存在のありよう〉に訴えます。曰く、

告白の不可能性を探っていけば、われわれは欺瞞や自尊心のかわりに、この世界で人間が存在するあり方そのものに眼を転ずるほかないのだ。いいかえれば、われわれがこの世界で存在するありようそのものがわれわれを真実（自然）から疎隔（ずれ）させているのではないのか。（三三頁）

ここで柄谷は、自己という存在はそもそものありようからして世界からの「疎隔」を含んでおり、その結果、世界は不可避的に自己を抑圧するものになる、という見立てを提示してい

ます。こうした見方は〈告白の不可能性〉をうまく説明すると言えるでしょう。例えば「自己欺瞞」にもとづく生を「本心の」生へ転換したとしても、いま述べた見方が正しいとすれば、後者の生のうちにも〈世界と自己の対立〉は現出せざるをえません。

かくして、「告白」で世界からの抑圧を完全に取り除く原理を意味するとすれば、《自己という存在のありようからして告白は不可能だ》と言えます。そして現実に行なわれる告白（例えば代助の行なう告白）は、せいぜいひとつの問題を別の問題に置き換える「相対的な」ものに過ぎず、決して主体性を確立するための確実な原理の名に値するものではありません。

まとめましょう。

『それから』は独自の仕方で――すなわち少なくとも独歩の「運命論者」とは異なる仕方で――〈告白〉の限界を指摘します。世界と自己のあいだにあるひとつの対立を取り去ったとしてもただちに別の対立が現出する、という事態へ目を向ければ《世界との対立は自己の存在のありようの一部だ》と考えることができます。だがそうであれば、〈告白〉によって世界と自己を一致させて主体的な生を実現する、という道はそもそも開かれていません。むしろ世界からの抑圧は、自己にとって、自己が自己である限りいわば「たえず付き合わざるをえない」必然事です。したがって、仮に自己の主体性を救う何かしらの原理があるとしても、それは世界との対立を「温存」するものであらざるをえません。

では、そのような原理は存在するのか。世界との対立を解消せずに自己が主体的であり自由である、ということはそもそも可能なのか。この問いへ「非原理の原理」でもって答えるのが『門』という作品です。

第14章
漱石の「非原理の原理」――『門』

1 『門』の読解へ

かくして、本書の探求の最大のクライマックスである、『門』の読解の端緒に辿り着きました。この作品は重要な意味で〈私たち〉を描いており、《私たちは何者なのか》へ核心的な答えを与えるポテンシャルを有しています。ちなみに評論家・吉本隆明はある本で「漱石の作品のなかで、この『門』が前からいちばん好きな作品です」と述べましたが、*私もそうです。とはいえ、好き嫌いとは関係なく、この作品は自由と主体の哲学にとって無視できない含意をもつと言えるので、以下そうした点を確認しましょう。

＊『夏目漱石を読む』（ちくま文庫、二〇〇九年）、一四八頁

ここまでの議論を導いてきた問いは《ひとは世界の抑圧のもとで、いかにして自己の主体性を守るか》でした。以下、この問いへ本書の最終的な答えが与えられるでしょう。そのさいに

足がかりになるのが明治文学史の（本書の文脈における）ゴールである『門』です。
とはいえ、前章までの議論が切り拓いた文脈で『門』を読むためには、必ずや答えねばならない問いが複数あります。それらを列挙すれば以下。

問一　本書は『門』に自由と主体の哲学にかんする大きな意義を認めるが、ときに「失敗作」とされる同作にこうした価値を認めることは正当なのか。とりわけ谷崎潤一郎の『門』批判へどう答えるのか。

問二　《世界の抑圧のもとで自己を守る原理は何か》という問いへ漱石が何かしらの答えを与えるとしても、それは自然主義の〈告白〉の原理と異なるものなのか。また少なくとも何かしらの点で漱石の「原理」のほうが、花袋や藤村の原理よりも優れていると言えるのか。

問三　世界と自己の衝突をめぐる目下の問いは、観念小説や悲惨小説の提示する問題提起を導きのひとつとしている。では「はたして梅吉、八田、お都賀のそれぞれの何が足りなかったのか」という問いへ『門』はどう答えるのか。

少なくともこれら三つの問いへ答えることができなければ、本書はいわば「伏線を回収できなかった」ことになります。したがって本章は、これらすべてに答えることを目指さねばなりません。結果として議論は息の長いものとなり、しかも複線的になります。それゆえ議論の筋道をいつもよりも詳しく予告させてください。

はじめにこれまでどおり作品のあらすじを紹介しますが（第2節）、その後ただちに谷崎潤一郎の『門』批判の内容を確認し（第3節）、私がこの作家の評価に与《くみ》しないことをドナルド・キーンの『門』解釈に依拠して論じます（第4節）。《なぜキーンなのか》と言えば、それはこの文学者の読みが本書のやろうとしていることに重要な意味をもつからです。じつに、キーンの路線で思考するさい、『門』という作品を読むことそれ自体が自己形成的行為と見なされうると分かります（第5節）。

本書は――キーンの解釈から得られる着想ですが――〈世界と自己の対立の解消不可能性〉を軸に『門』を読解します。ここからただちに漱石と自然主義者とのちがいも明らかになります（第6節）。じつに《世界の抑圧の問題に解決はあるか》という問いについて、花袋らが「ある」と考えるのに対し、『門』の作者は「ない」とします。その結果、漱石は〈解決のない問題に解決を求める〉というアイロニカルな企てに取り組むことになるのですが、この「アイロニー」が本章の究極的なキーコンセプトです。じつに『門』は「主体性の原理」として〈アイロニー〉を提示する――とはいえ、ここで言うアイロニーとは何でしょうか。この点を詳解するのが第7節以降の作業です。

まず――学問としての哲学にとって必要な作業ですが――漱石が明示的に（本書の意味の）アイロニーを重視していることを傍証するために、『門』と同時期に書かれた彼の論考をひとつ参照します（第7節）。そのあと、『門』のテクストを引きながらアイロニーがどのようなものかを分析し、その核心的側面として〈実験性〉と〈慎重さ〉を抽出します（第8節）。

アイロニーは〈実験性〉と〈慎重さ〉を本質的な契機とする——この点を押さえればアイロニーが「非原理の原理」であることも明らかになります(第9節)。ここからさらに《梅吉・八田・お都賀のそれぞれは何が足りなかったのか》の答えも得られます(第10節)。最後に議論全体のまとめとして《世界の抑圧の問題へアイロニーをもって向き合うとき何が起こるのか》を確認します——そのさい本章の議論は吉本隆明の『門』読解と合流することになるでしょう(第11節)。

以上が本章の議論の流れです。形式的に言えば、先の第一の問いへは第3節から第5節で、第二の問いへは第6節で、第三の問いへは第10節で答えが与えられます。〈行なわれるべきこと〉の多さから議論はいささか錯綜しますが、みなさんにおかれては随時立ち止まって、そのつど何が行なわれているかを確認しながら読み進めていただければと思います。

では本題へ進みましょう。

2　告白しない宗助

『門』* のあらすじはだいたい以下のようなものです。

* 『門』、岩波文庫、一九三八年、一九九〇年改版

宗助《そうすけ》は薄給の役人であり、妻・御米《およね》と崖の下の借家に住んでいる。彼には十歳ほど年下の

弟・小六《ころく》がいるが、現在この若者にかんして問題が生じている。それは《小六がひとり立ちするまでにかかるお金をどうするか》という問題である。

宗助の父が死んで以来、小六は叔父・佐伯《さえき》の家で養ってもらっていた。だがその叔父は先般亡くなってしまった。叔母は今後甥の世話をするのは難しいと言う。小六は大学への進学を希望しており、宗助はそれを助けてやりたい――だが無い袖を振ることもできない。けっきょく兄は、自分が弟を家に住まわせて食費などを引き受ける代わりに、叔母のほうは大学卒業までの学費を援助する、という案を思いつく。ただしこのやり方を採るためには叔母を説得する必要がある。宗助は気が進まない中で打診の手紙を書く。はたしてこの案は受け入れられるのか。

叔母の答えは次。まとまったお金を毎月出すのは難しい、無理をしてもう一、二か月は学費などを出すから、そのあいだに何とかせよ、と。宗助はとりあえず小六に高校の寄宿舎を引き払わせ自宅に住まわすことにする。叔母は「一、二か月で何とかせよ」と言うが、はたして小六の学費や進学の問題は解決するのか。とにかくまとまったお金がいる。

屏風を売ればいくらかお金ができるかもしれない――宗助の父の遺産として高価らしい屏風が残っている（「高価らしい」と言うのは主人公も御米もこの道には不案内だからである）。声をかけた古道具屋は宗助の留守のときに来た。店主は「六円で買おう」と言う。御米は「夫に相談する」と言って帰そうとする。すると古道具屋は「もう一円上乗せしよう」と応じた。交渉は数日にわたり、けっきょく三五円で買っていった。

このようにして幾ばくかのお金が得られたが、これで学費がまかなえるわけはない。ここからどうなるのか。しばらくして宗助は崖の上に住む家主とたまたま親しくなるのだが（きっかけは崖の上から落ちてきた文庫を宗助が家主に届けたことである）、この人物との関わりがこのあとの成り行きに無視できない変化を与える。家主の名は坂井と言い、かなりの趣味人である。

さて、小六が宗助の家に住み出してから、御米はふだんよりも気張って家事をすることになった。その結果、病弱であったことも原因だが、体調を崩し寝込んでしまう。夜に医者を呼んで薬をもらい少し落ち着く。数日してようやく回復。だが宗助は《またいつ発作が妻を襲うか》と思うと気が気でない。

御米の健康はこれまでどんな具合だったか、あるいはなぜ宗助は貧しい暮らしに甘んじているのか――夫婦の過去は物語の半ばで明らかになる。

御米はこれまで三度妊娠したが、いつもどこかでうまくいかなかった（一度目は流産、二度目は早産の後すぐに亡くなり、三度目は臍帯《さいたい》で窒息した）。東京に越してくる前に暮らしていた広島や福岡でも健康とは言えない体調だった。あるとき御米は占い師のところへ行った。易者は「貴方は人に対して済まない事をした覚がある。その罪が祟っているから、子供は決して育たない」と言った。御米はいまだにその占いを気にしている。というのも「済まない事」という言葉に思い当たることがあるからだ。

宗助は彼が京都大学の学生であったころ初めて御米に会った。場所は学友・安井の住まい。友人は御米を「妹だ」と紹介した――これは、徐々に明らかになるが、公にできない事情で女性を妻とした安井がその事実を隠すためについた嘘である。宗助は友人の嘘に気づきながら御米と恋仲になる。けっきょく彼はひとの妻を奪うことになるが、世間はこれを罪とした。その結果、宗助は大学を辞めざるをえなくなった。そして京都も離れざるをえなくなった。宗助夫婦は広島そして福岡へと移り住み、貧しい暮らしを余儀なくされる。同時に安井も学校を辞めざるをえなくなった（隠していた何かしらの事実が露見したからだろう）。御米が「済まない事」という言葉に思い当たるのは、この安井との出来事である。

ちなみに宗助夫婦が福岡でくすぶっていたとき、旧友の杉原（このひとは国家公務員をしている）がかつての同級生を東京に来られるよう引き立ててくれた。そのおかげで宗助はいま都会で暮らせている――ただし薄給の借家住まいだが。

話を現在に戻そう。正月明けのある日、家主の坂井が宗助を「お暇ならお話でも」と下女を使いに誘ってきた。行ってみるとたわいのないおしゃべり。そのうち小六の話になった。坂井は「どうです、私の所へ書生に寄こしちゃ」と提案する。これは宗助にとって渡りに船である。というのも、小六が坂井のところに住めば御米の心労は減るだろうし、それによって生じた金銭的余裕によって学費も何とかなるかもしれないからだ。宗助はありがたく頷首《がんしゅ》した。

だが話はここで終わらない。坂井の話は、モンゴルへ行って「冒険的な」事業に挑戦している彼の弟のことになる。家主は宗助に「今度この弟がうちを訪ねてくるから一緒に食事でもどうか」と誘う。主人公は、嫌な予感がしたのか、「客人は弟さんだけか」と確認する。これに対して坂井は「大陸から弟と一緒に帰ってきた安井という男もこの家に来るらしい」と答える。これを聞いた宗助は青ざめる。学校を辞めた友人は満州へ行った、という情報を得ていたからである。

宗助は安井と再会することを恐れる。もちろん坂井の言う「安井」が自分の知っている安井である確証はないが、「大陸から帰ってきた安井」というのは不気味である。不安の宗助は体調を悪くする。御米は夫の様子が変であることに気づき「どうなすったの」と尋ねるが、旦那のほうは「疲れた」だの「心地が悪い」だのしか言わない。宗助は自分の内部で悶々と煩う。

宗助はついに仏道に頼ることにした（宗教はこの煩いを鎮めうるかもしれない！）。知り合いから仏寺への招待状をもらい、妻に「禅寺で静養してくる」と伝えて家をたち、汽車に乗り遠出して山門をくぐる。

山中、招待状の名宛人である僧・宜道《ぎどう》と出会った。二十代半ばの若い坊さんだ。彼は宗助を老師に紹介する。老僧は新参者に公案を課してくれた。それは「父母未生以前本来の面目は何か」という問いだ。宗助にはまったく分からない。読誦などにも取り組むが、何ら進展はない。宗助は徐々に「自分には宗教は向いてない」と感じ始める。

山寺には十日ほどいた。悟るなんて無理だ、と実感する。宗助は老師に別れの挨拶をした。老僧は「少しでも手掛りが出来てからだと、帰ったあとも楽だけれども」と言った。宗助はふたたび汽車に乗って家へ帰った。自宅の周辺にとくに変化はなかった。

安井はどうなったのか――気になる宗助は思い切って家主に探りを入れてみることにした。崖の上の家を訪ねる。聞くと、四、五日前に坂井の弟も安井も帰ってしまったらしい。宗助は安堵した。

その次の月、役所のリストラがあった。宗助は《自分もくびを切られるかもしれない》と考えたが、さらにその翌月、馘首の波が去ったと知らされた。宗助は御米に「まあ、助かった」と伝えた。小六の学費も何とかなりそうだ。気候も春らしくなってきた。御米は「本当にありがたいわね」と言う。宗助は「うん、しかしまたじきに冬になるよ」と応える。

――以上のあらすじにかんして必ずや指摘すべきは『それから』との連続性です。代助は平岡から三千代を奪わんとしましたが、宗助は安井から御米を奪った過去をもちます。そして、もし三千代が病を生き延びたならば、彼女と代助は、御米と宗助のようにひっそりと貧しく暮らすことになるかもしれません。この意味で『門』はいわば『それから』のそれからになっていると解釈できます。私自身はこうした連続性も踏まえて、漱石は『それから』で切り拓いた展望を『門』においてさらに押し広げた、と捉えたいと考えています。

踏み込んだ考察に先立ってもうひとつ指摘すべきことがあります。それは、代助とちがって宗助は告白しない、という点です。例えば――これは当然と言えば当然ですが――主人公は家主に自分の過去を告白したりしません。あるいは、安井の来訪の不安に苛まれるときにも、妻へ自分の苦悩の原因を告げることはありません。宗助は一貫して〈告白を通じて問題を解決する〉という選択肢を避けます。では『門』の主人公は何をしているのでしょうか。この点はこれからの議論で明らかになるでしょう。

3　谷崎の『門』批判

谷崎潤一郎が『門』を失敗作と見なすことは前章の冒頭でふれました。そして私がこれとは異なる意見をもつことも述べられました。本書における『門』の読解は、ひとつには、谷崎による同作の批判を叩き台にします。それゆえ本節では、『門』から主体と自由の哲学を引き出す第一歩として、この作家の批評「「門」を評す」の内容を確認しましょう。

谷崎の主張は、究極的には「『門』は真実を語っていない」（一一頁）という一文に集約されます。この作家によれば、同作は真実を語らぬがゆえに失敗作だと言わざるをえません。ところで『門』が真実を語っていないとはどのような意味でしょうか。谷崎は、具体的には、宗助が御米に「恋」と呼べる感情を抱き続けていることが「真実を語っていない」箇所のひとつだとします。例えば曰く、

新しき思潮に触れた宗助が、如何《いか》に大いなる犠牲を払ってかち得たる恋であるとはいえ、ヒステリーの病妻を抱いて、子なく金なき侘《わ》びしい家庭に、前後六年の間、青年時代の甘い恋の夢から覚めずにいたという事実は、ちょっと受け取りがたい話である。（九頁）

ここでは、大学に通ったことがあり近代的な思想を知っている宗助のような人物は、相当の自己反省や想像の能力を持ってしまっているので、厳しい現実に直面するさいには遅かれ早かれ「甘い恋の夢」から目覚めてしまうだろう、と指摘されています。こうした観点に立てば、病気がちな妻を抱えた貧乏な知的階級は、看病と労働に明け暮れる生活を憂い、いずれパートナーの死すら願うようになるかもしれないと考えられます（ちなみにこうしたことをあけすけに描いた作家のひとりが花袋である）。とはいえ作中に書かれた宗助は、御米といわば一心同体であり、妻の病状が悪化した折には心から狼狽《うろた》えます。これはリアリティに反すると言わざるをえない――これが谷崎の言わんとすることのひとつです。

ここで注意すべきは、虚構性それ自体が作品の瑕疵とされているわけではない、という点で

す。むしろ谷崎の正確な主張は次。すなわち、『それから』がせっかくある重要なリアリティに目を向ける可能性を開いたのに、『門』の稚拙な虚構性はそのリアリティを逸している、と。どういうことかと言えば、谷崎によれば、《代助の真の恋もまたいずれ冷める》という事態こそが目を向けるべきリアリティなのです。曰く、

［…］自己を偽らざらんがためにあらゆる物を犠牲にして、真の恋に生きんとして峻厳《しゅんげん》なる代助の性格は、恋のさめたる女を抱いて、再びもとのような、あるいはそれよりも更に絶望なジレンマに陥《おちい》る事はありはすまいか。（九頁）

ここで谷崎は《社会の掟に反して自然の愛を選んだ代助は、その後に恋の冷めるに及んで、以前より深い煩悶に苛まれるだろう》と指摘しており、こうした事態こそが描かれるべきだったとしています。別の言い方をすれば、『門』は『それから』の続編として、激しい恋の後に訪れる破綻を描くべきであったし、そうした愛の真実を語るほうが面白かったはずだ、ということ。かくして谷崎の「真実を語っていない」という『門』批判は、虚構性そのものを問題視するものではなく、むしろ〈目を向けるべきリアリティの看過〉を責めんとするものだと分かります。比喩的に言えば、うまい嘘なら歓迎すべきだが、へたな嘘という仕方で「真実を語っていない」という点は責めざるをえないということです。

ところでなぜ目を向けるべきリアリティを看過するという事態は生じたのか。谷崎自身は、原因のひとつとして、漱石がいわば安易に流れたからだとします。曰く、

> ［…］「門」は「それから」に劣っているといわねばなるまい。もし事実に立脚して、宗助とお米との恋の破綻《はたん》を種材に捉えたならば、「門」は「それから」よりも更に大きい問題と、深い意味とをもたらす事が出来たであろうと思われる。僕は返す返すも「それから」に依って提供された大きな問題が、「門」において、なまじいな解決を与えられた事を残念に思う。（二一頁）

『門』は『それから』が提示する問題へ「なまじいな解決」を与えるに過ぎない――と引用は述べますが、この点は以下のように説明できるでしょう。すなわち一方で『門』で描かれる夫婦の生活は《代助と三千代が貧しい中でも仲睦まじく生きていけること》を示し、これでもって『それから』の提示する〈社会の掟と個人の恋の衝突〉の問題へ解決を与える。逆から言えば『それから』が招来する問題に対する解決として漱石は『門』を書いた。だが他方でこの解決は安易に流れるものだと言わざるをえない。なぜなら真の恋も破綻するという真実こそが、たとえ心身を削る執筆作業になろうとも、描かれるべきリアリティであったからである。

かくして谷崎によれば、漱石は『それから』の問題提起を受けて、それを解決するような作品を書くべきではありませんでした。むしろそこにさらなる問題を重ねるような作品を、すなわち《真の恋すら冷める》という事実の指摘でもって読者を悩ませる作品を書くべきだったと言えるのです。

以上が谷崎の『門』批判ですが、そこに幾ばくかの真理が含まれることは否定できません。

というのも、この作家が《宗助と御米の恋の破綻こそが描かれるべきだった》と述べるとき、そのありえたストーリーへの興味を抑えることは難しいからです。とはいえ――私の譲れない主張のひとつですが――「「門」を評す」の批評はターゲットの真価に触れるものではありません。なぜなら谷崎は、書かれなかった可能的ストーリーの魅力に引っ張られ、じっさいに書かれた物語が現に有する価値を十分に引き出せてはいないからです。

じつに彼は、特定の観点を選択し、その観点のもとで『門』の物語をいわば安易な「解決」と断じるのですが、この点は立ち止まって検討されるべきでしょう。はたして『門』は解決を提示するものなのか。たしかに谷崎の観点からは同作が〈解決を与えるもの〉に見えるかもしれないが、『門』はそう読まれないほうが有意義なのではないか。とはいえ、宗助と御米が仲睦まじく生きていることが「解決」の意味合いをもたないとすれば、そこに読み取るべき意味は何か。けっきょく『門』はどう読まれるべきか。

4 〈解決を与えない〉という積極的側面

『門』は決して何かしらの問題への解決を与えようとする作品ではない――というのは本書の採りたい読み方ですが、これは私の恣意的な解釈ではありません。例えば、「『門』は傑作である」とドナルド・キーンが述べたことは前章の冒頭でふれましたが、この文学者は同作における〈解決の無さ〉を次のように指摘します。

『門』の中のもっとも劇的な出来事といえば、それは出来事がなにも起こらない点にある。宗助は、かつて自分が裏切った友人の安井が大陸から舞い戻り隣家に泊ると聞いて衝撃を受け、人生の不安から脱出口を求めて鎌倉の禅寺に逃れる。寺の門が、すなわち小説の表題になった「門」だが、それは行き悩む宗助の前に、ついに開かれることのない門である。「父母未生以前本来の面目は何か」と公案を授けられた宗助の解答は、老師に却《しりぞ》けられ、彼は喪家《そうか》の犬の如《ごと》く退きながら、方向のない小さな生活からの脱出が不可能なのを悟って絶望する。(『日本文学史 近代・現代篇二』、一九五－一九六頁)

ここでキーンは、『門』においては──興味深い逆説ですが──《劇的な事件も大団円も起こらない》という点が物語の「劇的な」側面を構成している、と論じています。じっさい、主人公が頼みとすがった参禅もけっきょく《生活には出口など無い》という事実を示すに至りました。そして、宗教的な達観によって日常の心配が取り除かれるなどの解決も得られませんでした。宗助は入山時と同じ不安を抱えたまま下山し、どうしようもない現実に対峙し続けます。この点に注目すれば、『門』は読者に《心労の絶えない人生は、そこから出るための門などを有していない》という事実を突きつける、と指摘できるかもしれません。人生の出口の無さ、あるいは人生の解決の無さ、こうしたことが『門』の語る重要な事態のひとつだと言えるのです。

以上の方向の読みにもとづいて私は谷崎潤一郎と袂を分かつのですが、この点を説明すれば以下のようになるでしょう。

谷崎は、『門』における宗助と御米の仲睦まじい暮らしを〈社会の掟と個人の恋の衝突〉の問題への解決と見なして、同作においてはいわば中途半端な嘘が語られていると解釈しました。たしかにこれは可能な読み方でしょうが、それでも第一に、焦点の合わせ方の偏りを指摘することは可能でしょう。というのも、たしかに夫婦は仲良くやっていっていますが、ふたりには延々とつきまとう貧困、あるいは突然おとずれる過去からの「復讐」――例えば因縁のある人物・安井の来訪――などに鑑みると、『門』はどちらかと言えば〈解決の無さ〉をより多く語っていると言えるからです。かくして谷崎の評価は、すなわち具体的には夫婦の変わらぬ恋へ焦点を合わせることで可能になる《『門』は下手な嘘だ》という評価は、相対化しうることが分かります。なぜなら、作品のその他の側面（例えば宗助が過去の呪縛を逃れられないことなど）へ目を向ければ、『門』はその点で「語るべきリアリティを語っている」と評することができるからです。

とはいえ――第二のより核心的な論点に進みますが――私が谷崎の見方と袂を分かつのはたんに『門』で〈解決の無さ〉が相対的に多く語られているからのみではありません。むしろ、漱石自身がすでに〈解決の無さ〉へ目を向ける境地に達している、という事実こそが重要です。『それから』を読んださいに指摘しましたが、この作品の著者にとって〈自己と世界の衝突の問題〉は、決して根本的に解決できるものではありませんでした（それゆえ例えば告白はあるレベルの衝突を解きほぐすかもしれないが、別のレベルの軋轢は必ずや残存する）。こうなると、『それから』に続く『門』を繙くさい、《自己と世界の不可避的な対立にかんして著者は何を語るのか》に読解の軸を置くのが自然です。そして、これは後で確認することですが、『門』はこの点について意義ある境域を切り拓くのです。

以上を踏まえると、『門』は安易な虚構だという谷崎の批判を乗り越えて同作の意義を追究することには正当な理由がある、と言えるでしょう。じっさい、いまから確認することですが、同作は決して何かしら「なまじいな解決」を与えることを目指さず、むしろ《自己と世界の対立は解消不可能だ》という現実を直視します。そしてどうしようもない現実と向き合いながら《私たちは何を行ないうるのか》にかんして積極的な提案を行ないます。この点にこそ『門』の否定しえない意義が見出されうる、というのが本書の主張です。かくして以下では谷崎の想定しなかった観点から同作を読んでいくことになりますが、それを通じて漱石の見出した「主体性の原理」が確認されるでしょう。

5　〈私たちの物語〉としての『門』

ところでキーンは何を理由に「『門』は傑作である」と述べたのか――この点は必ずやふれておかねばなりません。この文学者は同作へ「失敗作だ」という批判があることを認めつつ、次のように論じます。

［…］『門』は失敗作と断じられるべきではない。『門』の漱石は、小説の中にはじめて、きわめて尋常な人間を登場させたのである。代助のような高等遊民とは違って、宗助は来る日も来る日も役所通いをしなければならず、近代文明の諸問題について頭を悩ます余暇

もなければ、旅行をするにしても日常生活から手の届く範囲外には出られない男であった。

(『日本文学史 近代・現代篇二』、一九六頁)

キーンは、宗助を通じて「尋常な人間」の生き方が描かれている、という点を理由に『門』を傑作と認めます。とはいえ、なぜ「尋常な人間」が登場することが傑作という評価の理由になりうるのでしょうか。それは、究極的には、「尋常な人間」が私たち自身を指すからです。そして私たちにとって《私たちのあり方が描かれること》は特別の重要性を具えるからです。こうした点を踏まえれば次のように言えるでしょう。すなわち、『門』は《私たちは何者なのか》へ何かしらの答えを与える作品だ、と。それを読み解くことで私たち自身の自己理解を深めることができる作品だ、ということです。

では、宗助が「尋常な人間」であるとして、《その「尋常な人間」とは正確にどのような人格なのか》は、さらに踏み込んで説明されねばなりません。じつに『門』の主人公は友人の妻を奪ったうしろめたい過去をもつ薄給の公務員ですが、〈貧しいこと〉や〈いわゆる不倫の罪を犯したこと〉や〈公務員であること〉などは決して「尋常な人間」の条件に属しません。というのも、これらの属性はひとがたまたま具える特殊性であって、〈ふつうの人間〉を構成する要件ではないからです。とはいえ――次の点も重要ですが――漱石は文化や時代に依存しない「普遍的な」人間像を想定して、それを「尋常な人間」として語ることなども行なっておらず、彼の目指すところは重要な点で「時局的《アクチュアル》」です。じつに漱石は、近代的な陥穽《かんせい》に落ち込むことを私たちの共通項と見なし、その穴の底で苦しみ悶える者を「尋常な人間」として描き出します。そしてここで言う「近代的な陥穽」とは〈世界と自己のあいだの除去しえない亀裂を前に苦しむこと〉です。

この意味の「尋常な人間」あるいは「私たち」が語られるとなれば、それを読む私やあなた自身のあり方も問題にならざるをえません。はたしてあなた自身はどうか。世界はあなたにとって居心地のよい場所か。もしかすると、自己に何かしら不本意なあり方を押しつける世界の中で「どうにもならない」と苦しんでいるのではありませんか。本書をここまで読み進めたあなたは、自分自身の人生において世界と自己の対立の問題に向き合う者だ、と思われます。そして、もしそうであれば、すなわちもしあなたが世界の抑圧のどうにもならなさの下で、それでも自己を超えたものに押しつぶされず主体性を守りたいと望んでいるならば、あなたは漱石の描き出す「私たち」の一員だと言えるでしょう。『門』はあなたの物語でもあるのです。以上より私は次のように言いたい。『門』は私たちの物語なのだ、と。『門』において私たちが描かれている、というのは本書の文脈にとって重要な指摘です。というのも、この点に鑑みると、この作品を読み解くことは自己形成的行為であると考えることができるからです。

じっさい、自分が何者かをいまだ自覚していない自己が何かをきっかけに（今回のケースでは小説を読むことを通して）自分が何者であるかを知るに至るとき、いわば自己反省の深まりの点で「新たな」自己が形成されます。より具体的には——次節で見ることですが——『門』を読解することは私たちにあるタイプの生き方の可能性を開き、それによって人生の物語は「別の仕方で」紡がれうるようになります。しかもそれは、田山花袋の完成した近代的自我の型とは違った仕方です。この意味で、漱石は『門』において「蒲団」の切り拓く道のオルタナティブを提示していると言えるでしょう。そしてこれは〈近代的自我〉の概念を根底から揺るがすような道なのです。

6 アイロニカルな主体

では、花袋の道と漱石のそれはどの点で異なるのか――この点は明確に述べられねばなりません。じつに、前者は〈告白という積極的能作によって世界との衝突を解消しようとする主体〉を描きましたが、後者は《世界と自己との対立を根本的に除去するのは不可能だ》という事実を見据える境地に達しています。そのうえで『門』の作者は〈能動的に問題を解決していく主体〉とはちがった何かに可能性を見出します。「能動的な」主体とは異なるあり方の主体がありうるのであって、漱石はそれを推す、ということです。

『門』は「能動的」と言えない主体を描く、というのはテクストから根拠を引き出すことのできる解釈です。例えば、宗助は安井をめぐる不安が去ったあとで《今後もまた心配は生じるだろう》と考えますが、漱石が書くに、

彼［宗助］の頭を掠《かす》めんとした雨雲は、辛《かろ》うじて、頭に触れず過ぎたらしかった。けれども、これに似た不安はこれから先何度でも、色々な程度において、繰り返さなければ済まないような虫の知らせがどこかにあった。それを繰り返させるのは天の事であった。それ

を逃げて回るのは宗助の事であった。（二三一頁、四角括弧内補足は引用者による）

ここで宗助は今後も繰り返し生じるだろう心配や苦悩を「天の事」としていますが、これはこの人物が《世界が自己を抑圧するという関係は根本的には変えられない》と認めていることを意味します。そして、この認識のもとで自分に降りかかる問題へ対処するがゆえに、苦難への宗助の向き合い方はアイロニーを含むことになります。なぜなら彼は、眼前の問題を表面上「解決」したとしても、自己と世界の根本的な関係が変わらないために、いずれ別の問題が生じてくることを知っているからです。

このように「解決」という語は宗助にとって真の解決を意味することはなく、それゆえ彼はこの語をアイロニーなしに用いることができません。『破戒』の丑松は《自分につきまとう問題は告白によって解決される》と信じていましたが（それゆえ彼が「解決」という言葉を使うとしてもそこにアイロニカルなニュアンスは含まれません）、宗助はこうした素朴さを抜け出ています。かくして『門』の主人公は、自らに降りかかる問題を根本的に解決する「能動的」主体としてではなく、それと何かしらの意味で「付き合っていく」主体として行動することになるのです。

たったいま「アイロニー」という語が使われましたが、これが本章のキーコンセプトです。では、それは何を意味するのでしょうか。じつにアイロニーとは〈隔たり〉を伴う態度であり、狂信の反対物です。例えば「夜行巡査」の八田は《決まりには従わねばならない》という原理にいわばベッタリであり、自分の奉じる立場からまったく距離をとれません。言い換えれば、問題の原理へ疑いをはさむ余地（これが「隔たり」と呼ばれる）がない。この距離の無さが狂信の特徴です。

逆に、もしあなたが《決まりには従わねばならない》という原理の一般的な正しさを認めつつも《場合によっては勇気をもって決まりを破る必要がある》とも考えるならば、あなたは問題の原理を狂信していません。ただしこれは《決まりに従う必要はまったくない》などと考えていることを意味せず――この微妙な点が重要ですが――むしろ《決まりには従わねばならない》という原理にいわばベッタリでない仕方で従っているということ。このように〈隔たり〉を伴う態度が「アイロニー」と呼ばれるものであり、この意味で、降りかかる問題へ何かしらの解決を試みつつも、同時に「解決」というものを心から信じることのできない宗助の生き方はアイロニーを含むと言われるのです。

宗助のアイロニーは、すなわち《人生には真の意味で「解決」と呼ばれうるようなものはない》と自覚しながら降りかかる問題に向き合う態度は、『門』の重要な場面で開陳されます。例えば安井の来訪による不安などを脱した後の小説のラストシーンがそれです（これはあらすじ紹介のさいに言及しました）。そこで宗助は銭湯で《春が来たらしく鶯が鳴き始めたのを聞いたよ》という会話を耳にし、そして、

宗助は家《うち》へ帰って御米にこの鶯の問答を繰り返して聞かせた。御米は障子の硝子《ガラス》に映る麗《うらら》かな日影をすかして見て、

「本当にありがたいわね。漸《ようや》くの事春になって」といって、晴れ晴れしい眉《まゆ》を張った。宗助は縁《えん》に出て長く延びた爪《つめ》を剪《き》りながら、

「うん、しかしまたじきに冬になるよ」と答えて、下を向いたまま鋏《はさみ》を動かしていた。

（二三三頁）

ここは寓意的なシーンですが、「またじきに冬になるよ」という宗助の言葉は《心配や不安がいったん過ぎ去ってもいずれまた何かしらの問題が生じるだろう》という彼のアイロニカルな姿勢を暗に示しています。寒さがゆるみ、若い鳥たちが賑やかに鳴き始めたとしても、宗助は春を喜ぶことをしません。というのも、彼にとって春を心から楽しむことは《いずれ冬がくる》という真実から目を逸らすことであり、加えて彼はこの真実を直視することこそが大事だと考えているからです。もちろんアイロニカルな主人公は、何ものも狂信しないために、未来について具体的な何かを断言することはありません。彼はただ〈春を心から楽しむ〉という素朴さから距離をとり、《春はどれだけ長く続くだろうか》という疑いの姿勢を保つのです。

なぜ漱石はこうしたアイロニカルな人格を描いたのか——については、踏み込んだ説明が可能です。じっさい、《自己と世界との衝突の問題に根本的な解決はない》と気づいてしまえば、ひとは自分に降りかかる問題へ、もはやアイロニーをもって向き合うしかなくなります。すなわち一方で、眼前の問題に対しては、それが問題である以上、何かしらの対処を講じざるをえません。他方で世界の抑圧の不可避性に気づく者は同時に《一切の「解決」は表面上のものに過ぎず、いずれにせよ別の次元で問題はふたたび生じる》という事実にも気づいています。それゆえ、そうしたひとは自分の講じる対処に「解決」の意味を文字通りには付すことができません。その結果、自分自身の行為に対しても、皮肉な眼差しが向けられることになります。かくして次のように言えるでしょう。『それから』の到達した境地（世界と自己の衝突の不可避性の自覚）を通過した人格はもはやアイロニカルであらざるをえない、と。

私たちもすでに現にアイロニカルではないですか、と私はあなたに呼びかけたい。というのも、私たちは明治文学史における世界と自己の理解が徐々に深められていく過程を通り抜けたのであり、独歩や漱石によって確かめられた《世界と自己は避けがたく反目する》という事実を直視する境地に辿り着いているからです。

じつに――この点はしっかり強調しますが――明治の小説群を自由と主体の哲学の観点から読み解くという、本書の営み全体もまたひとつの自己形成的行為です。そして、このやり方で自己のあり方を彫琢し、独歩や漱石の至った境地に追いつくとき、ひとは自らをいわば〈アイロニカルな主体〉として形づくることになります。

ところでアイロニカルな主体とはどのようなものでしょうか。彼女あるいは彼は、自分に降りかかる問題へ対処を講じるのだけれども、それが根本的には〈解決〉たりえないことに気づいていています。それゆえ彼女あるいは彼は《自分は世界をどうにかしていけるのだ》という素朴な信念を脱しています。いかなる原理にも狂信しない、あるいはむしろ狂信できない。自分のやっていることへつねに伴う〈疑い〉の距離、これが〈アイロニカルな主体〉の本質であって、こうした主体こそが『門』で描き出されるものです。そしてこれは例えば「蒲団」などの描き出す〈告白という原理に頼んで問題を解決しようとする主体〉などとは異なるあり方の主体なのです。

前節で『門』は私たちのあり方を描くと指摘されましたが、本節の以上の議論を踏まえると、同作は私たちを〈アイロニカルな主体〉として描くと言えるでしょう。そして、私たち自身を狂信に陥らぬ主体と描き出す物語には無視できない意義があるのですが、その理由はひとつに《そうした物語は私たちの生に指針のようなものを与える》という点に存します。じっさい、〈アイロニカルな主体〉のあり方の可能性に気づけば、例えば自然主義者のように〈告白〉の威力を過信したりすることなく、そこから適度に距離をとる生き方がはっきりと開かれます。明治文学史を駆け抜けて『門』を読み解くとき、私たちのあり方はこれまでなかった輪郭を得てそれまでとはちがった仕方で生きられるようになるのです。

7　以上の指摘の傍証——論考「イズムの功過」におけるアイロニーの重視

アイロニカルに生きるという指針を私たちの生に与える——これが『門』の意義のひとつだとたったいま指摘されましたが、ただちに付け加えねばならないのは次です。すなわち、ここには「矛盾的な」何かがある、と。なぜなら《アイロニカルに生きるべし》と奨めることは、裏を返せば、《どんな原理をも狂信してはならない》という原理を奨めていることだと解されうるからです。こうなると、アイロニカルな主体は《狂信を避けるべし》という原理を狂信している、という不条理が導き出されるかもしれません。こうした点についてどう考えればよいのでしょうか。

この論点は核心的であり、「アイロニー」なるものの難しさにふれる話題です。たしかに前段落で指摘されたことはそれなりに正しいと言えます。じっさい、アイロニーという態度が一切の原理にたいする隔たりの態度を意味する以上、「アイロニカルに生きるべし」と提案することは何かしら自家撞着な側面をもつことになります（というのもこれは《どの原理にも身を委ねるなという原理へ身を委ねよ》などと提案しているように感じさせるから）。

とはいえ、これは決してアイロニカルな生き方の不可能性を証明するものではありません。あるいは少なくとも私は、ひとはじっさいに特定の原理を狂信することなく生きられる、と言いたい。ただ、《それはどんなやり方によってか》と問われれば、（アイロニーの重要性を認める限り）特定の確実なやり方を指定することはできず、せいぜい《そのつど自分が狂信に陥っていないかを省みることによって》と言うのが関の山です。けっきょくひとは、そのつど自己を疑い、こうした自己吟味の運動の中でアイロニカルな主体たるよう努めることしかできません。そしてこれが狂信を避けるために行ないうるおそらく唯一の手立てなのです。

以上で指摘されたように、一方で《アイロニカルに生きるべし》と言うことは何かしら矛盾を含むのですが、他方でアイロニーを具えること（逆から言えば狂信を避けること）の重要性は否定できません。こうした「自己矛盾性」に起因するアイロニー概念の難しさはさらに別の観点から論じることもできるのですが、これはいったん先送りさせてください。そして、それに先立って本書の『門』の読解を補強する議論を提示したい。

じつに――ここからが本節の主題ですが――《漱石は『門』においてアイロニカルな主体を描き出している》という本書の解釈は傍証でサポートすることもできます。参照されるのは彼の新聞発表の論考「イズムの功過」*ですが、これは明治四三年（一九一〇年）七月に公になったものであり、ちょうど『門』の新聞連載（同年三月から六月）が終了した後、そして同年八月の修善寺の大患より前の作品です。要するに、本書が焦点を合わせる漱石の考え方をタイムリーに表現した論考だ、ということです。

＊　千葉俊二・坪内祐三編『日本近代文学評論選 明治・大正篇』（岩波文庫、二〇〇三年）所収、一四六－一四九頁

「イズムの功過」は、自然主義の限界を指摘することをひとつの目標としていますが、そこではより一般的な主張が提示されます。すなわちそこで漱石は、特定の主義や原理を「イズム」と呼び、かかるイズムの問題点を一般的に指摘します（自然主義の限界はそこから引き出されます）。以下、要点を見てみましょう。

はじめに漱石は《イズムは役に立つこともある》と認めますが、《どの場合に役立つか》と言えばそれは次のように説明されます。

大抵のイズムとか主義とかいうものは無数の事実を几帳面《きちょうめん》な男が束《たば》にして頭の抽出《ひきだし》へ入れ易《やす》いように拵《こしら》えてくれたものである。一纏《ひとまと》めにきちりと片付いている代りには、出すのが臆劫《おっくう》になったり、解《ほど》くのに手数《てかず》がかかったりするので、いざという場合には間に合わない事が多い。大抵のイズムはこの点において、実生活上の行為を直接に支配するために作られたる指南車《しなんしゃ》というよりは、吾人《ごじん》の知識欲を充《み》たすための統一函《ばこ》である。文章ではなくって字引《じびき》である。（一四六－一四七頁）

言い換えれば、特定のイズムが役に立つのは、これからとられる行動の指針になるからではなく、むしろこれまでに知られた事実をひとまとめにする入れ物になってくれるからだ、ということ。例えば、藤村の『破戒』や花袋の「蒲団」などの諸作品が「自然主義」という入れ物にまとめられれば、明治の小説群を分類することができ、これによって各作品の意味をより深く理解できるようになります。一般に物事は、バラバラのままでは意味が分かりません。そして、雑然とした物事を一定の仕方でまとめ上げて理解できるようにすること、これに寄与する点でイズムは役立つのだ――と作家は指摘しています。

とはいえ、漱石によれば、イズムには落とし穴もあります。曰く、

〔…〕従ってイズムは既に経過せる事実を土台として成立するものである。過去を総束《そうそく》するものである。経験の歴史を簡略にするものである。与えられたる事実の輪廓である。型である。この型を以《もっ》て未来に臨むのは、天の展開する未来の内容を、人の頭で拵《こしら》えた器に盛終《もりおお》せようと、あらかじめ待ち設けると一般である。（二四七－二四八頁）

先に《イズムは既知の事実をまとめるものだ》と述べられましたが、この引用は〈未来にたいしてイズムを通して向き合うこと〉の問題点を指摘します。漱石によると、これから起こることをイズムで裁断したりすることは、事実を形の合わぬ抜き型で不格好にえぐり出すに等しい行ないです。じっさい、「天の事」である未来は人間の予測やコントロールを超えているの

で、《それがどのようなものか》をあらかじめ準備したイズムで捉え尽くすことはできません。かくして次のように言われます。すなわち、過去へ適用されるときには役立ちうるイズムも、未来へ適用されるときには却って過ちの元になる、と。「イズムの功過」で言わんとすることのひとつはまさにこれです。

以上を踏まえ、かつ押し広げて漱石は、ひとつのイズムにベッタリになることは決して私たちにふさわしい生き方たりえない、と論じます。曰く、

人間精神上の生活において、吾人がもし一イズムに支配されんとするとき、吾人は直《ただち》に与えられたる輪廓のために生存するの苦痛を感ずる者である。（一四八頁）

ここでは《私たちはどのような存在なのか》が述べられていますが、それは〈ひとつのイズムに押し込められることを窮屈に感じる存在〉です。そもそも私たちは「天」のもとにある予測不能の世界に生きており、それゆえ手持ちのイズムで一切を済まそうとすれば、いずれ手詰まりになることが避けられません。この点がいったん自覚されれば、私たちはもはや〈特定のイズムにベッタリ〉という生き方に不十分さを感じざるをえないでしょう。そしてむしろ〈いかなるイズムからも距離をとりうること〉こそが重要だと気づかれるのです。

以上が「イズムの功過」の一般的主張ですが、これは――本書の言葉を用いれば――アイロニーの重要性の指摘に他なりません。すなわち、ここでの「アイロニー」はいかなる原理や主義をも狂信しない態度を意味しますが、たったいま読解した論考は《特定のイズムにベッタリ

になることは問題的だ》と指摘することで、アイロニカルな生き方の意義を認めていると言えるでしょう。

本節で指摘したかった点を繰り返せば次です。すなわち、『門』を書き終えた直後の漱石はアイロニーの重要性を自覚していた、と。これは——予告したように——作家が同作で〈アイロニカルな主体〉を描き出そうとしたことの傍証になります。

まとめましょう。『門』が連載されたのは明治四三年（一九一〇年）三月から六月までであり、「イズムの功過」が公表されたのは同年七月ですが、これは《後者の論考の内容において前者の小説の根本思想が反映されている》と推察させうる時系列だと言えます。というのも、ひとつの作品においてある思想を結晶化させたあと、それを理論的に約《つづ》めて提示することは自然な道行きのひとつだからです。もちろん史学的な問題は残っています（例えば漱石がアイロニーの重要性の自覚を得たのは『門』の執筆を通してか、あるいはそれ以前かなど）。ただし、『門』を〈アイロニカルな主体〉を描写する物語と読むことには十分な根拠がある、という点は否定できません。

ではアイロニカルな主体は、自己と世界の対立の問題へより具体的にどう向き合うのでしょうか。本書の言う「アイロニー」はいかなる原理にもベッタリにならない態度を指しますが、こうした態度でもって世界の抑圧と対峙するとき何が生じるのでしょうか。はたしてアイロニカルな生き方は、私たちにとって魅力的な〈苦難への向き合い方〉を可能にするのでしょうか。

8 実験的であることと慎重であること

アイロニーの「原理」に従う主体は苦難にどう向き合うのか——結論となる答えを先取りして述べれば次です。アイロニカルな主体は、自己に降りかかる困難にたいして「実験的」かつ「慎重な」仕方で向き合う、と。ここでは〈実験性〉および〈慎重さ〉がキーコンセプトになっていますが、これについてじっくり説明するのが本節の目標です。以下、アイロニーを構成するふたつの契機として〈実験性〉と〈慎重さ〉が説明されるでしょう。これによって《アイロニーとは何か》の理解がさらに深められるはずです。

思い出すべき諸点は、第一に、『門』の物語では《世界の抑圧は取り去られることがない》という事態に目が向けられている点（例えば、いったん小六の学費問題が後景に退いてもすぐに安井来訪の問題が前景に躍り出る）、そして第二に、こうした現実へ宗助がアイロニカルな態度で向き合っている点（例えば、彼は「しかしまたじきに冬になるよ」と言う）です。

さて——と話を進めますが——降りかかる苦難にさいして宗助は、いかなる原理も狂信しませんが、無為を決めこむわけでもありません。じつに、いまから具体的に確認するように、アイロニカルな人格も苦難に臨んでさまざまな仕方で行動します。しかしながら、もしアイロニーがあらゆる原理から距離をとる態度なのであれば、そうした人格はどのような「原理」に従って行為するのでしょうか。もしかするとアイロニーの態度は《何をしても構わない》という気ままな無制約を帰結するのでしょうか。

この問いへ答える第一歩として〈魔〉の話に立ち戻りましょう。本書はここまで（とりわけ第10章において）、主体性の輝きにとっての〈魔〉に身を委ねることの重要性を強調してきました。ここで、アイロニーがいかなる狂信へも陥らぬ態度だとすれば、次の疑問が生じます。はたしてアイロニカルな人格たる宗助はまったく〈魔〉へ身を委ねないのか——答えは「否」です。宗助は例えば、安井をめぐる不安を脱するために、唐突にも仏門に頼ります。すなわち悩める宗助は当てもなく電車にゆられ「ただどうにかしてこの心から逃れ出たい」と煩悶するのですが、最後には以下のように参禅することを決断します。

彼［宗助］は行く行く口の中で何遍も宗教の二字を繰り返した。けれどもその響《ひびき》は繰り返す後《あと》からすぐ消えて行った。攫《つか》んだと思う烟《けむり》が、手を開けると何時の間にかなくなっているように宗教とは果敢《はか》ない文字《もんじ》であった。

宗教と関聯《かんれん》して宗助は坐禅《ざぜん》という記憶《きおく》を呼び起した。昔し京都にいた時分彼の級友に相国寺《しょうこくじ》へ行って坐禅をするものがあった。当時彼はその迂闊《うかつ》を笑っていた。「今の世に……」と思っていた。その級友の動作が別に自分と違った所もないようなのを見て、彼は益馬《ますます》鹿々しい気を起した。

彼は今更ながら彼の級友が、彼の侮蔑《ぶべつ》に値する以上のある動機から、貴重な時間を惜まずに、相国寺へ行ったのではなかろうかと考え出して、自分の軽薄を深く恥じた。もし昔から世俗でいう通り安心《あんじん》とか立命《りつめい》とかいう境地に、坐禅の力で達する事が出来るならば、十日や二十日《はつか》役所を休んでも構わないから遣って見たいと思った。（一九四－一九五頁、た

だし四角括弧内補足は引用者による）

宗助は宗教についてほとんど知りません。ただかつての友人が時間を費やして座禅に励んでいたことを思い出して《もしかするとそれで安心が得られるかもしれない》と考えます。そして、細かなことは何も分からないまま参禅を決めるのですが、この決意には〈魔〉に身を委ねると言えるような側面があります。なぜならここには自分の理解を超えた何か――ここでは具体的には仏門――への賭けがあるからです。

摑むべきは、〈魔〉へ身を委ねることは必ずしも狂信を帰結しない、という点です。なぜなら、アイロニカルな人格が〈魔〉に頼るとき、その行為や決断は「実験的な」性格を得ることになるからです。言い換えれば、何らかの仕方で〈魔〉に身を任せたとしても、つねにその仕方へ距離を保ち、場合によっては別の仕方へ乗り換える、ということ。宗助による〈魔〉への身の寄せ方はまさしくこれであり、これによって彼は狂信に陥ることなく世界の抑圧から巧みに自己を守ります。

より詳しく見てみましょう。たしかに宗助は藁にもすがる思いで宗教という〈魔〉に頼りました。とはいえ彼は山門をくぐった後も「実験」の精神を失いません。例えば「こんな所に愚《ぐ》図々々《ずぐず》しているより、早く東京へ帰ってその方の処置を付けた方がまだ実際的かも知れない」（二二一頁）などと別のやり方を考慮したりします。その結果、悟りによって安心を得るという当初意図した結果は得られませんでしたが、この失敗は表面的なものに過ぎません。というのも現に宗助は、ある意味で、山寺に行くことによって自己の破滅を回避しているからです。具体的には、山寺へ行って十日間過ごして帰宅した後、家主を訪ねると「安井はすでに帰った」と言われた、という偶然の出来事の流れによって破綻は回避されました。

ここで押さえるべきは次。すなわち、おそらく――これは仮説ですが――仮に家主を訪ねたさいに《安井はまだいる》という情報が得られたとしても、宗助は鬱々としながらさらに別の何かに頼ったであろう、と。なぜなら、アイロニーが〈実験性〉を具えるために、アイロニカルな主体は困難へ臨機応変に対応するからです。そして、そうこうするうちにけっきょく安井は去ってしまう、というのはありうるストーリーだと言えます。

以上のように、アイロニカルな主体は「実験的な」仕方で自身の苦難に向き合うのであり、アイロニーのこうした「実験的な」側面は狂信の回避につながるのですが、とはいえこれだけではありません。アイロニーの態度は重要な意味の〈慎重さ〉も具えており、これもアイロニカルな主体が苦難へ向き合う仕方の特徴なのです。では、その〈慎重さ〉とはどのようなものでしょうか。

押さえておくべきは、身に降りかかる問題を解決してしまいたいと思っている主体は《何とかなった》と感じられる心境を求めがちだ、という事実です。これは例えば受験生が――多くの場合は無意識的に――自分の合格の確率を高める事実のほうへ目を向けてしまうという事態に似ているかもしれません（具体的にはたまたま立った茶柱を受験生は合格の吉兆と解釈したりします）。こうした傾向の結果としてひとは、《じっさいに対処できたかどうか》とは関係なしに、自分の所業に対して積極的かつ欺瞞的に《問題を解決した》という意味づけを行ないがちです。*

とはいえ『門』の主人公はこの性状から自由であり、むしろ物事へ慎重に取り組み、決して安易な安心に飛び込みません。例えば老師から与えられた「父母未生以前本来の面目は何か」という公案へ宗助が答える場面に、彼の慎重さは現れます。

> 宗助はこの間の公案《こうあん》に対して、自分だけの解答は準備していた。けれども、それは甚だ覚《おぼ》束《つか》ない薄手《うすで》のものに過ぎなかった。[…] 彼はこの心細い解答で、僥倖《ぎょうこう》にも難関を通過して見たいなどとは、夢にも思い設けなかった。(二一四頁)

宗助は老師から《自分の父と母が生まれる以前にすでにあったところの自分の本来の心は何か》という問いを与えられ、一晩それを考え続けました。とはいえ、引用のように、彼は自分の思いついた答えが何かブレイク・スルーにつながるとは考えていません。これはたしかに自信の無さの表れでもあるのですが、そこには〈慎重さ〉という肯定的な要素も含まれます。宗助は、そのアイロニカルな姿勢が作用して、決して安易に走ることがありません。その結果、欺瞞にも陥りません。逆に、もし彼がアイロニーを欠く主体であったとすれば、公案に対して思いついた答えを過信し、《自分は悟って安心を得た》と信じ込んでいたかもしれない。このようにアイロニカルな主体は、自身の苦難に対して「慎重な」仕方で向き合うことになるのです。

＊ 本文でこれから説明されることと関連するが、「……すれば救われる」などの教えに身を委ねるという仕方で〈宗教に頼る〉という行為は、悪く行なわれれば、こうした《問題が解決されたと欺瞞的に思いこむ》

という事態を招来する。あるいは、人間のこうした弱さにつけこんで金儲けをしようとする「宗教団体」も存在する、という点は強調しておかねばならない。

ここで強調すべき事柄がありますが、それは《慎重な主体は決して不決断に縛られた者ではない》という点です。なぜなら〈慎重さ〉にはあくまで〈何らかの仕方で問題へ対処する〉という志向が伴っているから。それゆえ慎重な主体は、たしかに安易な解決に飛びついたりしませんが、それでも考え抜いたすえに覚悟のうえで決断します。すなわち、熟慮のすえにベストと判断された道に自己を賭ける、ということ。

例えば山寺から帰った宗助は、変わりのないことを御米に確認したうえで、熟慮に熟慮を重ねたうえで家主のところへ行き安井がどうなったかを探ります（二二六―二二七頁）。おそらく、ここまで慎重に努めた結果であれば、あとはどうなっても受け入れる、という心境だったでしょう。ちなみに安井が帰ったことを聞いた後、宗助は家主に「貴方はもしや私の名を安井の前で口にしやしませんか」と尋ねたくなったのですが――アイロニカルで慎重な主体らしく――そこはぐっと踏みとどまりました（二二九頁）。

以上が《アイロニカルな主体は苦難へ具体的にどう向き合うか》への『門』を踏まえた本書の答えです。形式的に要約すれば以下のようになります。

「アイロニー」は本書において〈いかなる個別の原理からも距離をとる態度〉を意味しますが、こうした態度を生きる主体は第一に苦難へ「実験的な」仕方で向き合います。すなわち、特定の原理（例えばこれまでうまくいっていた原理など）に執着せず、むしろ差し迫る困難をできるだけ巧みに切り抜けられるようにいろいろな手立てを試します。くわえてアイロニカルな主体は第二に苦難へ「慎重な」仕方で向き合います。すなわち、手っ取り早く安心を得るために自己欺瞞へ走ることなく、むしろ考えに考えを尽くして、最後は覚悟をもって決断します。平板に響きうることを厭わず、単純なテーゼで表現すれば次のようになるでしょう。すなわち、アイロニカルな主体は実験的であると同時に慎重である、と。

アイロニカルな主体は実験的かつ慎重に行為する――というのは、一見それほど面白い指摘に感じられないかもしれませんが、少なくとも哲学的には意義のある分析です。なぜなら、アイロニーの構成契機として〈実験性〉と〈慎重さ〉を抽出することで、前節で触れたアイロニー概念の難しさがさらに一歩踏み込んで考察できるからです。そしてこの考察を通じて、アイロニーが「非原理の原理」であると言える点も明らかになります。節を変えてこの点を見ていきましょう。

9 アイロニーという「非原理の原理」

第一に、〈実験性〉と〈慎重さ〉がアイロニカルな生き方のふたつの契機だ、という点を押さえれば、少し前に論じたアイロニーの難しさ（本章第7節参照）の理解がさらに深まります。少し前に、《アイロニカルに生きよ》という提案は《狂信を避けよという原理を狂信せよ》と言っているように思われる、と指摘しました――これはアイロニーを奨めることが矛盾した企てであることを示唆します。

とはいえ、これだけではありません。アイロニカルな生き方は、その内部にも何かしら「矛盾的な」連関を含んでいます。なぜなら〈実験的であること〉と〈慎重であること〉とが、いわば反対のベクトルをもつからです。すなわち一方で、実験的であろうとすれば、ひとはいろいろな可能性のうちへ積極的に自らを投げ入れることになるでしょう。他方で、慎重であろうとすれば、ひとはどの可能性へも安易に自らを埋没させないようにするでしょう。このふたつの志向は無視できない〈逆方向性〉を具えます。こうなると、どう考えればいいのでしょうか。

「アイロニー」は矛盾した内容をもつために、無意味な言葉なのでしょうか。

本書の主張は次です。すなわち、〈実験性〉と〈慎重さ〉はたしかに相反するが、それでも(あるいはむしろそれだからこそ!)両側面を具えたアイロニーは重要なのだ、と。これはじっさいそうではありませんか。〈実験性〉と〈慎重さ〉は、たとえ反対のベクトルを具えるとしても、両方具えるべき姿勢ではありませんか。この点を理でもって説明すると以下です。

一方で、仮に実験的であるだけのひとがいたとすれば、ひねくれた可能性へ自己を投げ入れたうえで安易に「解決した!」と謳《うた》いあげることになるかもしれません。他方で、仮に慎重であるだけのひとがいたとすれば、どれほど覚悟をきめて決断したとしても、けっきょくは月並みな道に進むことになるでしょう(というのもそのひとはさまざまな可能性を幅広く実験的に吟味しないので)。逆に、さまざまな可能性を猟歩すると同時に、決して不用意に「解決した!」と思い込まないならば、そのひとは自己の行ないうる限界へ近づくことができます。そしてその場合の決断は、特定の原理へ執着することなく〈狂信〉から離れており、安易な安心を求めることなく〈欺瞞〉からも離れています。以上を踏まえると次のように言えます。苦難のうちに主体性を輝かせるためには〈実験性〉と〈慎重さ〉の両輪が不可欠である、と。

それゆえ〈実験的であること〉と〈慎重であること〉を併せ持つアイロニーは重要だ――というのが本書の言いたいことのひとつなのですが、ここには決して無視できない注意点があります。本書は『門』がアイロニカルな生き方を奨めていると読みますが、これは必ずしもアイロニーをひとつの原理として提示するものではありません。というのも、アイロニーを特定の原理と見なすとき、この概念の眼目は損なわれうるからです。むしろ私たちは敢えて矛盾的な表現を選び、アイロニーを「非原理の原理」などと呼ぶほうがよいでしょう。なぜそうなのかは二段階で説明できます。

第一に、仮にアイロニカルな主体がアイロニーという「原理」に従っていると言えるとしても、その「原理」は特定の整合的な内容をもちません。じっさい、アイロニーは主体を《実験的であれ》と《慎重であれ》という反対方向のベクトルで導かんとしますが、そこには《……せよ》という形式で主体の行為を「一方向的に」導く指令が含まれません。ここに〈アイロニー〉と〈告白〉の大きな違いがあります。第12章で見たように、自然主義者は〈告白〉の原理に導かれ自己と世界の衝突を解消しようとしましたが、この原理の指令するところは《自己のあり方を公にしてそれを世界の一部にせよ》という一方向性の具体的なものでした。これに対して〈アイロニー〉の「指令」は、その内部の矛盾ゆえに、「……せよ」という単一の命法(命令法)で表現されることができません。それはせいぜい「実験的であれ、そして慎重であれ」と何かしら矛盾した仕方で言い表される以外にありません。この意味で〈アイロニー〉の「原理」は、その指示する内容が単一で整合的な仕方で表現できるものでない――この点において、それは「原理にあらざる」ものだと言われます。

とはいえ、それだけではありません。第二に、アイロニーが一切の原理へ距離を保つことである以上、それは本質的に「反原理」の性格をもちます。それゆえアイロニカルな主体はある意味で矛盾した存在です。なぜなら彼女あるいは彼は、アイロニーの態度を大切にすることで、多かれ少なかれ《特定の原理にベッタリになってはならない》という自己の方針に「反して」いるからです。ただしアイロニーのこうした「不整合さ」は、必ずしもその価値を下げるものではありません。なぜなら、狂信や欺瞞に陥るよりも、自己の拠りどころを疑いながら一歩一歩進むほうが「よい」と言える、何かしらの意味が存在するからです。

本書はいまやなかなか言葉のうちへ落ちてこないことを語っていると言えるでしょう。いずれにせよ、アイロニーが原理ならざる原理なのだ、という点はそのつど立ち返るべき事柄です。なぜなら、アイロニズムを特定の確固たる主義や原理と見るとき、アイロニーの《狂信を避けよ》というベクトルが損なわれるからです。「非原理の原理」という矛盾はいささか気持ちの悪い状態ですが、そこに耐えるのが重要なのです。

《世界の抑圧のもとで自己を救う原理はあるのか》が本章と前章の問いでした。この問いへ漱石は『門』の物語でもって「無い」と答えます。なぜなら、苦難にさいして特定の原理にベッタリになることは却って狂信を招来し、それでもって自己の主体性を損なうからです。とはいえ、漱石の解答は決して消極的なものに尽きるわけではありません。いかなる原理からも距離をとることは、言ってみれば〈アイロニー〉という高階の「原理」、あるいは「原理ならざる原理」に導かれる可能性を開きます。例えばアイロニカルな主体たる宗助は、いかなる原理をも狂信せず実験的でありながら、慎重に吟味することで安易な安心を避け一歩ずつ進みます。その結果、たまたまの出来事の流れが自己の破滅を回避させるに至ります。

この「たまたまの出来事の流れ」が活躍する点は見逃してはなりません。なぜなら、この点に着目するとき、宗助は自己を超えたものと、すなわち〈魔〉とうまく付き合ったと言えるからです。これについては本章の最後に踏み込んで考察されます。

10 梅吉、八田、お都賀らの何が問題だったのか？

残された大きな課題は、観念小説や悲惨小説の提示する問いへ答えることです。いったい「大さかずき」の梅吉、「夜行巡査」の八田、「黒蜴蜓」のお都賀は、それぞれ何が足りなかったのか。第12章では、田山花袋などの自然主義者がこの問いへどう答えうるかが確認されました。では漱石の作品はそれにどう答えるのでしょうか。何かしらの答えを提示しうるのでしょうか。

ここまで論じられた事柄を踏まえれば《問題の問いへ漱石がどう答えるか》にかんする本書の見解は明白です。すなわち、梅吉・八田・お都賀はそれぞれ宗助と同じく〈魔〉に身を委ねているが、前者の三人にはアイロニーが欠けておりその点で後者と異なる、と。以下、この点を説明します。

問いは《梅吉・八田・お都賀はそれぞれ宗助とどう違うか》でした。これを考えるさいにまず押さえるべきは、人間の行為は本人の意図した結果だけを生むわけではない、という点です。

例えば眉山の「大さかずき」や柳浪の「黒蜴蜓」では、主体が選びとった解決策が予期せぬ結果を引き起こし、その結果に耐え切れない主体が自己を失いました。じっさい梅吉は、自分の行動が思い人・お千代を死に至らしめたことを悔やみ、酒を飲むことを止められません。お都賀は、黒蜴蜓で義父が死んでくれたらいいなという淡い希望から毒殺を成功させてしまい、その事実を直視できず自死します。私は、このふたりの不幸が他人事のようには感じられません（おそらくあなたもそうでしょう）。というのも、自分の行為の結果を完全にコントロールする手段が無いことを知っているからです。宗助についても、不運が重なれば、自分の行為の意図せぬ結果に煩悶することになったと思われます。

とはいえ、宗助と梅吉、あるいはお都賀とのあいだには無視できない違いがあります。なぜならアイロニカルな主体である前者は慎重であり、考えに考えを重ね、安易な解決策を排した極限においてベストと思われる道を選びます。これは、ここでダメだったらもう受け入れるしかない、という〈覚悟〉の境地です。他方で梅吉やお都賀は、こうした〈覚悟〉の構えを形成することなく思いついた行動に飛びつき、その意外な結果に打ちのめされます。押さえるべき点は次。すなわち、アイロニーの〈慎重さ〉は可能な道をじっくり吟味して選ぶことで、いかなる結果をも受け入れる〈覚悟〉を形成する、と。そして覚悟の構えのある主体は、意図せぬ結果に煩悶することはあるにせよ、それを直視できず破滅したりはしません。

このようにアイロニーが形成する覚悟を具えるという点で、宗助は梅吉やお都賀と異なると言えます。では八田との違いは何か。それはやはり狂信に陥っているか否かです。すなわち一方で「夜行巡査」の主人公は《規則には従わねばならぬ》という考えにベッタリであり、泳げないにもかかわらず溺れる者を救うために池に飛び込みました。他方で『門』の主人公は特定の原理に縛られずいろいろ実験的に試し、例えば自分にとって未知の道である宗教に頼んだりします。押さえるべきは、一方で狂信者の八田は自身の選びうる可能性のバリエーションが少ないために自己破壊的な道すら選んでしまうが（それ以外の選択肢がないので）、他方でアイロニカルな主体たる宗助は実験的であることによって破滅を避ける道に辿り着きうる、という点でしょう。たしかに八田は〈意志のひと〉だと言えますが、泳げないにもかかわらず池に飛び込むという決断は、決して自己の主体性を輝かせるものではありません。

かくして《魔に身を委ねるときにも自己の主体性を守る原理は何か》という第11章以来の問いへ答えが与えられました。それはアイロニーという原理、より正確に言えば「非原理の原理」です。とはいえ、アイロニカルな主体であるために宗助は梅吉・八田・お都賀よりも圧倒的に優位だ、ということはありません。むしろ——核心的に重要な注意ですが——《アイロニーは決して主体の身に降りかかる苦難を確実に解決する原理ではない》という点は留意されねばなりません。じっさい例えば、アイロニカルな宗助が安井の不安から抜け出せたのは、前節で指摘したように、「たまたまの出来事の流れ」のおかげでした。それゆえ不運が重なっていたとすれば、たとえ覚悟が自暴自棄になることを防いだとしても、さらに不幸な境遇に陥ることは十分にありえました。けっきょく宗助が参禅の直後に苦難をやり過ごすことができたのは、究極的には、偶然性のおかげだと言えます。

この《苦難をやり過ごすことに偶然が関与する》という事実は、意外な重要性を具える——これが締め括りとして指摘したいことです。節を変えて説明させてください。

11 偶然性の波に乗ること

八田が「意志のひと」であったのと同じ意味で、アイロニカルな主体を「意志のひと」と呼ぶことは決してできません。というのも前者が特定の原理を狂信し、みずからの意図をつねに実現しようとするのに対して、後者は少なくともこうした仕方で行為を「コントロール」しようとする執着をもたないからです。

そもそも、アイロニカルな主体は《世界と自己の衝突は解消されえない》と自覚しています。それゆえ、彼女あるいは彼は〈魔に頼ることで世界の抑圧の問題を解決する〉という目標に対しても距離をとっています。言い換えれば彼あるいは彼女は、〈魔〉へ身を委ねたとき自分の期待した結果が生じるかどうかは未知であり、そもそも何が起こるかは「天の事」だ、と認識しています。この意味で、アイロニカルな主体の行為はいわば偶然性に開かれています。それは「まったき能動」とは異なる仕方の行為なのです。

アイロニカルな主体の行為は偶然性に開かれている――この指摘は（本章冒頭でも言及した）吉本隆明の『門』の読解を一定の方向へ押し広げるものと見なすこともできます。この評論家は、「慧眼《けいがん》にも」と言わねばなりませんが、この作品が「偶然」というファクターに重要性を見出している点を指摘します。曰く、

漱石は偶然ということに、ある重さをいつでもかけている人です。漱石の思想のなかに

は偶然をとても重くみるという考え方があります。この場合も、宗助が苦労して、悩んで解決したというよりも、せっかく座禅までしたけど、何も解決しないで帰ってきて、しかも偶然が安井を遠ざけてしまったということで解けてしまいます。それはとてもいいともいいます。自然はしばしばそんな偶然で人間関係の行き詰まりを外《そ》らしてくれます。（『夏目漱石を読む』、一六六頁）

吉本が「解決」という言葉で表現する事柄は、本書の文脈では「やり過ごす」や「切り抜ける」などと表現したいところですが、そこはいま問題にしたい点ではありません。吉本は引用の文章で、『門』においてはたまたまの出来事の流れが宗助の破綻を回避させている、という事実に着目します。これはじっさいにそうでした。例えば――引用にもありますが――山寺へ行って帰った後に安井にかんする不安が去るのは偶然の出来事の流れの結果でした。人間の行為へ偶然が積極的に関与することがあり、漱石の『門』はこの点を示す点で傑出した作品だ、というのが評論家の読解です。

『門』は偶然性の意義を強調している、と考える点で私は吉本と軌を一にします。というのも、象徴的に言えば、《行為が偶然に開かれていること》と《主体がアイロニカルであること》は、協力してひとつの梁を支える二本の柱のような関係にあるからです。じっさい、行為に偶然性が入り込まざるをえないとすれば、主体はいっそう慎重に実験を重ねて〈覚悟〉を固める必要があるでしょう。加えて《自分にできるのは十分に広く実験し、十分にじっくり吟味することだ》と自覚する主体にとって、行為は最終的には「賭け」として飛び込まれるものです。このように偶然性とアイロニーという二本の柱に支えられて、興味深い「完全には能動的でない」行為が実現します。

〈魔〉に身を委ねるとは、そもそもこのようなことなのではないでしょうか。〈魔〉は自己を超えたものである以上、それを完全にコントロールすることができません。その結果、〈魔〉に頼る主体は、自らの行為のいわば行為性を目減りさせることになります。逆に、自己の行為への偶然の関与を認められない者はそもそも〈魔〉に身を委ねることはできない、ということ。こうなると、〈魔〉に頼るとは偶然性の波に乗ることだ、と言えるかもしれません。

振り返ると、十兵衛とお峯も偶然性の波に乗っていました。五重塔が嵐によって倒壊しなかったのは根本的にはたまたまの結果であり、石之助がお金をもっていったおかげで「刑罰」を受けずに伯父を助けることができたのも女中にとっては幸運の賜物以外の何ものでもありません。逆から言えば、五重塔は倒れるかもしれなかったし、お峯は捕まって罰せられるかもしれなかった、ということです。

それゆえ私たちは、十兵衛やお峯や宗助と、豊太郎や梅吉や八田やお都賀との違いを考えるとき、「結果」に目を奪われてはならないのです。たしかに前者の三人は物語において「ハッピーエンド」と呼べるような結果を得、後者の四人は「バッドエンディング」に陥りましたが、ここに何ら本質的な事柄は含まれません。重要なのは主体の姿勢であり、その生き方です。考えに考えを重ね、人事を尽くして選択し行為する主体は、結果の如何によらずそれを引き受ける〈覚悟〉を具えます。こうした姿勢の有無こそが核心的に重要だ、というのが以上の探求のひとつの結論です。人間的主体とは本質的に脆弱な存在ですが、覚悟することによって、弱いながらも「芯」をもつことができるのです。

明治文学史に材を得た自由と主体の哲学の探求も、そろそろいったん切りにせねばなりません。最後に、第二部で指摘された論点のいくつかを反復させてください。

坪内逍遥が開始した小説という仕方で《私たちは何者か》を語る企ては、本書の考究においては、漱石の彫琢する〈アイロニカルな主体〉において終着点を得ました。これは〈告白する主体〉のようなまったき能動者ではなく、むしろ行為が偶然性に開かれたいわば「別の仕方の」主体です。漱石はこうした主体を描き出すことを通じて、（繰り返し指摘するように）どうにも矛盾した語り方になりますが、《アイロニカルであれ、偶然性の波に乗れ》と奨めます。

ただしこの「奨め」は、《投げやりでいい》とか《イイカゲンでかまわない》と主張するものではありません。それはむしろ、人間の行為につきまとう「非情な」偶然性に目を向けることで〈覚悟〉の大切さを強調するものです。私たちは、人間として生を営む主体である以上、そのつど何かを選択し、何かしらの仕方で行為することを避けられません。これは、《行為は完全にはコントロールできない》という事実を自覚した場合にすら、そうなのです。かりに「行為」という語で〈主体がコントロールしうる何か〉を指すとすれば、文字通りの行為はありえないことになりますが、それでも私たちは行為することを「強いられて」います。かかる不条理な生の状況において、主体性を輝かせるためには何ができるのか――漱石の『門』が〈アイロニカルな主体〉を描き出したのは、こうした不条理な文脈においてなのです。

さきほど「いったん切りに」と述べましたが、この言い回しは文字通り解釈されねばなりません。じつに日本の小説の歴史は、明治以降、大正・昭和・平成へとつながっていき（いずれ令和という時代もまた対象化されることになるにちがいありません）、あるいはその前史として、上代・中古・中世・近世といったバックグラウンドを有します。それゆえ〈明治文学史を自由と主体の哲学の観点から読み解く〉という第二部の企ては、必ずやオープンな形で打ち切られねばなりません。すなわち、今後の接ぎ木の可能性に開かれたままさしあたりの形で話を終える以外にない、ということです。

こうなると「この本の続きはあるのか」と問われるでしょう。確言することはできませんが――というのも人生はどう進展するか分からないので――私自身はいつしか何かしらの仕方で本書の議論を伸長させたいと考えています。これについては「あとがき」で少し触れることにしましょう。

アイロニーという「非原理の原理」は「実験的であれ、そして慎重であれ」と奨めます。宗助の生はこうした「原理」に導かれ、『門』で語られたような軌跡を描きました。見逃してはならないのは、これは多様な物語のあり方の可能性のひとつに過ぎない、という事実です。それゆえ、本書は決してアイロニカルな生き方を「唯一の」「本来的な」何かとして説明するものではありません。

本書の指摘は、ひとつには史的な観点から理解されるべきだと言えます。すなわち《こうした主体の存在様式が日本の近代初期を通じて彫琢された》という事実へ目を向けることが重要だということです。明治文学史は、一方で〈告白する主体〉という近代的な「能動的」行為者の型を作り上げましたが、そこからオルタナティブに抜けて行く道として〈アイロニカルな主体〉も提示しています。日本の近代初期における自由と主体をめぐる哲学的な語りは、近代的な方向を極めると同時に、そこからはみ出し抜け出していく方途も提示していたのです。

周知のとおり、近代的な〈能動的主体〉の観念は、ここからポスト近代的な反省を通じて「解体」されていくことになりますが、本書の指摘は《これは必ずしも自由と主体にかんする明治の語りの成果の一掃を意味するわけではない》という事態を含意するでしょう。少なくとも、夏目漱石の小説群には「近代的な」と形容されるに尽きない自由と主体の構想が含まれています。――ただし、「近代／ポスト近代」という区別は歴史的探究という特殊な関心に属すので、むしろ次のような言い方のほうが私のいま言いたいことをうまく表現しているように感じます。現代に生きる私たちにとっても、漱石の諸著作を読み解くことは意義ある自己形成的行為でありうる、と。漱石を読むことで自分の人生の物語をそれまでとは違った仕方で更新することができるのです。

おわりに――「概念の森の移動生活者」として生きる

1　本書で論じられたことの大枠

本書で言われたことを振り返っておきましょう。

第一に、〈自由〉や〈主体〉の概念は、完全には除去されえないものだと指摘されました。じつに、現代では人間の物質性に言及して、〈自由〉や〈主体〉の概念は適用対象をもたないと主張されることがありますが、こうした議論には無視できない限界があります。なぜなら、何かを主張したり何かを考えたりすることが主体の自由な行為である以上、こうした議論（すなわち主体も自由も無いのだと主張する議論）には自己矛盾的な側面があらざるをえないからです。かくして《自由な主体は存在しない》という言明は、絶対的には正しいものではありません。私たちの概念の森から〈自由〉や〈主体〉の木（およびこれと結びつく木々）を除き去ることはできないのです。

第二に、〈行為〉の存在を認める観点と一切を〈出来事〉と見る観点のあいだのシーソーゲームこそが、私たちの生の現場の実相だと指摘されました。たしかに、例えば私が《一切はたんなる出来事だ》と考えるときも、いったん立ち止まると《このように考えることは行為だ》という点に気づきます。とはいえ私は、考察を一歩深めて、《だがそのように考えることはじつのところ物質の連関のうちの出来事として説明されるかもしれない》と疑うことができます。そして、ここから再度《一切はたんなる出来事かもしれない》と考えることができます。ただし今度は——話が一周しましたが——このように考えることにかんして《それは行為だ》と気づかないわけにはいきません。こうした〈行為〉と〈出来事〉のシーソーゲームを抜け出すことができない、というのが私たちの生の根本的な現場なのです。

第三に、私たちが存在を語るさい、それは以上のシーソーゲームの内部で行なわれざるをえないので、《存在とはどのようなものか》にかんする私たちの語り方は「多元的」であらざるをえません。言い換えれば、世界や自己の存在をいわば「一枚の絵」で完全に描き上げることはできず、私たちの行なえることはせいぜいそのつど「これぞ」と考える絵を提示することだけです。それゆえ、一方で存在を物体の観点から語る「自然科学的な」語り方は相当の意義をもちますが、他方で人間を自由な主体として語る道の意義も否定できません。要するに、物質の記述だけでなく、主体の物語もそれ自体で価値を有するということ。そして後者の語り方のタイプに小説が（あるいは少なくとも大半の小説が）属します。

第四に、坪内逍遥の構想した「小説」は《人間とはどのようなものか》を語る企てですが、人間が主体として描き出されるやいなや、〈世界と自己の衝突〉という問題が前景化します。じつに明治文学史の主要な登場人物たちは——自由と主体の哲学の観点から読み解くならば——《世界の抑圧のもとで自己はいかにして主体性を輝かせるか》を問いました。明治の小説群が向き合った根本問題のひとつは〈世界と自己の衝突〉をめぐるそれだ、というのは近代小説史の初期段階へ一定のストーリーを与える有用な視点だと言えるでしょう。

第五に、《主体性を輝かせる原理は何か》という問いにかんして、日本の自然主義者の代表格・島崎藤村と田山花袋は〈告白〉という原理を推しました。〈告白〉とは、秘められた自己を世界の中で公にすることによって、世界と自己の齟齬を取り去る原理です。とはいえ「独りで歩く」国木田独歩は、こうした提案にたいして《告白には限界がある》と指摘しました。じっさい、自己認識が歪んでいる場合、告白は却って不必要な自縛になるでしょう。かくして、告白は主体性を輝かせるための絶対的原理ではないと言えます。

第六に、《主体性を輝かせる確実な原理はあるのか》という問いにかんして、夏目漱石は「無い」と答えました。ただしこれは、《世界の抑圧の中で絶対的に自己を守る原理は無いのだ》という自覚のもとに生きることが重要だという指摘であり、いわば「非原理の原理」を推すものです。こうした自覚を具えそれに従う主体は、実験的でありながら慎重であるところの〈アイロニカルな主体〉として生きるでしょう。そして彼女あるいは彼はいかなる原理も狂信せず、どのような結果をも受け入れる覚悟をもって行動するでしょう。こうした〈アイロニー〉という「原理」が、（自由と主体の観点から見られた）明治文学史の探求のひとつの到達点です。

以上が、本書で言われたことのダイジェストです。それゆえ――蛇足的な注意かもしれませんが――、本書の本論（すなわち第一部と第二部）を読み進めるさいには、まずは以上で列挙された事柄を理解することを目指して文章を追うのがよいでしょう。本書においてはかなり息の長い議論が展開されるので、どのあたりがいわば「山の頂」になるのかを知っておくことは理解にとって大切な補助になります。

2 『レディ・ジョーカー』再び

「おわりに」の残りの箇所では、ふたつの作業を行ないます。

第一に、明治小説史を哲学的に振り返ることで見出された〈アイロニー〉という「非原理の原理」が、現代を生きる私たちに無関係でないことを一歩踏み込んで確認するために、第2章で言及した髙村薫の『レディ・ジョーカー』をあらためて読み解きます。それによって《アイロニカルな生き方の重要性は現代でも否定できない》という点が示されるでしょう。

第二に、自由と主体をめぐって本書で展開された議論の意義を、より俯瞰的な視点から記述します。そこでは現在の哲学業界で流行っている「自然主義的な」アプローチと本書のそれとの違いが明確化されるでしょう。

『レディ・ジョーカー』*の内容の大枠は以下のとおりです。

＊『レディ・ジョーカー（上・中・下）』（新潮文庫、二〇一〇年）

五人の男が大企業・日之出麦酒を脅して二〇億円の現金を搾り取ろうと企てる。チームの中心人物は老人・物井清三と刑事・半田修平。なぜ日之出麦酒がターゲットに選ばれたのか、なぜ男たちは悪に手を染めることになったのか、は後で説明したい。いずれにせよ五人はマスコミを巻き込んでいわゆる「劇場型犯罪」を行なう。計画は半ば成功して現金を得ることができたが、さまざまな出来事をきっかけにチームは崩壊していく。半田は最後には刑事・合田雄一郎を刺して身柄を拘束される。物井老人は――捕まったりはしなかったが――事件の過程で露わになった人間の邪悪をすべて受け止めて郷里で生きることを選ぶ。その土地を訪れた新聞記者は、物井の表情のうちに「鬼」を見出す（下、四四八頁）。

この結末に至る物語はどのようなものか。物井老人は事件の数年前に二〇歳過ぎの孫を亡くした。日之出麦酒の社員・杉原武郎が行なった部落差別をきっかけとして、自死のような仕方で亡くなったのである。孫の父（物井の娘婿）は日之出麦酒へ脅迫状めいた手紙を送り、その後自殺する。この件で警察に聞き込みされた物井老人は、その過程で古い事実を知る。それは、自分の兄がかつて日之出麦酒から「解雇」同然の扱いを受けた、という事実だ。こうした仕方で老人と大企業のあいだに因縁が見えてくる。

数年後（事件の一年前）、物井老人は兄が生きていることを知った。老人ホームにいる。だが物井が見舞いにいってもうわのそらである（認知症を患っているからだ）。しばらくして兄は死んだ。痩せた亡骸《なきがら》を眺めながら物井老人は「人の一生とは何だ」と自問する。そして彼のうちに住む悪鬼は、しかるべき代償を日之出麦酒に払わせよ、と言う。物井老人は大企業から金を脅し取ることを決意する。

だがどうやって実行するのか。物井老人には競馬場で定期的に会う仲間がいる。刑事の半田、元自衛官でトラック運転手の布川、旋盤工のヨウちゃん、そして信金に勤める在日朝鮮人の高《こう》克己《かつみ》の四人だ。それぞれがそれぞれの仕方で人生に絶望している。物井が半田に相談すると、この刑事は《警察の鑑取りで捕捉されないチームを組むことができるぞ》と考え、老人の企画に賛同する。他の三人もやると言う。布川には障碍のある娘がいるが（この子の世話に金が要るので彼は自衛官をやめてトラック運転手になった）、この娘は物井老人たちから「レディ」というあだ名で呼ばれている。かくして五人のチーム名は「レディ・ジョーカー」。そしていわゆるババ抜きのゲームでジョーカーのカードを引いてしまったのが日之出麦酒というわけだ。

翌年（一九九五年）、計画が実行される。まず日之出麦酒社長・城山恭介を拉致し、山奥で監禁する。数日後この男を解放するさい「二〇億円の裏金をつくっておけ、追って連絡する、人質はビールだ」と伝える。そしてダメ押しとして先述の杉原武郎のネタで暗に強請《ゆす》る。じつにこの杉原という人物は城山の実妹の夫であり、日之出麦酒における現社長派閥の一員である（それゆえ城山に対して《お前の身内の行動が若者を死に至らしめた》という責めが成立する）。かくして社長・城山は企業レベルと個人レベルの両方において弱みを握られていることになる。

社長解放後、世間では《犯人グループと日之出麦酒とのあいだで裏取引があったのではないか》という噂が流れる。警察は——社長の動きを監視するために——城山恭介の警護として合田雄一郎を配置する。そこからいろいろあって、この主人公は犯人グループの一員に同じく警察官である半田がいることを確信し……。

ここから話がどう進行するかは『レディ・ジョーカー』を自分で読んで鑑賞されたいと思います。以下で行ないたいのは、〈世界と自己の衝突の問題〉や〈アイロニー〉などの本書で彫琢されたカテゴリーを通して、この作品が読解されうると確認することです。それによって本書の第二部の議論——すなわち明治文学史に即して行なわれた議論——が、私たちにとって

「身近な」ものになるでしょう。問題がよりいっそう私たちのものになる、ということです。

3　半田のアイロニー

そもそもなぜ、刑事・半田は物井老人の計画に乗ったのでしょうか。その理由のひとつは警察官である彼も〈世界と自己の衝突の問題〉と呼びうるものに直面していたからです。どうしてそう言えるかと言えば、その根拠は彼の「妄想癖」のうちに見出すことができます。じつに半田は精神の崩壊を避けるためにしばしば「ある日自分が捜査幹部の寝首をかいて一本取る」という妄想に浸るのですが、それは例えば次のような具合。

捜査会議でおもむろに挙手する。官僚面《づら》をした本庁の天狗《てんぐ》どもを前に、決定的物証を突きつけて「ホシは○○です」と言う。とたんに場は騒然となり、泡を食った幹部連中がひそひそやり出す。その瞬間の、目の眩《くら》むような快感は、きっと恍惚《こうこつ》のあまり小便を漏らすほどのものだろう。（上、一三九頁）

押さえるべきは、こうした妄想——すなわち《幹部を出し抜いて独力で犯人を突き止める》という妄想——は、半田が日々感じている抑圧の裏返しだ、という点です。例えば事件が起こり捜査が始まっても、本命の線は幹部が目をかけている主流派が引き受けて、半田のほうは「形式上行なわざるをえない」というタイプの「的外れな」地どりをえんえんとやらされる。

半田は仕事中何度も《こんなことをして何になるのだ》と感じます。自分は刑事として意味のあることに取り組みたいのだが、世界（すなわちこの場合は組織）は自分にどう考えても「無意味な」仕事を押しつけてくる――こうした〈世界と自己の衝突〉に向き合うことの反作用として、半田は妄想にふけることを止めることができないのです。

以上のように、半田において世界と自己は激しく対立しています。そして、こうした衝突に何かしらの折り合いをつけるため、彼は現役の刑事でありながら（いや、正確には、現役の刑事であるからこそ）犯罪に手を染めることを選びました。彼の決心が物井老人に伝えられるさいのやり取りは次。


「しかし、日之出ビールをゆするという話は妄想ではないよ」

「現実の犯行は、ごく短い時間で終わってしまう。それよりも、その前後にあれこれ考えて興奮する時間が長いんだ。だからやるんだ、俺は」

「たしかに考えるのはタダだ」

「この俺が何をやっているか、周りの誰も知らないという快感、物井さんには分からんだろうな。本ものの社会の敵が、素知らぬ顔でお偉い警視庁の警察官をやっているという快感――」（上、三〇一頁）

ここで半田は、〈警察組織に一泡吹かせる〉という計画に伴う快感のために自分は物井の企てに参加するのだ、と述べています。この男は自分の快楽に忠実であり、そうと決まれば一心不乱に目標へ向けて邁進する。すなわち彼は高克己と相談しながら、そして布川とヨウちゃんを手足のように使いながら（物井老人は実行部隊に入っていない）、日之出麦酒から二〇億円を確実に搾り取る戦略を練り上げます。目的達成のために重要なのは〈企業の役員たちが二〇億の「支出」をやむをえないと考える状況をつくること〉および〈警察の裏をかくこと〉でしょう。半田は――本書の言葉をつかえば――実験的に、かつ慎重に、これを遂行するやり方を模索し、最終的にそれを成功させせました。すなわち《日之出麦酒が警察に気づかれない形で犯人グループに現金を渡す》という結果を実現させたのです。

ここで注目すべきは、チームは（少なくとも途中までは）たいへんクールに作業を進めた、という事実です。例えば信金で日ごろから金を扱っている高克己は《どれだけ出荷が減れば日之出麦酒の経営者たちが音をあげるか》を計算し、元自衛官でトラック運転手の布川は〈Nシステムを避けつつ首都圏から山奥へ車で移動するルート〉を探し、旋盤工のヨウちゃんは自動車を盗むための鍵を削る――こうした作業は淡々と行なわれ、半田をして次のように讃嘆せしめました。「［…］俺たち誰ひとり、興奮している奴はいないからな。つくづく変わったグループだぜ」（上、三三三頁）。そして《なぜみんな冷めているのか》の理由は明白です。というのも実行部隊の四人（すなわち物井老人以外）にとって、二〇億のお金が得られるかどうかは根本的にどうでもよいことだから。四人のそれぞれがいわば「職人的に」自分の腕をふるい、積もった鬱屈を晴らす――このように大金を奪うという目標に誰もベッタリではなく、目的にたいして「アイロニカルな」距離がとれているのです。

4　狂信と崩壊

とはいえ、半田のアイロニーは長続きしません。彼はしだいに自分のやっていることから距離をとることができなくなります。最終的に——今から説明するように——この刑事は破滅するのですが、私たちはその結果だけに注目してはなりません。というのも、例えば「大つごもり」のお峯は、同じく罪を犯したにもかかわらず半田と違って破滅しませんでしたが、《結果がどうなるか》は根本的には個々人のコントロールを超えた偶然事だからです。むしろ目を向けるべきは《ひとはどのように結果を迎え入れるのか》という態度あるいは姿勢の側面でしょう。じつに半田は、妄想の快楽に溺れ、軽率に行動して身柄を警察に拘束されます。〈実験性〉も無ければ〈慎重さ〉も欠く姿勢で奈落へ転落する、ということです。

どうして半田からアイロニカルな姿勢が無くなったのでしょうか。この点を根本から説明することは難しく、せいぜい例えば《警察組織から要注意人物とマークされることで余裕をなくしていったため》などの徴候的な事実を指摘することしかできません。いずれにせよ、事件の進展につれて、半田は焦りを感じ始めます。象徴的なくだりのひとつは以下のようなものです。

八月十九日の午後一時過ぎ、半田修平は地どりの相方と一緒に吉祥寺の駅前商店街にいた。一分前、「いまから二時間、俺はふけるから」と相方に告げると、先週まではそれで通じたのに、その日に限って相方は「やめとけ」と言い出したのだった。半田は、理由は尋ねなかった。ともかく今週になって、こいつは相方に注がれている内部の目や行確の気配を察したか、聞き及んだかだととっさに考え、突然目の前の顔ひとつを叩《たた》きのめしたい衝動を覚えながら、実際には鼻先で笑った。

「そうか、そうか。それ以上点数下げたら、あんたなんか先がないもんな。せいぜい、住宅ローンのために頑張ってくれ。俺は行く」（下、一〇一‐一〇二頁）

ここでは半田が相方に「ふける」と伝えたのだが、以前はそれを受け入れていた相手が今回は「やめとけ」と止める――こうなると、いまや冷静さを失いつつあるレディ・ジョーカーの一員は却ってムキになり、「やめとけ」と言われてやめるのは敗北だといわんばかりに、理屈にならない理屈を述べて相方の前を去ります。この行動には〈立ち止まって思案する〉という慎重さが欠けており、むしろそこには《行くと決めたら行くのだ》という執着さえ見出されるでしょう。こんな具合に半田は自己のやっていることに「のめりこんで」いきます。

ところで――ここが髙村薫の小説の面白いところですが――ヒール役の半田に〈狂い〉が生じていくのと並行して、主人公の合田雄一郎もある種の「狂信」に足を踏み入れます。捜査の過程で合田は《半田がレディ・ジョーカーの一員だ》と考えるに至るのですが、警察の上層部はこの男の逮捕に踏み切りません。しだいに強まっていくもどかしさ。けっきょく主人公は、刑事として正当なやり方ではなく、《犯人へプレッシャーを執拗にかけることで自首に追い込んでやる》と決意します。そして、いささか常軌を逸した行動ですが、「オマエガ日之出ヲ脅シタ」などとカタカナ混じりの怪文書を作成し、半田へ匿名で送りつけたりします（下、三一九頁)。合田は狂信者として《半田は逮捕されねばならない》という考えに執着しており、もはや手段を選ばない状態です。

ふたりの「狂った」男が対峙して崩壊を迎えるのは、第2章ですでに引用した《半田が合田をナイフで刺す》という場面においてです(その結果、半田は警察に身柄を拘束されるのでした)。もはやアイロニーのひとかけらもない男たちの余裕のない対面——このことを示すシーン、すなわち第2章で引いた箇所の少し前のシーンは必ず見ておきたい。

半田はガラス戸を押し開け、ナイフを突き出したままボックスのなかへ一歩踏み込んで、まず一言「俺がレディ・ジョーカーだ」と発した。
合田は、ほんの三十センチの距離でガラスを背にこちらを向いたまま、これも一言「ああ」と応えた。まったくなんの表情もない顔と声だった。その一瞬、半田はまた少し目の前の見知らぬ顔に見入り、これは誰だ、いまの「ああ」は何だと性急に自問して、わずかに混乱した。
半田はもう一言、「俺はもう考えるのに飽きた」と口にした。すると谺《こだま》のように「俺もだ」という言葉が返ってきたと同時に、その口許《くちもと》にふわりと笑みが滲《にじ》んだ。(下、四三〇頁)

ここではまず半田が開口一番「俺がレディ・ジョーカーだ」と告げ、それに合田が「ああ」とだけ応えていますが、注目すべきはここでの言葉の少なさです。両者は言ってみればレディ・ジョーカーに憑かれており、それ以外考えられなくなっています。このように言葉の少ない条件下においては、対立はただちに「最終的解決」を求めるでしょう。あるいは、自己の信念や価値観にたいする距離がなくなり、可能性の道を増やす実験的な言葉が欠けた場面では、ひとつの「ねばならない」が主体の行動を絶対的に縛ることになります。じっに半田は「終わりにせねばならない」と考えました。そして合田をナイフで刺し、警察へ「俺はレディ・ジョーカーだ。[…]いま、刑事を刺した」と電話します（下、四三二頁）。

――以上のように〈アイロニー〉などを鍵概念として『レディ・ジョーカー』を読み解くと、本書の第二部の考察が、現代に生きる私たちにとって決して「遠い」話ではないことが分かります。じっさい、私たちの生きる社会には半田修平や合田雄一郎のような人物がいるでしょうし、私たちのうちの誰もが彼らと同じような「極限的な」状況に陥りうると言えます。

例えば私自身もまた不運が重なれば、半田と同じく妄想にふけらざるをえないかもしれず、さらには妄想の快楽の中で身を滅ぼすかもしれません。だからこそ私はいささか自己矛盾に陥りながらも、アイロニーという「非原理の原理」は重要なのだ、と言いたい。もちろん《これが私たちの苦境の一切を取り除く確実な原理なのだ》と述べるつもりはありません（なぜならそのように述べることはアイロニカルな生き方を裏切ることになるから）。とはいえ、近代小説の物語の中で自己を失っていったキャラクターたちのあり方を反省するとき、私たちはアイロニーという「原理」に重要性を見出さざるをえません。そしてそれは私たちにとっても通用し続ける意義であるのです。

以上の話はさらに敷衍することができます。例えば二〇世紀に人類が体験した多くの〈力と力の衝突〉や現在ますます深まりつつある〈人間のあいだの対立〉に鑑みれば、《自己の目的や価値観から距離をとらない姿勢が、いかに容易かつ安易に「最終的解決」を選び取ってしまうか》がよく分かります。それゆえ私はこの点からも《アイロニーは重要だ》と述べたいのですが、ただしそのさい――以下こそが強調すべき事柄ですが――ひとつの注意点を忘れてはなりません。それは、アイロニカルに生きたところで私たちの直面する問題が確実に解決されるわけではない、という注意点です。

私の言いたいことは、ここまで読み進めてこられた方にとってすでに明らかでしょう。例えば私は、アイロニカルな人間も場合によっては戦争を選ぶ、といった可能性を認めます。より一般的には、〈アイロニー〉は決して殺し合いや差別といった人類の苦難の明白な原因すらも確実に除去するものではない、と考えています。要するに、アイロニカルな生き方を採ることで私たちをめぐるさまざまな問題は解決するのだ、などは言えないということです。

以上を強調することで何が言いたいのかと言えば、それは次のように表現できます。すなわち、〈アイロニー〉の現代的な意義は《これは私たちの直面する苦難への確実な処方とはならない》という注意とともに理解されねばならない、と。なぜなら――繰り返し指摘している点ですが――アイロニカルな生き方が何かしら問題解決の確実な道と見なされるならば、本書の指摘は正しく理解されていないからです。より具体的には、例えば本書の議論に共感したうえで「戦争の原因はアイロニーの欠如であり、アイロニカルな生き方によって暴力は避けられる」と主張するひとがいるとすれば、そのひとは「非原理の原理」の核心的な特徴を捉えそこねていることになるでしょう。かくして「アイロニーは現代に生きる私たちにとって重要性を具える」という「おわりに」の指摘は、決して素朴にそのまま受け取ってはならない言明なのです。

さて、アイロニカルな生き方の重要性は素朴に語られるものではない、という以上の指摘は本書《なぜ本書は小説を読解してきたのか》を深い次元で説明するものでもあります。はたして本書において〈アイロニーの意義〉はどのようにして示されたのかと言えば、それは必ずしも形式的な論証によってではなく、むしろ小説を読むことによってでした。言い換えれば、小説作品のうちで人生の物語を紡ぐキャラクターたちの生き方を見ることによって、です。具体的には、豊太郎、梅吉、お都賀、八田、あるいは十兵衛やお峯や宗助、そして半田や合田などのそれぞれの生き方を観察し、それらを比べ合わせることで《生き方へアイロニーが具わるか否かで無視できない違いがある》という事実が察せられました。

こうなると次のように言えるかもしれません。すなわち、アイロニーの意義は本書において、言葉で語ることを通じて説明されたというよりも、キャラクターたちの具体的な生の軌跡を通して「示された」、と。いや、私は積極的にそのように言いたいと考えています。堅い論述が説明したり分析したりすることのできない境地があり、それを小説が示すことがある――だからこそ本書は小説作品の読解を通して哲学をしてきたのです。

5 〈ひとをひととして語る〉という哲学的プロジェクト

以上の指摘は「おわりに」の第二の話題に、すなわち《本書で展開された議論は自由と主体の哲学の伝統のうちでどのような特殊性や新奇性をもつのか》という話題に自然とつながっていきます。本書は、自由と主体を哲学的に論じるにあたり、敢えて小説の読解をひとつの主軸としました。以下、このことの意義をあらためて確認したいと思います。

自由と主体の哲学の歴史を振り返れば、少なくとも二〇世紀の終わりごろあたりからは、英語圏の「分析哲学」のアプローチが大きな思想的シェアを占めるようになったと言えるでしょう。より正確に言えば、遅くとも二〇世紀の終わりごろには、自由や主体をめぐる哲学的問題へ取り組むさいには英語圏の動向へ目を向けないわけにはいかなくなった、ということ。そして、ここ数十年の英語圏の哲学におけるメジャーな方法論が「自然主義」であることに鑑みれば、《本書の議論と自然主義との関係はどのようなものか》は明確にされる必要があるでしょう。

ところで議論に先立って用語にかんする注意をひとつ。英語圏の分析哲学における「自然主義」は、いろいろなものを指しうるのですが、少なくとも文学史における自然主義とは区別されます。じっさい、例えば日本の明治時代の自然主義は〈個の徹底的探究〉を特徴としたリアリズムとして特徴づけられますが(第12章参照)、他方で現代哲学の「自然主義」はそうしたものではありません。それはひとつには――これが主要な捉え方のひとつだが――事物を自然のアイテム(例えば元素や物理的な力など)だけで説明しようとする方法論であり、本書で紹介した哲学者の中では第7章のロバート・ケインが採用する立場です。

本節でここまで述べられたことの要点を繰り返せば次。すなわち、哲学における「自然主義」はひとつの捉え方においては〈一切を自然のアイテムで説明しようとする考え方〉であり、現代の自由と主体の哲学はこの意味の自然主義をメジャーなスタンスとしている、と。では本書で展開された議論は、こうした流れとどのような関係にあるのか。はたして小説に即して展開された自由と主体の哲学は、自然主義の隆盛する現在においてどのような意味をもつのか。

この問いへ答えるには、本書の第一部（すなわち原理的探究のパート）で切り拓かれた視座である「存在論的多元主義」へあらためて目を向けるのがよいでしょう。じつに本書においては（とりわけ第6章と第7章において）、存在はひとつの観点から完全に描き出されうるものではない、と指摘されました。それゆえ本書は《一切が自然のアイテムで分析されうる》と主張するタイプの自然主義には反対の「立場」をとります。いや、正確に言えば、私はその点にかんして何かしら特定の立場を採用するつもりはありません。むしろ、じっさいに存在は多様な仕方で記述されざるをえないではないか、という具合に、私たちにとって「不可避の」現状を指摘したいと考えています。第7章の冒頭で強調したように、存在論的多元主義は複数存在するイズムのうちのひとつではありません。それは私たちの現実の生の現場を名指す記述なのです。

以上より、自由と主体の哲学における現在のトレンドたる自然主義にたいして、本書がどのような一石を投じたのかが明らかになります。私は、たしかに自然主義の語り方は（うまくいくときには）実在の大事な側面を描き出すものだと言えるが、それでも実在を描く仕方は他にもある、と言いたい。具体的には、例えば人間の身体の運動を物質的部分へ分析して語る方途はさまざまな価値を具えるが、これは〈行為〉や〈主体〉の次元で人間を語ることを妨げるものではない。そして――第6章と第7章でじっくり説明したことだが――物質のレベルの概念をどのように組み合わせても〈自由〉や〈選択〉の概念を生み出せない以上、人間を行為主体として語る方途は他へ還元されない独自性をもつと言えます。そして本書は、第二部（解釈的

―歴史的探究のパート）で、じっさいに後者の語りに取り組みました。なぜ敢えてこちらの道を選んだのかと言えば、それは、自然主義の流行のせいもあって、人間をいわば「ひと」のレベルで語ることの意義が、現在見失われつつあると考えられるからです。

かくして、現代の自由と主体の哲学へ向けた本書の提言は次のようなものになるでしょう。人間の行動を物質のレベルで語ることはそれ自体として重要であるが、それでもいわば〈ひとをひととして語る〉という道は放擲《ほうてき》されるべきでない、と。じつに私たちの前には、いろいろな小説群に分け入ってそこから主体の特殊な存在様式をつかむ概念を見つけ出す、といったリサーチ・プロジェクトがまだまだ手つかずの状態で据え置かれています。意欲のある方はぜひ取り組まれたい。

6　さまざまな概念の森のあいだの移動生活者

以上の指摘はさらに具体例を加えて肉づけすることもできるのですが、「おわりに」においてあらたに誰かの文章を引いてそれを批判することはいささか「執拗な」感じがします。それゆえ以下、多かれ少なかれ抽象的な仕方で、たったいま述べられたことを敷衍させてください。結果として似た話を反復することになりますが、本書全体のまとめとなるような何かを書きたいと思います。

本論で何度か用いた言葉に「概念の森」がありました。具体的には第一部で、〈自由〉の概念は〈主体〉・〈行為〉・〈選択〉・〈責任〉・〈罪〉・〈罰〉などの諸概念の各々と互いに結びついたものであり、これらの木々が枝と枝とを、あるいは根と根とを絡ませた森のうちに私たちは住む、と指摘されました。おそらく、第二部の議論全体を通して、こうした概念の森の内実の豊かさが垣間見えたのではないかと思います。なぜならそこでは〈自由〉や〈主体〉の木と連関し合う主体のさまざまな存在様式の概念——例えば〈学生〉や〈狂信者〉など——が論究されたからです。ちなみに探求が最後に行きついた〈アイロニカルな主体〉の概念は、かかる〈自由〉の概念の森の中で特別な場所を占めています。なぜならアイロニーを「原理」とする主体は、いかなる原理にもベッタリにならない点で、注目すべき「自由」を具えているからです。

本書は繰り返し、〈自由〉や〈主体〉と関連する概念の森のある種の自立性を、すなわちそれが物質の次元の概念へ還元されえないことを指摘してきました。この事態へ目を向けるとき、哲学のいわば「現在あまり取り組まれることのない」仕事に気づかざるをえません。それは、〈自由〉と関連する概念の森の中を散策して、この次元の「面白い」観念を見つけ出して主体のあり方を新たな仕方で語る仕事です。

じっさい英語圏の哲学の自然主義者の多く（そしてその影響を受けた日本の哲学者たち）は、さまざまな現象を物質の次元の語彙で再記述する仕事へ傾いており、〈自由〉や〈主体〉のレベルの概念のきめを細かくするなどの作業を怠っています。その結果、主体のさまざまな存在様式を語るなどの企ては、少なくとも近年の英語圏の哲学ではまったく行なわれていません。とりわけ、小説に現れる個性的な人格に注目して《彼女あるいは彼はどのような主体様式を生きているか》を論じるといった営みは、あたかも忘却されているかのようです。

物語に登場するキャラクターに焦点を合わせて主体の存在様式を探求すること——ひとに

よってはこうした仕事を「文学的」と見なして、哲学の領分から除外しようとするかもしれません。とはいえ、それは却って哲学を貧しくする悪手だと言えます。じつに、小説と哲学が重なり合う領域が存在する以上、哲学者はときに「文学的に」思索すべきでしょう。念のため注記すると、本書の立場は例えば「科学的な」スタイルで哲学に取り組むやり方を排除せんとするものでは決してありません。そうではなく、哲学の語りの画一化傾向に抗して、《存在の語り方は多元的だ》という私たちの生の実相へあらためて目を向けようと呼びかけているのです。

もし「存在論的多元主義」が私たちの生の現場の記述だという本書の指摘が正しいとするならば、〈多元的な語り方を生きること〉が自己欺瞞なく生きるひとつの仕方になるでしょう。では《ひとはいかにして多元的な語り方を生きうるのか》と言えば、それは互いに区別された複数の語彙群のあいだを行ったり来たりすることによってしか可能でありません。かくして本書で展開された語りは決して安住されるべきものでなく、むしろ遅かれ早かれそこから離れて、例えば物質の語彙で再記述されざるをえません（あるいはその他のタイプの語彙で語りなおされる可能性にも開かれています）。

ひとつの概念の森に長く棲み続ければ果実は乏しくなる――そうであれば私たちは森と森のあいだを移動するほうがよい。さまざまな概念の森のあいだの移動生活者、これが私たちの生のふさわしい自己イメージでしょう。本書においては〈自由〉と〈主体〉の森が愉しまれましたが、しばらくすれば別の森が実り豊かな季節になるかもしれません。とはいえ、本書で歩き回った森には未踏の場所が多く残っているのですが――。

あとがき

この本の執筆は二〇二一年の三月あたりに始められたので「一年がかりで書き上げられた作品」と言える。編集はトランスビューの高田秀樹氏が担当されたが、一章仕上げるたびにいろいろな角度からのアドバイスやコメントをいただいた。意欲を維持して完成に至ることができたのは氏のおかげである。記して御礼に代えたい。

高田氏と書籍を作るのは今回で二回目である。一冊目は二〇一九年に公刊された『幸福と人生の意味の哲学』であり、私にとって「転機」の意味をもつ作品だ。今回はそれとはだいぶ異なる仕方で探求に取り組んだが、それでも二冊のあいだの内容的な関連性は否定することができない。例えばいずれの本においても「アイロニー」の意義が強調されている。同じ人間が作る以上、どうしたって同じ地金が出る、ということかもしれない。

本書のゲラができあがった段階で、京都大学大学院人間・環境学研究科修士二回生の藤井克明氏、そして同研究科修士一回生の伊藤迅亮氏および沖義士氏にその全体を読んでいただき、内容の質的向上につながる複数の指摘を賜った。まさしく「舐読」のうえで的確な提案をしてくださった三氏には大いに感謝している。他方で、なお残存する瑕疵については、著者のみに責任がある点を強調しておきたい。

今回のような本を書こうと決意した動機について説明しておきたい。なぜなら本書のような仕方で小説へアプローチする著作はあまり見られないと思われるからだ。そしてその動機は「はじめに」で述べたことと大いに関連する。

私は批評家の文章を読むのは決して嫌いではない。小林秀雄、福田恆存《つねあり》、吉本隆明、江藤淳、加藤典洋、柄谷行人、水村美苗、浅田彰、東浩紀――こうしたひとたちの書き物を読むと自分の感性が鍛えられるような気がする。小島信夫の小説『抱擁家族』の意義を江藤淳が見出すことによって私たちはこの作品をよりいっそう楽しめるようになった、などの出来事（すなわち批評家の仕事によって作品の価値が確立するという出来事）が存在することも知っている。文学の（あるいはより広くは文化の）批評は私たちの生を豊かにする、という命題は否定できない。

とはいえ私は長らく、批評の世界はいわば〈享受するためのハードルの高い領域〉だ、と考えてきた。感覚的に言えば、書いていることがすぐには分からない、ということ。もう少し分析的に言えば、批評の文章は（少なくとも哲学の文章よりも）理解に必要な前提知識を多く要求し、ひとつの文章を読むだけではピンとこないことが多い。批評の文章のいわゆるハイコンテクスト性に由来する難解さは、「苦手だ」と感じるひとが少なくないのではないだろうか。

それゆえ私は、小説へ違った仕方で、すなわち批評的でない仕方でアプローチしてみたいと考えるようになった。そしてこれは哲学の仕事のひとつだと思うようにもなった。なぜなら――人文系の分野においてはひょっとすると例外的かもしれないが――哲学の伝統においてはハイコンテクスト性を積極的に排除する書き方が鍛えられてきたからである。一般に哲学者は、たとえいささか野暮になったとしても、一個のテクストの内部に完結した論理を据え置くよう努める。「内的に完結している」というのは、哲学のテクストが追究する理想のひとつだ。そうした哲学的スタイルは、少なくとも一定の気質の読み手にとって分かりやすい。それゆえそうした一冊を生み出したいと思った。ただし分かりやすいのは、あくまで「一定の気質の」読み手にとってであるが。それゆえ今回の本も――前回と同様――読者を選ぶところがあるだろう。

ちなみに先ほど《批評の文章はひとつを読むだけではピンとこないことが多い》と述べたが――念のため注記すると――もちろんこれは批評というジャンルの欠陥ではない。むしろこうした特性（すなわち一個読むだけでは分からないという特性）のおかげで、私たちはひとつのテクストを理解するために複数のテクストを渡り歩くことになり、その結果、予想外の広い展望を得るに至る。こうした予期せぬ創造性こそが批評の文章を読むことの効用であろう。ハイコンテクスト性を「欠点」と短絡してはならない。

本論の第14章の最後に、《本書の議論をどう伸長させていくか》を「あとがき」で述べる、と書いた。以下、その点について少々。

私は、究極的には、私たちの生きる「現代」を理解したいと考えている。そして、そのためにはいわゆる「戦後文学」という途方もないフィールドに足を踏み入れねばならない、とも考えている。例えば石牟礼道子の『苦海浄土』、三島由紀夫の『豊饒の海』、大西巨人の『神聖喜劇』、埴谷雄高の『死霊』などが何であったのかの「地図」を描かねばならない。こうした関心に鑑みれば、本書で行なわれたことはこの目的へ向けた「第一歩」の意味をもつと言える。すなわち、次に大正文学史を考察し（メインキャラクターは志賀直哉と芥川龍之介だろうか？）、続いて昭和文学史・戦前戦中篇に取り組み（マルクス主義文学、転向の文学、日本浪漫派などが重要なトピックとなる）、そこから「戦後文学」へ進む、という具合だ。――この計画は十中八九、そのままの形では実行されないだろう。じっさい近現代の文学史の全体的な地図を作り上げるという仕事は、ひとりの人間の手に負えるものではない。とはいえ「現代」を理解したいという欲求も抑えがたいのである。だから敢えて計画を公にしておきたい。わずかながらでもゴールへ向かって前進するきっかけになるかもしれないから。

この本の執筆のさいに最もお世話になったのは文学者たちの諸著作であり、本書における明治小説史の流れの捉え方は完全に「スタンダードな」（と私には思われる）日本文学史研究に依拠させていただいた。文学の研究は役に立つ、と何度も感じたこの一年である。本書の議論が文学者にたいして何かしらのお返しになるかどうかは分からない。だからせめて次の点は明示的に書き記しておきたい。文学の研究は《人間とは何か》という哲学的問いへ資するところがある、と。これは、哲学がますます「科学的」になっている現在においても、依然としてそうなのである。

二〇二二年 春

山口 尚

人間《にんげん》の自由《じゆう》と物語《ものがたり》の哲学《てつがく》
私《わたし》たちは何者《なにもの》か

二〇二二年八月三〇日　初版第一刷発行

著　者　山口《やまぐち》 尚《しょう》
発行者　工藤秀之
発行所　株式会社トランスビュー
〒一〇三－〇〇一三
東京都中央区日本橋人形町二－三〇－六
電話　〇三－三六六四－七三三四
URL　http://www.transview.co.jp/

装　丁　水戸部 功
印刷・製本　モリモト印刷

ISBN 978-4-7987-0185-1　C0010